6년
교육

아이의 **정신**이 **성장**하는
유아기에 필요한

쑨루이쉐 지음
권용호 옮김

『6년 교육』(원제: 사랑과 자유)이 큰 호응을 얻은 것은 시대적인 흐름도 아니고 광고를 많이 해서도 아니다. 순전히 책 내용 때문이다. 이 책은 아이의 일생을 바꿀 수 있다.

벌써 제4판이 나왔다. 재판될 때마다 판매량은 크게 늘었다. 기쁜 것은 판매 부수가 아니라 육아에 대한 사회 전체의 생각이 질적으로 높아지고 있다는 점이다. 처음 이 유치원을 열 때, 다섯 명의 "용감한" 학부모가 세상의 올바른 교육을 찾아 이 "사랑과 자유"의 유치원에 아이들을 보냈다. 지금은 사회 전체가 이 새로운 교육을 말하고 있다.

적어도 30만 명의 부모가 이 책을 읽었다.

13억 인구의 극히 일부분에 지나지 않지만 일이 늘 그렇듯 세상을 바꾸려면 한 개인에서부터 시작해야 한다. 지금 새로운 환경이 싹트고 있다. 이들 부모는 새로운 환경의 불씨다.

원래 이 책은 강연 원고에서 나왔다. 이번 재판은 제3판을 토대로 적잖은 내용을 덧보탰다. 또한 2008년 육아 강좌에서 강연했던 '사랑과 자유, 규칙과 평등'을 정리해 부록으로 실었다. 독자들이 이 교육의 이론적 토대를 더욱 잘 이해할 수 있을 것이다.

『6년 교육』은 원래 강연 원고였다. 청강생들이 녹취한 것을 풀어 정리한 것인데, 부모들과 인터넷상에서 큰 호응을 얻었다. 뒷날 저자가 정리해 2000년 8월에 첫 출간을 했고, 2003년 3월에 재판을 펴냈다. 제1판과 제2판은 서점이 아닌 인터넷으로 판매해 많은 가정으로부터 호평을 받았다.

우리는 모두 아이였다. 어른이 된 후 아이를 키운다. 아이들은 희망과 기쁨을 주기도 하고 난처함과 조급함을 안겨주기도 한다. 아이의 성장은 가정에서 중요한 일이다. 그런 까닭에 이 책을 읽은 부모들은 아이의 마음을 알게 되고 아이가 행복해하는 모습을 보면서 감격하고 기뻐했다. 이것이 『6년 교육』이 큰 호응을 얻은 까닭이다.

이 책은 아이에 대한 저자의 사랑을 담고 있다. 저자는 10여 년 동안 육아교육에 몸담으면서 줄곧 영혼으로 아이들과 대화했다. 저자는 아이의 바람, 생각, 마음, 어려움을 알았다. 그녀는 말한다. "아이를 사랑하는 문제에서 우리는 현재의 경험으로 아이를 대해서는 안 됩니다. 현재의 경험은 우리가 성장한 결과이기 때문입니다. 그것은 사랑이 아닙니다."

저자의 깨달음은 경험에서 비롯되었다. 저자에 따르면 아이의 지능은 감각에서 오고, 아이의 감각 경험은 어른이 대체할 수 없다고 한다. 개성과 창의성은 같아서 가르칠 수 없다. 욕을 얻어먹거나 매를 맞고 자란 아이는 고난이 사물의 본질을 볼 능력을 잃게 만들어 현실을 객관적으로 보지 못한다. 아이는 일생 동안 고통스런 유년 시절과 투쟁하고 자존감을 찾으며 자신을 증명하려 할 것이다. 사물에 대한 인식은 밥을 먹는 것과 같다. 소화를 하면 우리의 일부분이 된다. 뿐만 아니라 현실에서 자유자재로 운용할 수 있다. 이런 것을 지능이라고 한다. 지금 많은 부모는 지능을 중시한다. 부모는 지능을 아이의 자아와 분리시키고, 아이에게는 독립된 자아가 있다고 생각하지 않는다. 그들은 아이를 각종 학원에 보내 미리 지식을 습득하게 한다. 지식이 어린 아이의 머릿속에 가득 채워졌을 때 그 영혼은 성장의 공간과 시간을 잃어버릴 것이다. 물장난과 모래장난을 쳐본 적이 없는 아이, 대자연의 아름다움을 느껴본 적이 없는 아이, 친구들과 뛰어놀며 장난쳐본 적이 없는 아이, 크게 웃어본 적이 없는 아이들은 지식으로 무장하고 있더라도 진실과 행복에서 멀리 떨어져 있을 것이다.

2003년 10월 거행된 제1회 중국교육혁신포럼에서 저자는 전국유치원교육을 대표해 '사랑과 자유'라는 주제로 강연을 했고, 그 뒤 베이징 IBM·중국공상은행·광저우일보廣州日報 등의 기업체뿐만 아니라 전국 각지에서 육아와 관련된 수많은 강연을 했다. 그녀의 강연은 부모들이 육아 방식을 바꾸는 계기를 마련해줬고, 아이들의 한평생을 바꿨다.

우리는 부모들의 간절한 기다림 속에 『6년 교육』 제3판을 출간했다. 제3판은 제1판과 제2판을 토대로 일부분 수정을 가했다. 원래 이론적이었던 각 장의 제목을 알기 쉽게 바꾸었다.

저자가 좋아하는 인도의 시성 타고르의 시로 이 서문을 마무리할까 한다.

나의 사랑은

태양처럼 당신을 에워싸고

당신에게도

찬란한 자유를 줍니다.

차례

1부

낡은 교육에서 새로운 교육으로

아이의 내재과정 이해하기

2부

새로운 교육의 핵심

사랑과 자유 이해하기

3부

6년간의 성장

사랑과 자유의 교육 실천하기

부록

1부

낡은 교육에서 새로운 교육으로
아이의 내재과정 이해하기

제1장

아이는
무엇을 가지고
세상에 오는가

사람들은 아이가 정신적 존재라는 것을 믿을까? 아이는 태어나자마자 강하고 큰 정신적 역량을 가지고 내재된 규칙을 따라 성장한다는 사실을 믿을까? 일정 연령이 되면 아이는 물장난과 모래 장난을 좋아한다. 어른들이 이를 못 하게 하면 아이는 강하게 저항할 것이다. 도대체 이것은 무엇을 의미할까?

●

　지금까지 사람들은 태아의 마음에 성장을 유도하는 그 무엇이 있음을 믿지도 않고 알지도 못했다. 이탈리아의 교육가 마리아 몬테소리 (1870~1952)는 이를 '정상화·normalization'*라고 했다. 이 '정상화'는 아이가 정신적인 존재이고, 예정된 모델을 따라 성장한다는 것을 보여준다. 아이는 나약한 존재인 것 같지만 마음에는 강인한 정신력과 잠재 능력을 갖고 있다. 어른들은 아이의 성장에 맞는 환경만 제공하면 된다. 새로운 것을 더할 필요는 없다.

　나는 10년의 육아 경험으로 이런 믿음을 갖게 되었다. 지금까지 우리는 아이가 교육으로 성장한다고 믿었다. 따라서 이를 받아들이는 것은 우리 생각에 근본적인 변화가 일어남을 의미한다. 인류의 유아기는 짧으면 0세에서 6세까지, 길면 12세까지로, 어떤 동물보다도 길다. 사람은 12세가 되어도 엄마 곁을 떠나지 못하며 이 시기의 아이에게는 어른의 도움이 필요하다. 그러나 아이의 성장을 돕는 일이 곧 아이의 정신을 만드는 일이라 생각할 경우, 인류의 수준은 떨어질 것이다. 지

* 성장을 지향하는 힘

금 우리가 아이의 '하느님'이 된 것이 문제다.

유아기에 필요한 것은 어른의 '주입'이 아닌 아이가 스스로 탐색할 수 있는 환경이다. 이를 잘 지킨다면 아이는 제대로 성장할 수 있다.

한 살 반에서 여섯 살의 아이들에게 아이의 지능을 상회하는 교구를 주고 관찰했다. 아이들은 마음의 요구를 따랐다. 모래장난을 좋아하는 아이를 밖으로 데리고 나가면 아무리 '매력 있는' 체육 기구나 활동도 소용없었다. 아이는 정신이 나간 듯 모래장난만 쳤다. 어른들이 뭐라고 하든 아이들은 개의치 않았다. 아이는 자신이 하고 싶어하는 일을 알고 있었다.

우리 아이에게도 이런 과정이 있었다. 아이가 두 살이 좀 넘었을 때였다. 아이 아빠가 옥수수를 두 개 사와서 아이에게 말했다.

"너 하나, 엄마 하나야."

아이가 나에게 와서 말했다.

"옥수수 두 개, 아빠가 다 나 먹으래."

내가 아이 아빠에게 물어보자, 남편이 대답했다.

"아니야, 하나는 당신, 하나는 애한테 준 거야."

나는 아이에게 말했다.

"아빠가 하나는 너 먹고, 하나는 엄마 먹으라고 했다던데. 너 다 먹으라고 한 거 아니야."

나는 아이가 거짓말한 것을 강조하려고 했다. 그런데 아이는 나의 말을 듣고 잘못한 것이 없다는 표정을 지으며 그 자리에 서서 뭔가 생각하더니 아무 일 없다는 듯 가버렸다.

"어떻게 이럴 수 있지?"

정말 이상했다. 그 뒤 어느 날 아이는 잘못을 깨달은 듯 난처한 표정을 짓고 우리에게 어떤 말도 하지 못하게 했다. 아이는 마음의 성장 규칙을 따라 여기까지 온 것이다. 어른들이 이 규칙으로 아이를 성장시키지 않고 강요만 한다면 아이의 성장은 잘못될 수 있다.

영유아 초기의 성장 규칙은 동물과 비슷하다. 나비를 보자. 암컷 나비는 보통 나뭇가지 중간에 알을 낳는데, 나비 애벌레는 태어나면 연한 잎을 먹어야 한다. 에벌레는 빛에 민감해서 태어나면 가장 밝은 곳으로 기어간다. 그 나뭇가지 끝에는 분명히 가장 연한 잎이 있을 것이다. 그러나 어린 나비가 거친 잎을 먹을 수 있을 정도로 성장하면 빛에 대한 민감성은 완전히 사라진다. 이 과정은 외부의 통제를 받은 것이 아니라 내적인 성장 규칙을 따른 것이다.

사람들은 아이가 건강하게 자라지 않는 것 때문에 걱정하지 않는다. 사람들은 정신의 씨앗이 아이의 마음에 존재한다는 점과 아이에게 자연적이고 질서정연한 성장과정이 있어 적절한 환경만 제공해주면 된다는 점을 믿지 않고 아이의 정신적 '조물주'가 되려고 한다.

아이는 환경과 조화를 이루며 자아를 발전시킨다. 언어를 보자. 어느 나라의 아이이든 인류의 언어를 배울 수 있다. 특히 태어난 첫 3년에는 모국어뿐 아니라 더 세부적인 것도 배울 수 있다. 6세 이전의 아이는 듣는 것보다 보는 것에 더 큰 관심을 보인다. 아이의 언어능력은 아이가 환경에 작용한 결과다. 그래서 심리학자들은 아이가 3세 이전에 습득한 것은 성인이 60년간 노력해야 되는 것이라고 말한다. 인류는 아이가 스스로 성장한다는 사실을 깨달았다.

예를 하나 더 들어보자. 하버드 대학의 한 심리학 교수에게 아들이 있었다. 그는 아들을 천재로 키우려고 했다. 그의 아들은 서너 살 때 이미 몇 개의 외국어를 구사했고 여섯 살에 중학교에 입학했으며, 열 살에는 하버드대에 들어갔다. 열여섯 살 때에는 하버드대의 박사학위 과정에 들어갔다. 교수는 아들이 끊임없이 '흡수하고 또 흡수하게' 했다. 열여덟 살 때, 이 아이는 영국 런던에 있는 한 상점의 판매원이 되었다. 그는 '지적 활동'을 거부했으며 판매원 일을 몹시 좋아했다. 그에게 '높은 학식과 경륜'은 무의미했으며 사실 '지식'은 그를 매우 고통스럽게 했다.

사람에게 대뇌만 있고 감각기관이 없다면 어떻게 될까. 대뇌를 세계에 봉사하는 도구로 삼는다면 우리의 고통은 훨씬 줄어들 것이다. 그러나 우리는 감각·심리·정신·영혼을 갖고 있어서 자신을 찾아야 고통스럽지 않을 수 있다. 사람의 성장과 정신은 감각에서 발전하고 또 감각과 함께 가야 한다.

실제로 사람의 성장은 심리적 성장이며, 지능의 성장이 아니다. 지능의 성장은 심리적 성장에 예속된다.

아이의 성장 규칙을 이해하고 정상화를 따른다면, 아이는 인재가 될 것이다. 아이의 자연스런 성장 규칙이 방해받는다면 지능을 포함한 그의 전체적인 성장은 비정상이 될 수 있다. 그래서 몬테소리는 "우리는 아이의 정신적 하인이 되어야지, 주인이 되어서는 안 된다"고 했다.

오늘날은 아이의 자아와 지식을 나누어버렸고 모든 것이 파괴되었다. 우리는 더 이상 아이의 마음속 비밀을 찾을 수 없다. 아이에게 지식을 가르쳐주려는 절박한 마음이 우리를 제한하고 우리에게 편견을 만들었다. 또 엄청난 양의 지식이라는 것이 생명력과 인격적인 매력을 갖춘 사람의 성장을 무너뜨렸다. 아이에게 정상화가 있다는 것을 인정하고 이를 믿어야만 성장의 비밀이 우리에게 드러날 것이다.

제2장

아이가
세상을 인식하는
첫걸음

"감각에서 오지 않는 지능은 없다." 아이가 한 손에는 수건을 들고, 한 손에는 빗을 들고 있다. 아이는 수건과 빗을 문다. 우리는 아이가 입으로 부드러운 것과 딱딱한 것을 느끼려고 한다는 것을 안다. 아쉬운 것은 부모가 이때 '부드럽다'와 '딱딱하다'라는 단어를 아이에게 알려주지 않는다는 것이다. 부모가 수건과 빗을 따로 두지 않아서 다행이다.

●

일반적인 교육관은 외부에서 아이에게 어떤 인상(이를 정보라고 하는 사람도 있다)을 주면 아이가 이 인상을 받아들이고, 이런 과정을 반복함으로써 지능이 발달한다고 여긴다. 이는 초등학생이 집에 와서 한 글자를 50번 쓰면 지능이 발달한다는 것과 같은 말이다. 과연 그럴까? 몬테소리는 여기에 동의하지 않는다.

"고정관념에 사로잡힌 심리학자들의 말은 아직도 교육 이론과 실천에 커다란 영향을 끼치고 있다. 그들의 주장은 외부에서 받는 인상이 우리 감각기관을 두드리며 억지로 들어오려는 것과 같다."

내가 만난 이 가운데 두 아이의 엄마이자 한 유치원의 원장인 사람이 있다. 그녀는 문門에는 '문' 자를, 병甁에는 '병' 자를 붙여놓고 태어난 지 얼마 되지 않은 작은아이에게 끊임없이 읽어주었다. 아이는 네 살이 넘었을 때 책을 읽기 시작했고 덧셈과 뺄셈도 해냈다. 그녀는 아이가 총명하다고 여겼고, 몬테소리 교육에 동의하지 않았다. 그녀는 외부 사물로 아이를 끊임없이 자극하면 이 사물들이 아이의 머리에 어떤 인상을 남기는데, 이것이 지능이라고 생각했다.

몬테소리는 아이의 감각이 내부에서 온다고 했다. 즉 아이는 빈 병이 아니기 때문에 어른들이 병 안으로 물건들을 집어넣을 필요가 없다는 것이다. 우리는 병에 집어넣는 물건을 지능이라고 생각한다.

그 원장이 말했다.

"제 방법으로도 아이의 지능을 어느 정도 높일 수 있어요."

내가 말했다.

"아마도요, 그러나 본질적인 차이가 있습니다."

아이는 매우 특이한 존재라서 한쪽을 끊임없이 자극하면 빠르게 지식을 습득한다. 그렇다면 습득한 상태는 어떨까? 그다음 주에 그녀는 아이를 데리고 왔다. 나는 그녀의 아이가 한쪽에 앉아 글자를 쓰고 있을 때 옆에서 관찰했고, 그녀에게 말했다.

"아이의 지능이 뒤떨어져 있습니다."

"어떻게 뒤떨어졌다는 거죠?"

"현재 아이의 지능은 두 살짜리 아이의 것에 불과합니다."

그녀가 말하는 지능은 외부로부터 습득한 것이며 내가 말하는 지능과 달랐다. 내가 말했다.

"이런 경우는 비정상적입니다. 우리 유치원의 다섯 살 된 아이를 데리고 올 테니 한번 보세요."

그녀의 아이는 갓난아이처럼 지능이 낮았다. 자신감도 없고, 끈기도 없으며, 단호하지 못했다. 외부에서 어떤 것으로 자극을 주지 않으면 그 아이는 통찰하거나 깊이 있게 사고할 수 없었다. 그 아이는 배운 것을 특정한 환경에서 종합적으로 응용할 수 없었다. 입만 열면 지식이 튀어나왔으나 그 지식은 생활과 어떤 끈으로도 연결되어 있지 못했다.

이런 예는 우리가 기능의 습득을 지능발달의 기준으로 삼는다는 것을 보여준다.

사실 기능은 중요하지 않으며 6세 이전의 아이는 근본적으로 어떤 기능을 배울 필요가 없다. 아이가 배워야 할 것은 기능을 습득하는 방법이다.

몬테소리는 자신의 저서에서 "아이의 지능은 감각에서 개념으로 발전한다"고 설파했다. 그녀는 프랑스 의학자인 에드워드 세갱(1812~1880)이 제기한 "아이를 감각 훈련에서 개념으로 유도한다"는 말을 인용했다. 몬테소리는 또 "감각에서 비롯되지 않는 지능은 없다"고 했다.

감각을 보자. 강의를 들을 때 사람들이 감명받는 부분은 자신이 직접 깨달은 것과 관련이 있고, 그 부분적인 내용만 들을 수 있다. 이 부분적인 내용은 감각에서 가장 깊은 부분으로, 강의를 들은 사람의 경험·심리와 결합되어 있다.

아이의 감각과 관련해 예를 하나 더 들어보겠다. 내 아이는 한 살이 조금 넘었어도 말을 하지 못했다. 당시 나는 조급했고, 심지어 병원에 가서 의사에게 혀를 보여줄까도 생각했다. 나는 집에 있는 지휘봉을 쥐고 아이에게 전등을 가리키며 말했다.

"이건 전등이야, 전등, 전등!"

그다음 나는 또 책을 가리키며 말했다.

"이건 책이야, 책, 책!"

나는 매일 아이를 안고 집 안 구석구석을 돌며 이것저것 가리켰다. 그러나 아이는 여전히 묵묵부답이었고 아무런 표정도 짓지 않았다.

'어떻게 된 거지, 왜 아무 소용이 없지?'

아이의 청각은 좋았다. 가끔씩 "아, 아, 아!" 하며 말하는 것으로 보아 목에도 문제가 없었다. 나는 깨끗한 수건으로 혀를 잡아당겨 혀 아래가 붙어 있는지 살펴보았다. 혀에도 문제가 없었다.

그러나 아이는 말을 하지 않았다. 두 살이 되던 어느 날, 아이와 바깥으로 나갔다. 밖에는 트럭 한 대가 주차되어 있었는데 아이가 트럭 위로 올라가려고 해서 올려주었다. 여름날의 저녁 무렵이었다. 닝샤寧夏의 푸른 하늘은 경이로움 그 자체로, 짙푸른 하늘은 광활하고 심원했다. 그것을 본 느낌은 평생 기억 속에서 지워지지 않는다. 아이는 차 난간을 잡고 한참 동안 하늘을 바라보았다. 나는 무엇이 그토록 아이를 오랫동안 하늘을 바라보게 했는지 알지 못했다. 내가 말했다.

"하늘!"

아이가 말했다.

"하느!"

처음으로 말한 글자가 뜻밖에도 "하늘"이었다. 아이는 혀를 계속 움직이며 말했다.

"하느, 하느, 하느."

나는 몸에 커다란 전율이 흐르는 걸 느꼈다. 조금 뒤 아이는 계속해서 하늘을 가리키며 말했다.

"하늘, 하늘, 하늘."

그때부터 아이는 사람만 보면 손을 당기며 말했다.

"하늘, 하늘."

사흘 동안이나 계속 말했다. 그 뒤 나는 아래에 밟고 있는 것을 가리키며 말했다.

"땅, 땅!"

아이가 말했다.

"땅!"

이것은 아이가 두 번째로 한 말이다. 당시 나는 하늘과 땅 중간에 있는 것을 말해주어야겠다고 생각했다.

"나무, 나무!"

아이는 말하지 않았다. 아이는 끝내 "나무"라고 말하지 않았다. 내가 말했다.

"사람, 사람."

아이는 사람에 대해서는 느낌이 있었던지 말했다.

"사람, 사람."

아이는 '하늘' '땅' '사람' 세 가지 개념을 습득했다. 내가 끊임없이 '전등'과 '책'을 가리켜도 아이는 책꽂이 쪽에 서서 책을 한 권씩 바닥으로 밀고 오줌을 싸고는 가버렸다. 매일 이렇게 하다보니 우리 집 책들이 너덜너덜해질 정도였다. 하는 수 없이 문을 달아 책을 넣어버렸다. 이 과정에서 아이는 책을 가까이했음에도 책이라고 말하지 않았다. 아이가 책을 관찰하지 않아 책에 대한 느낌이 없었기 때문이다. 그러나 아이가 하늘을 볼 때, 하늘이 아이를 자극했다. 하늘에 대한 느낌이 생겨났을 즈음에 나는 아이에게 이 단어를 알려주었던 것이다.

단어는 느낌을 포착하며, 느낌을 견고하게 하고, 느낌을 분명하게 하고, 느낌을 심화시킨다. 그래서 모호하고 금방이라도 가버릴 것 같은 느낌을 그에게 속하는 분명한 대상으로 만든다. 몬테소리는 이를 '지능'이라고 했다. 지능은 감각에서 개념으로 발전한다.

지능은 이런 과정을 통해 만들어진다. 이 과정에서 모든 감각이 작동한다. 모두가 그 가운데 한 경험·체험과 관련이 있다. 아이들은 이런 타고난 능력을 지니고 있다. 이 능력과 과정은 사람마다 다르다.

우리가 아는 '가르침'은 아이의 주의력을 한곳으로 모아 무엇을 가르치는 것이다. 그러나 주의력은 감각이 아니며 깊이 몰입하는 감각은 더욱 아니다. 아이의 감각이 발달하려면 오랜 시간이 걸린다. 당신은 아이를 꽃에 주목시키면서, 정작 당신은 꽃 위의 반점에 주목한다. 이런 가르침은 아이에게 모호함을 줄 수 있다. 당신의 말은 무엇을 개념화하는지 알 수 없고, 아이에게 무엇을 전달하려는지 알 수 없다. 이런 아이가 학교에 가면 생각이 분명치 않고 사유능력이 떨어지는데 이는 어른이 되어서도 마찬가지다. 베이징대의 저명한 학자인 진커무金克木 교수의 말처럼 서로 "이해하려고 하지 않는다."

내가 지금 말하는 것은 말이자 개념이다. 개념이 아닌 말은 한마디도 없고, 나의 모든 언어는 개념으로 조합되어 있다. 그러나 우리가 아이에게 이렇게 말한다면 아이들은 근본적으로 알아듣지 못한다. 아이는 무엇으로 이해할까? 아이는 감각에 의지한다. 감각이란 시각·미각·후각·촉각·청각을 말한다. 아이들은 감각으로 사물을 인지하고 개념을 형성하며 개념과 개념을 연결한다. 만 6세가 안 된 아이에게서 이런 모습을 쉽게 볼 수 있다.

세상의 모든 아이는 태어나서 입으로 세상을 인지한다. 이 단계가 지나면 손으로 만지기 시작한다. 이는 아이가 사람이 주는 물건을 능동적으로 받아들인다는 것을 보여준다. 아이가 가진 정상화에는 세상을 인지하도록 돕는 특수한 능력이 있다. 이 특수한 능력이 '민감기敏感期'다. 유아기는 민감기의 연속으로 이루어져 있다.

예를 들어 이제 막 태어난 아기의 민감기는 온전히 입에 있고, 입이 가장 민감하다. 아기는 먹는 데 온갖 힘을 사용하는 것 같지만 사실 한 살이 되기 전에는 입으로 세계를 인지하며, 무엇이든 입으로 가져 간다.

상당수 사람은 이런 행위를 별 의미 없거나 배가 고프다는 신호로 여긴다. 아이들이 손을 꽉 쥐고 자는 것을 볼 수 있는데, 이때의 아이 는 아직 경험이 없다. 경험은 아이에게 손을 입안에 넣을 수 있음을 알 려주지 않았다. 아이는 손을 통제할 수 없다. 그러나 일단 아이가 손 을 입에 넣기 시작하면 계속해서 손을 입으로 가져갈 것이다. 끊임없 는 동작은 감각을 만들고, 이런 감각이 반복되면 경험이 되며, 경험이 지능을 만든다. 스위스의 심리학자 피아제(1896~1980)는 이를 '지능의 맹아'라고 했다.

실제로 아이는 한 살이 되기 전에 세상의 모든 물건을 잡을 수 있고, 입으로 가져갈 수도 있다. 내 친구의 아이를 보면, 아이는 한 손으로 수건을 입안에 넣으면서 다른 한 손으로는 딱딱한 빗을 쥔다. 아이는 수건과 빗을 번갈아 무는 동작을 되풀이한다. 친구는 이 점을 이상하 게 여겨 나에게 물었고, 우리는 아이에게 '딱딱한 것'과 '부드러운 것' 에 대한 느낌이 생겼음을 알았다. 아이는 입을 통해 딱딱함과 부드러 움을 느꼈지만 아이의 부모는 '딱딱하다'와 '부드럽다'라는 단어를 제 때 알려주지 못했다. 아이의 부모가 수건과 빗을 따로따로 두지 않아서 다행이다.

아이의 성장과정 중에 가장 아쉬운 것이 이런 부분이다. 아이가 느끼고 있을 때 우리는 아이의 느낌을 파괴한다. 아이가 느꼈을 때에 맞춰 우리는 단어를 맞춰주지 못한다. 적절한 단어를 맞춰주는 것은 매우 중요하다.

얼마 전 일본의 심리학자이자 교육자인 기무라 구이치木村久一(1883~1977)의 『조기교육과 천재』를 읽었다. 이 책은 18세기 독일 시골의 목사 카를 비테가 자신만의 교육법으로 자신의 아이를 어떻게 키웠는지 쓴 것이다. 책에 "천재의 특징은 바로 강렬한 흥미와 완강한 몰입에 있다"라는 부분이 있다. 흥미는 어른들이 기른 것이 아니라 천성적으로 타고난 것으로, 모든 유아에게서 이런 모습을 볼 수 있다. 그의 교육법은 몬테소리와 흡사하다. 그는 손가락을 예로 들었는데, 아이가 당신의 손가락을 입으로 가져가 빨려고 할 때 당신은 차분하게 '손가락'이라고 반복해서 말해야 한다. 아이가 물건을 입에 넣어 딱딱함과 부드러움을 느낄 때 어른들은 개념을 넣어주어야 한다. 손가락에 대한 이런 흥미가 천재들의 특징이다. 이런 특징을 알고 보호해야 뛰어난 아이로 키울 수 있다.

유감인 점은 몰라서 이렇게 하지 못한다는 것이다. 반대로 우리가

늘 하는 일은,

아이가 느낌이 없을 때 우리는 끊임없이 아이를 억제하고 무언가를 가
르친다. 어떤 사람은 많은 말을 하기도 한다. 아이에게 어떤 느낌이 온
순간, 이를 알아보지 못하고 방해해 그 느낌을 깨뜨린다. 이런 억제과
정에서 아이의 관찰과 느낌은 사라진다.

제3장

아이의
창의성은
어디에서 올까?

심리학에서 개성은 창의성과 같다. 사람의 성장과정은 개성을 기르는 과정이다. 그러나 우리는 이따금 개성을 잘못 이해하여 소란을 피우거나 엉뚱한 생각을 잘하는 사람을 개성이 강하다고 여긴다. 개성 있는 사람은 세계에 대한 생각과 사고방식이 독특하다. 사실 생명은 태어날 때부터 독특하다. 아이가 받은 교육이 태어나면서 가지고 있던 개성을 없애버렸을 뿐이다.

●

하루는 아들에게 "생명의 존귀함은 네 자신의 생각이 사람들과 다르다는 데 있어"라고 말한 적이 있다.

기계로 찍어낸 사람이 가치가 있을까? 잘 성장한 사람은 세상에 대한 생각이 매우 독특하다. 몬테소리 교사가 성공하는 첫걸음은 하나의 교구에 반의 한두 명의 아이가 관심을 갖도록, 즉 반 전체 아이들이 달려들지 않게 하는 것이다. 그러면 당신은 바른 아이 교육의 첫 단계에 선 셈이다.

지금의 교육은 아이들이 하나에만 흥미를 갖게 한다. 그림을 그릴 때는 반 전체 학생이 그림을 그려야 하고 숫자를 셀 때는 모두 숫자를 세야 한다. 사람에게는 지식이나 도덕처럼 공유해야 할 것이 많다. 일리 있는 말이다. 그러나 공동의 것은 공동의 시간으로 가르칠 수 없고, 설령 가르칠 수 있다 해도 그것은 초등학교 혹은 그 이후의 일이다. 그때가 되면 사물을 직접 보고 느끼던 단계에서 어른들의 지시에 주의하는 단계로 아이의 정상화에 변화가 일어나고, 이런 능력은 나이가 들수록 강해진다. 그러나 아이는 초등학교 때부터 차이가 많이 나기 때문에 교육으로 아이만의 독특함을 지켜주어야 한다.

우리 교육은 아무렇지 않게 개성을 말살한다. 심리학계에서 개성과 창의성은 같다고 인식한다. 그래서 사람을 기르는 과정은 개성을 기르는 과정이어야 한다. 그러나 우리는 종종 개성을 잘못 이해하여 말썽을 잘 부리거나 생트집을 잡거나 엉뚱한 생각을 잘하는 사람이 개성이 강하다고 여긴다. 사실 그렇지 않다. 개성이 있는 사람은 사고방식과 생활의 모든 영역에서 다른 사람과 다르다.

그럼에도 똑같은 사람이 왜 이렇게 많을까? 생각이 없기 때문이다. 사람들은 대중을 따르고 유행을 좇는다. 이는 마음을 편하게는 할지 몰라도 정신적으로 독립하지 못한 상태다. 주위를 보자. 과연 몇 명이 독립적일까? 사람들은 아이의 성장과정에서 민감기를 그냥 흘려보낸다. 심지어 '자아가 발전'할 때도 존중하지 않는다. 우리는 깊고 독창적으로 사유하는 능력을 상실했다. 몬테소리는 우리가 수많은 평범한 사람을 만들었다고 말한다. 독특한 사고를 하는 사람들은 창의성이 있는 사람으로 존재한다. 우리가 아이를 존중하고 자연적인 성장 규칙을 따른다면, 아이들은 풍부한 창의성을 갖게 될 것이며 세상에 거대한 변화가 일어날 것이다.

지난 세기 최고의 천재 물리학자 아인슈타인(1879~1955). 그가 비범한 지능의 소유자라는 사실은 누구나 안다. 과학자들은 그의 대뇌가 일반인과 어떻게 다른지 연구했다. 그러나 지금까지 그 어떤 차이점도 찾아내지 못했다.

진정한 차이는 어린 시절에 생겨난다. 아인슈타인은 여느 아이들과 달랐다. 주위 사람들과 선생님은 그가 자폐이고 지능이 떨어지며 장래성이 없다고 판단했다. 그들이 잘못 생각한 것은 교육을 모르기 때문이다. 더 한심한 것은 교육을 입안하는 사람들조차도 교육을 알려고 하지 않는다는 점으로, 이는 인류의 큰 병폐다.

현대인들은 아인슈타인의 탁월한 업적을 확인하며 그가 위대한 과학자라는 사실을 뒤늦게 깨달았다. 이제야 우리는 그의 위대함은 가늠하기도 어렵고 뛰어넘을 수도 없으며 그가 노벨상을 세 번은 받아야 한다고 말한다. 그러나 동시대 사람들은 그를 이해하지 못했고 두 세대가 지난 뒤에야 그를 이해하게 되었다. 그의 독특함은 감각에 있었다. 그의 공헌은 그 감각에 기초해 새로운 개념을 만든 것이다. 첫 번째 공헌은 금속 표면에 빛을 비추었을 때 전자가 튀어나오는 광전효과를 발견한 것이고, 두 번째 공헌은 빛의 속도를 유한하다고 여긴 것이다. 세 번째 공헌은 중량을 야기하는 질량과 가속에 영향을 끼치는 질량은 같다고 생각한 것이다. 그는 이를 토대로 양자이론·특수상대성이론·일반상대성이론을 제기했다.

이것이 사물에 대한 특별한 지각능력이자 개념을 유도하는 능력인 창의성이다. 창의성은 마음에서 나온다. 창의성은 아이 스스로가 어린 시절에 만들고 발달시킨다.

제4장

아이는
스스로
느껴야 한다

기차는 궤도 위를 달린다. 이것은 어른들의 생각이다. 아이가 장난감 기차를 자신의 방법대로 가지고 놀면 아빠는 "아니야, 기차는 궤도 위로 가는 거야"라고 한다. 당신은 아이의 마음을 아는가? 아이의 행동은 기차와 관련 없는 탐색일 수도 있고, 어제의 동작을 복습하거나 계속 이어가는 것일 수도 있다.

●

아이들은 백지상태에서 성장한다. 몬테소리는 이를 '아이의 이성
理性'이라고 했다. '이성'은 정상화에서 오는 자발적인 내재적 절차 혹은
질서를 말한다. 민감기는 이를 둘러싸고 오며, 아이는 자신의 상황에
따라 성장한다.

많은 부모가 아이의 지능은 어른들의 가르침에 의해 발달한다고 생
각하고, 실제로 어른이 없으면 아이들은 바보가 될 것이라고 말하는
사람도 많다. 몬테소리는 어른들이 자신을 하느님으로 착각한다고 말
한다. 특히 아이가 뭘 잘못하면 재빨리 잘못을 고쳐주려고 한다. 사실
아이는 내재적 이성에 따라 성장하며, 이 과정은 자연적이면서 창의성
을 갖고 있다. 몬테소리는 말했다. "이성은 최초의 동력과 에너지를 제
공한다. 각종 인상이 정리, 배열되어 이성을 발전시킨다. 아이는 자신
이 받은 최초의 인상을 흡수해 이성을 돕는다."

이성의 과정은 자발적인 운동이다. 물론 아이의 정신 발전에는 어른
의 도움이 필요하다. 어른의 도움이 없으면 영아가 살 수 없듯이 말이

다. 그러나 이는 우리의 도움을 받지 못해 아이가 죽는다는 말이 아니다. 우리는 아이의 '구세주'가 될 수 없다. 우리는 아이를 도와야 하지만 아이의 정신적 성장은 아이 자신이 이루어내야 한다. 우리는 아이가 개념을 만들고 개념과 개념을 연결하여 사유를 전개할 수 있도록 도우면 된다.

예를 들어보자. 우리 아이는 '하늘'을 처음 알았기 때문에 '별'도 자연스럽게 인지했다. '하늘'과 '별'은 같은 범주의 개념이다. 당시 나는 몇 년 동안 몬테소리 교육에 종사하고 있었지만 지금 생각해보면 나의 많은 생각은 여전히 전통 교육에 갇혀 있었다. 하루는 우리 집 TV에 고릴라가 나왔다.

"신신ㅋㅋ, 빨리 와서 봐, 고릴라야!"

당시 아들은 고장 난 컴퓨터 같았다.

"별,* 엥……"

아들은 멍하니 하늘을 가리키며 매우 무서워했다. 그는 이 '이상하게 생긴 괴물'에 어떻게 하늘의 별과 같은 말을 사용하는지 알 수 없었다. 이는 아이의 이성이 사물을 구별하고 추리하기 시작했음을 의미한다. 아이는 같은 발음을 가진 다른 사물에 유독 민감하게 반응했다. 당시 나는 아이가 발음은 같지만 뜻이 다른 글자를 구별하지 못한다는 것을 알았다. 나의 '강제적 주입'이 그에게 엄청난 두려움을 주었던 것이다.

* 중국어에서 '고릴라'와 '별'은 발음이 같음

몬테소리는 4주 된 영아를 예로 든 적이 있다. 처음에는 엄마가 이 영아를 돌보다가 뒤에 보모가 돌보게 되었다. 두 사람 가운데 한 사람이 줄곧 아이를 돌봤다. 그리고 평상시 그의 삼촌이나 아빠 중 한 사람이 아이의 생활에 자주 나타났다. 이 경험은 아이에게 집에는 한 사람의 남자와 한 사람의 여자만 있음을 알려주었다. 하루는 갑자기 그의 삼촌과 아빠가 동시에 나타났는데 아이가 보기에 왼쪽은 삼촌이고, 오른쪽은 아빠였다. 그런데 두 사람이 닮아 보여 혼동한 순간, 아이에게는 두려움이 생겼다. 몬테소리는 이 문제의 해결법을 알려준다. 삼촌을 왼쪽, 아빠를 오른쪽에 오게 하면 아이가 번갈아가며 계속 보다가 결국 다른 사람이라는 것을 발견할 것이다. 아이는 이미 형성된 절차에 따라 사물을 받아들이고 자신의 질서가 깨지길 원하지 않는다. 이 질서도 몬테소리가 말하는 '아이의 이성'이다. 상황이 아이가 인지하는 질서와 맞지 않을 때 아이는 긴장한다.

'실체화'도 몬테소리가 강조하는 개념이다. 아이의 성장을 유도하는 정상화는 아이의 육체와 나눌 수 없는 일부분이 되어야 한다. 여기에는 하나의 과정이 필요한데, 이 과정이 '실체화'다. 당시 몬테소리는 "『성경』은 육체로 화化하고 사람들 사이에 남는다"는 말을 예로 들었다. 『성경』과 경건한 신앙인의 몸이 일체가 되는 것, 이것이 실체화다. 다른 예를 보자. 강의를 들을 때 메모를 할 때, 글자의 필순과 필획은 자신도 모르게 실체화된다. 간혹 문제를 지나치게 깊이 생각해서 주제를 벗어나는 경우가 있는데, 그 과정에서 누구를 만났으며, 어떻게 대답했으며, 어떤 자세로 길을 갔는지는 알지 못한다. 이때 우리의 말과 걷는 방식은 이미 실체화되어 존재한다.

아이는 어떻게 실체화할까? 방법은 하나. 끊임없이 움직이는 것이다. 아이는 끊임없이 움직여 정상화를 실체화한다. 아이 앞에 병이 하나 있다. 아이의 마음이 '병을 쥐어라'라고 일러주면 아이는 뒤뚱거리며 와서 병을 쥔다. 아이는 반복되는 동작으로 자신의 정상화가 시키는 일을 실체화한다. 실체화란 아이의 마음속 충동이 실현되는 과정이다. 몬테소리는 아이는 자아를 세우고 또 이를 기억으로 바꾼다고 했다.

또 예를 들면, 꽃무늬가 들어간 베개가 있다. 아이는 꽃향기를 맡고 꽃에 뽀뽀한다. 이를 본 보모는 아이가 이 베개를 좋아하는 줄 알고 다른 베개도 가져온다. 보모는 아이의 마음을 모르고 있다. 아이는 이성충동에 이끌려 물건에 뽀뽀하는 것이지, 외부 사물 때문이 아니다. 보모가 얼른 다른 물건들을 가져와서 "이거 맡아봐" "여기에 뽀뽀해봐" 하면 아이는 혼란스러워진다.

보모만이 아니라 나 자신도 그런 적이 있다. 나는 아들이 놀이를 하다가 여러 번 시도했는데도 성공하지 못한 경우를 본다. 이때 아들에게 다른 물건을 준다. "이걸로 한번 해봐, 아들!" 다행히 내 아들이 말한다. "아무 말씀 마시고, 조용히 해주세요."

매일 아침에 일어나면 나는 아들에게 여러 가지 일을 말해주려고 한다. 남편이 말했다.

　　"그냥 가만히 둬요, 스스로 생각하게." 뒤에 아들은 이 말을 듣고 아침에 내가 한마디 하면 "그냥 가만히 놔두세요"라고 말한다. 이후로 나는 조용해졌다. 어느 날 아침, 나는 아이가 옷 입는 것을 도와주었다. 아이를 일으켜 세웠을 때 아이의 표정이 아주 진지했다. 이 녀석이 무엇을 보고 있나? 나는 아들의 눈을 따라가다가 아침 햇살이 창문으로 들어오고 있는 것을 보았다. 햇살은 나의 분홍색 잠옷을 비추었고 분홍색은 또 빛을 반사시켰다. 그 광경은 매우 아름다웠다. 아이는 이것을 보고 있었다. 나는 아무런 말도 하지 않음으로써 그의 이성이 자연스럽게 이루어지는 과정을 깨뜨리지 않았다. 조금 뒤 아이는 더 이상 보지 않았다. 내가 물었다. "너 엄마 잠옷에 햇빛이 비추니까 얼마나 예쁜지 봤어?" 아들은 고개를 끄덕였다. 그러나 그 과정에서 무슨 일이 일어났는지는 아무도 모른다. 아이의 서정적인 느낌은 어떻게 생겨났으며, 사라지는 것에 어떤 아쉬움을 남겼을까? 그때 내가 참견했더라면 이 과정은 존재했을까? 분명 우리 어른들은 말이 지나치게 많다.

　　몬테소리는 예를 하나 들었다. 한 아이가 장난감 기차를 가지고 놀았다. 아이는 기차를 기찻길에 올려놓고 놀지 않았다. 기차는 반드시 궤도 위로 달려야 한다는 것은 어른들의 규칙이다. 아이가 기차를 자기 방식대로 가지고 놀면, 아빠는 "아들, 이렇게 하는 것은 잘못된 거야. 기차는 궤도 위를 달리는 거야"라고 말할 것이다. 아이는 이렇게 하고 싶지 않지만 아빠는 이렇게 해야 한다고 생각한다. 아빠는 끊임 없이 아이에게 간섭한다.

우리 유치원의 지지濟濟라는 아이의 아버지가 이와 유사하다. 지지의 아버지는 자기 아이를 무척 좋아하지만, 아이의 상태는 좋지 않다. 지지가 수건을 옷걸이에 걸 때, 수건이 잘 걸리지 않으면 아이는 수건을 들고 30분이나 그 자리에 서 있는다. 뒤에 우리 아이가 지지의 집에 놀러 갔는데, 지지는 우리 집 아이가 가지고 노는 것마다 잡으며 말했다. "이렇게 하면 안 돼, 이렇게 놀아야 해." 우리 아이는 가지고 놀던 장난감을 내려놓고 다른 장난감을 집었다. 가지고 놀 만하면 그 아이는 다시 잡으며 "틀렸어! 이렇게 하는 거야"라고 말했다. 오후 4시가 되었을 때 우리 아이는 무언가를 더 이상 참지 못하고 울음을 터뜨리고 말았다. 다른 사람들은 우리 아이가 지지와 장난감을 가지고 다투었다고 했다. 내가 말했다. "아닙니다. 지지가 놀 때마다 신신에게 참견했어요. 신신이 자신의 방법대로 놀려고 하면 지지가 장난감을 빼앗으며 '이렇게 하는 거야'라고 했어요."

지지의 방식은 그의 아빠의 방식과 같다. 지지는 총명하다. 그의 총명함은 어디에서 나타날까? 그는 영리하다. 아니 대단히 영리하다. 무엇처럼 영리할까? 사람들이 좋아하는 비둘기나 사슴 같다. 그러나 그 아이는 자아를 만드는 능력을 상실했고 창의성도 떨어진다. 아이는 성장과정에서 실패와 성공의 경험을 하고, 이를 통해 개념을 내면화하며 성장해야 한다. 이 경험은 아이 자신의 탐색에서 시작하고, 자신의 작은 개척을 통해 이루어진다.

유아기는 경험을 느끼는 초창기이자 경험을 만드는 감각기이자 지식을 느끼는 민감기다. 이때 자신의 경험으로 결과를 얻는다면 그것은 생명의 일부분이자 자신의 것이 된다. 그러나 다른 사람이 가르쳐준 것이라면 그것은 다른 사람의 감각 경험이다. 감각 경험은 대체할 수 없는 것이다. 창의성은 가르칠 수 없는 것이다!

몬테소리는 "아이가 받은 또렷한 인상을 보존하는 일은 절대적으로 필요하다. 분명한 인상들을 토대로 스스로 구별해야 자신의 지능을 형성할 수 있기 때문이다"라고 했다.

하버드대에서 전형적인 실험을 하나 했다. 이 실험은 아이가 사물을 어떻게 인지하는지 보여준다. 당신이 아이에게 완전히 새로운 지식을 주면 아이는 받아들이지 않는다. 당신이 아이에게 아이가 이미 알고 있지만 새로운 것이 섞인 지식을 주면 아이는 이 역시 받아들이지 않는다. 그러나 아이가 알고 있거나 습득한 것이 대부분일 때 아이는 알지 못하는 내용이 일부분 있더라도 빠르게 받아들인다. 아이는 사물과 사물을 연결하는 것을 좋아하기 때문이다.

디즈니의 애니메이션 「소마금小魔琴」을 보자. 작중에서 피아노는 스스로 소리를 낼 수 있다. 영화 속의 어린 남자아이가 이 피아노와 합의한다. 피아노가 스스로 연주를 할 때마다 사람들은 남자아이가 피아노를 친 것으로 생각한다. 사람들은 그를 끊임없이 저녁 파티에 부르고 칭찬한다. 이 아이는 거만해진다. 우리 아이는 이 영화를 통해 '거만하다'는 말의 의미를 깨달았다. 사람은 성취가 있을 때 '거만'해질 수 있는데, 이때의 '거만'은 부정적인 의미다. 그러나 아이가 하던 일을 잘하면, 엄마는 "아들, 나는 네가 정말 자랑스러워!"라고 말한다.* 일상에서 아이는 이 말의 또 다른 의미를 알게 되었지만 의문을 품게 되어 얼마 전에 나에게 물었다. "엄마, 「소마금」에서는 '거만'이라 하고, 엄마는 조금 전에 '자랑'이라고 하셨어요. 왜 같은 단어인데 뜻이 다른 거죠?" 아이는 발음이 같은 글자를 구별하기 시작했다. '거만하다'와 '자랑스럽다'는 상황과 일의 느낌에 대한 묘사다. 이 느낌은 매우 복잡한데, 그 난이도는 아이의 받아들이는 능력과 흥미에 따라 결정된다.

지능도 사물을 구별하는 능력에서 나타난다. 어떤 물건을 구별할 때, 아이는 물건과 함께 그 개념의 핵심을 잡는다. 여기서 몬테소리는 "아이는 이때부터 비로소 자신의 지능을 높일 수 있다"고 했다.

* 중국어에서 '거만하다'와 '자랑스럽다'는 발음과 글자가 같다

제5장

아이의
심리와
지능

아이가 네 살일 때 부모가 이혼했다. 어떤 어른이 아이에게 농담으로 "아빠라고 불러봐. 부르면 맛있는 거 사줄게!"라고 한다. 아이는 엄마 뒤에 숨어 굴욕과 분노를 느낀다. 이것이 습관이 되면, 누가 어떻게 달래도 아이는 절대로 입을 열지 않는다. 이 모든 것이 아이의 마음에 어떤 흔적을 남기는지 그 누구도 모른다. 그러나 이 아이는 '아빠'라는 개념을 사람들과 다르게 생각할 것이다.

●

　주위에서 매나 야단을 맞는 아이들을 볼 수 있다. 매와 야단을 맞으며 자란 아이는 정상적인 아이들보다 성장이 더디고 머릿속 개념이 분명하지 않다. 대뇌의 발달이 덜되어 객관적이고 실제적으로 사물을 보지 못한다. 또 외부 사물에 지나치게 민감해 지능발달에도 영향을 받는다. 부모에게 야단맞고 자란 아이는 기억력이 떨어져 현실을 객관적으로 보기 어렵다. 이런 아이들은 언제나 세상을 요구와 증오로 대한다. 심하게 야단맞지 않았지만 지나친 자극을 받고 자란 아이들도 개념이 분명치 않다. '독재적인' 학급이나 가정의 아이들도 문제가 있다. 이것은 사유상의 문제다.

　아이를 야단치고 때리면 아이에게 스트레스와 공포심을 유발할 수 있다. 이런 스트레스는 어떤 하나의 사물에 대한 아이의 생각을 과도하게 강화하고, 어떤 사물의 한쪽만 인식시켜 전체를 무시하게 만들 수 있다. 욕을 먹고 매를 맞은 아이가 어떤 개념을 세울 때에는 객관적인

　　　　　　　　　　　　　　　　　　　　　　6년 교육

현실을 보는 것이 아니라 자극을 받은 후의 사물을 본다. 이때 세상은 원래의 세상이 아니고, 그의 가공을 거친 세계다. 스트레스는 아이가 사물을 익힐 때 오류를 야기해 본질적인 문제를 깊게 이해할 수 없게 한다. 아이에게 고난이 닥치는 것이다.

사랑과 관용 속에 자란 아이들은 자아를 형성하는 과정에서 변별 능력에 손상을 입지 않아 분명하고 정확하게 사물을 본다.

내 친구의 남편은 어릴 때 성장과정이 좋지 않아 결혼한 뒤 정서상의 변화가 심했고 아이를 대할 때도 좋았다 나빴다 했다. 아이가 네 살 때, 친구는 남편과 이혼했다. 어른들이 이 아이를 보면 농담 삼아 말할 것이다. "아빠라고 불러보렴, 그럼 맛있는 것을 주마!" 아이는 처음에는 엄마 뒤에 숨어 굴욕과 분노를 느끼고, 이것이 습관이 되면 누가 달래든 이 아이는 절대 입을 열지 않을 것이다. 이런 점들이 아이의 감각에 대체 어떤 영향을 주는지는 알 길이 없다. 그러나 아이가 뒷날 아빠가 되면 그 영향이 나타난다. 그는 '아빠'라는 개념을 사람들과 다르게 이해할 것이다.

이것은 우리 아이가 이 개념을 형성할 때 보여준 행동과 뚜렷한 대비를 이룬다.

한번은 친구가 우리 집에 왔다. 그 친구는 우리 아이를 보자 말했다. "아빠라고 불러보렴, 맛있는 것 사줄게." 우리 아이가 말했다. "아빠!"

이때 우리 아이는 아직 세 살이 채 되지 않았다. 다음번에 이 친구를 만났을 때 아이는 또 "아빠"라고 불렀다.

친구가 말했다.

"네 아들 아주 똑똑하네! 나를 아빠라고 부르면 맛있는 것 사준다는 걸 어떻게 알았지?"

내가 말했다.

"아니야, 네가 우리 아이의 아빠에 대한 개념을 혼동시킨 거야."

이후 다른 친구가 유치원에 왔을 때였다. 그는 우리 유치원 후원회의 일원으로, 저녁에 회의를 마치고 유치원에 머물렀다. 다음 날 새벽에 우리 아들이 유치원에 와서 그를 보자 달아났다. 친구가 아들을 안고 뽀뽀를 했는데 그의 수염에 아이가 찔렸다.

내 아들이 진지하게 말했다.

"아빠."

친구는 크게 놀라며 말했다.

"아무에게나 그런 말을 하면 안 돼요, 나는 네 아빠가 아니고 삼촌이야."

아들은 이상해서 물었다.

"그럼 수염이 왜 이렇게 길어요?"

뒤에 물어보니, 남편은 수염으로 아이를 찌른 적이 있다고 했다. 아이는 이것이 생각나 아빠라고 불렀던 것이다. 자신에게 맛있는 것을 사주거나 긴 수염으로 찌르는 사람은 모두 아빠였던 것이다. 이 과정은 구별하는 과정이다. 아이는 일단 구별하기 시작하면 세세한 부분들을 헤아리고 핵심을 간파하며 불필요한 것들은 배제한다. 이는 얼핏 비정상적인 행위처럼 보이지만 사실은 아이가 끊임없이 사고하고 있음을 보여준다.

내가 말한 것은 명확하게 드러나는 예에 불과하다. 대뇌활동이 왕성해질수록 아이는 복잡한 문제에 부딪힌다. 이런 구별 능력은 갈수록 강해지면서 아이들 개인별 차이가 확연하게 드러난다. 한번은 우리 아들이 어떤 일로 매우 화가 나서 크게 울며 아빠를 발로 찬 적이 있다. 겨우 두 살 반 때였다.

아이 아빠가 말했다.

"당나귀도 아닌데 왜 사람을 차?"

아이는 갑자기 울음을 멈추고 30초 정도 멍하니 있었다. 그러다 진지하게 말했다.

"아빠, 물고기*는 다리가 없잖아요!"

아이 아빠가 말했다.

"물고기 말고 당나귀 말이야!"

아들은 서서 생각에 잠겼다. 나는 격분했던 아이가 무슨 생각으로 울음을 멈추고 사색에 잠겼는지 알지 못했다. 나는 사람들에게 아이의 머리는 '286컴퓨터'라서 작동이 느리다고 말하곤 했는데, 얼마 뒤 유치

---

* 중국어에서 물고기와 당나귀의 발음이 비슷한 것에서 오는 착오

원에 있는 많은 아이가 286컴퓨터라는 사실을 알게 되었다. 그들의 사고는 정신의 강이 생활의 바다 아래를 천천히 흘러가는 것처럼 조용하면서도 느리다. 우리는 이런 아이들을 늘 '천진난만하다'고 한다. 아이들의 모든 사유 상태와 인지 상태는 줄곧 사고하고 있다. 아이에게 무슨 말을 하든 이런 방식으로 사고한다. 사유는 아이들에게 즐거운 일이자 신선한 활동이다. 아이들이 사유하는 표정은 매우 분명하며 이 사유에는 긴 시간이 필요하다. 그러나 어떤 아이는 이런 사유를 할 필요가 없는데, 야단맞고 매를 맞으며 자란 아이들이 그렇다. 그들의 반응은 대뇌를 거치지 않은 것처럼 빠르다.

말을 하는 순간 아이가 즉각 반응하는 경우를 본 적이 있을 것이다. 왜일까? 야단치고 때리는 것 외에 어른들이 끊임없이 아이에게 어떤 것들을 강요했기 때문이다. 그래서 '호루라기를 불면 개가 밥을 먹는' 것과 같은 조건반사가 만들어진 것이다. 많은 아이가 이렇다. 실제로는 아이가 받아들인 것은 아이 자신의 대뇌를 통과해야 한다. 아이의 대뇌활동은 느리지만 아이가 사유할 수 있도록 기회를 주면 점점 빨라질 것이다.

대뇌를 통해 진행되는 인지과정을 통해서만 지력(지능)을 얻을 수 있다. 어려서 두뇌회전이 빠르고 총명했지만 커서는 학습력과 창의성이 뛰어나지 않은 아이들이 있는데, 그 원인은 처음의 총명함이 가르쳐낸 것이거나 인위적인 자극으로 인한 것이었기 때문이다.

아이 놀리기는 많은 어른이 아이와 친해지고 싶을 때 쓰는 방법이다. 한번은 우리 아들이 먹을 것 한 봉지를 가지고 내 직장에 왔다. 동료가 말했다. "신신아, 그거 아줌마한테도 좀 줄래?" 우리 아들은 "싫어요"라고 말하고는 곧장 몸 뒤로 봉지를 숨겼다. "안 줄 거야? 안 주면 아줌마가 뺏어간다!" 그리고 일부러 뺏으려는 동작을 취했다. 우리 아들은 큰 소리로 울었다.

동료가 말했다.

"이러고도 몬테소리 교육이야? 아이 좀 봐. 우리 유치원 애들은 어떻게 놀려도 울지 않아."

내가 말했다.

"아니야, 우리 아들은 놀림을 당한 적이 없어. 아들은 네가 정말로 뺏는다고 생각했어. 또 아들은 너의 이런 비신사적인 행동이 어디에서 왔는지를 몰라. 안 주면 뺏으려 하다니! 아들의 생각이 고장난 거지. 어떻게 그럴 수 있니? 원래 1+1은 2인데, 네가 무리하게 3이라고 말한 거지. 이건 아이의 경험과 맞지 않아."

그녀가 말했다.

"아니야! 우리 유치원의 아이들은 다 그래."

"너희 유치원 아들은 놀림을 받아서 그렇고, 우리 아이들은 놀리는 사람이 없어. 아들은 놀림받지 않는 환경에서 자랐고, 네가 놀리는 걸 원하지 않아."

그러나 대다수 사람이 아이를 놀린다. 그렇게 끊임없이 놀리면, 아이는 혼란스러워지며 자아를 형성할 기회와 자신이 본 것과 고정된 기억을 함께 놓을 기회를 놓쳐버린다.

아이를 놀린 결과는 '못된 장난'으로 나타난다. 사람들은 청소년이 '못된 장난'을 하는 이유를 잘 알지 못하는데, 대개 아동기의 '놀림'이 원인이다. '놀림'은 심하지 않은 행위이기 때문이다. 이 역시 아이를 야단치고 때리는 것처럼 사회에 만연해 있다. 다만 범위가 더 넓을 뿐이다.

아이가 성장하는 데 우연은 중요한 비중을 차지한다. 예를 들어 집에서 몇째 아이냐에 따라 아이의 심리 상태도 다르다. 예전에 본 올림픽 창시자의 일대기를 다룬 영화에 큰 감명을 받은 적이 있다. 외삼촌의 둘째 아이가 갓 태어났을 때였다. 나는 그의 집에 자주 갔는데, 사람들이 갓 태어난 영아를 안고 큰아이에게 말했다. "슈앙바이雙百, 네 엄마는 귀여운 여동생을 낳았으니 이제 네가 필요 없어!" 슈앙바이는 처음에는 앙앙 울더니 나중에는 습관이 되었는지 상관하지 않았다.

어른들은 이것이 아이에게 무엇을 의미하는지 알지 못한다. 이것은 비열하고 잔인한 농담인데, 이 잔인함을 어른들은 깨닫지 못한다. 영화에서 주인공의 남동생이 태어나자 온 집안 사람들은 갓 태어난 아기를 돌보느라 정신이 없었다. 주인공은 겨우 일고여덟 살이었다. 그는 위층에서 내려오다 계단에 서서 아빠, 엄마, 보모가 정신없이 아기를 돌보고 있는 것을 보았다. 엄마는 계단에 서서 자신들을 쳐다보고 있는 큰아이를 봤다. 엄마는 얼른 올라가 그를 계단에 앉히고 말했다. "엄마가 너에게 하고 싶은 말은 엄마는 너를 엄청 사랑한다는 거야. 하지만 네 동생은 아주 어려. 엄마가 동생에게 젖도 안 주고 먹을 것도 안 주면 죽을 거야. 그래서 엄마는 힘을 다해 네 동생을 돌봐줘야 해. 넌 이미 혼자서도 충분히 할 수 있잖아. 하지만 이건 엄마가 너를 사랑하지 않는다는 뜻이 아니야. 엄마는 너를 아주 많이 사랑하고 있어." 주인공 남자아이에게 이 문제는 분명해졌다.

실제로 이 아이가 문제를 제기한 것일까? 그렇지 않다. 그의 엄마가 이 광경을 보고 문제가 있음을 감지해서 아이의 마음을 풀어준 것이다. 이런 엄마가 있었기에 뒷날 그의 성공이 있었다.

생명이란 이런 것이다. 당신이 아이의 심리를 알고 아이에게 말을 한다면, 이 일은 더 이상 문제가 되지 않는다. 그러나 말하지 않는다면, 아이는 엄마와 아빠가 자신을 더 이상 사랑하지 않는다고 생각할 것이다. 내 학창 시절 친구는 엄마와 아빠가 "오빠만 좋아한다"고 말했는데, 이런 불공평한 느낌은 형제자매 누구나 가지기 쉽다. 나는 중학생일 때 엄마가 오빠를 편애한다고 생각했고, 늘 엄마와 말다툼을 했다. 오빠는 부추를 먹지 않았는데, 엄마가 오빠에게 밥을 한 그릇 가득 담아줄 때마다 밥에 부추는 없었다. 엄마와 말다툼을 할 때면 엄마는 "그래 나는 네 오빠를 편애한다, 오빠는 너처럼 이렇게 투정부리지 않아!"라고 했다. 엄마가 오빠를 편애한다는 나의 믿음은 이렇게 점점 깊어졌다.

오스트리아의 정신분석학자 프로이트(1856~1939)는 한 젊은 여교수의 심리를 분석한 적이 있다. 그녀는 어린 시절, 아빠, 엄마, 남동생과 사진관에 갔다. 그곳에는 가짜 사과가 있는데 그녀의 엄마는 이 가짜 사과를 동생에게만 주고 자신에게는 주지 않았다. 그녀는 이 일을 분명하게 기억했다. 가짜 사과였지만 동생에게만 주고 자신에게는 주지 않은 것이 그녀의 마음을 불편하게 했다. 그녀는 이것을 불공평하다고 여겼다. 이런 느낌과 일은 끊임없이 일어난다. 이로써 야기되는 심리적 콤플렉스와 장애가 그녀의 잠재의식으로 변했다. 그러나 몇 명이나 프로이트 같은 대학자를 만날 행운을 얻겠는가?

생활에는 이와 유사한 일이 셀 수 없을 정도로 많다. 이는 아이의 성장에 엄청난 영향을 미친다. 아이를 완전히 다른 사람으로 만들 수 있을 정도다.

6년 교육

제6장

왜 아이들은
한 가지
일만 할까?

아이들은 한 가지 일을 계속하는 것을 좋아한다. 하나의 이야기를 계속 들으며 한 주가 지나고 반 달이 흘러도 지겨워하지 않는다. 아이가 이야기에서 가장 먼저 받아들이는 것은 논리이고 그다음이 상황이며 또 그다음이 개념이다. 아이에게 좋은 책을 골라주고 유익한 것들을 받아들이게 해야 한다.

●

아이의 감각·사고·지능이 발달하려면 많은 시간과 반복이 필요하다. 몬테소리는 "반복은 아동의 심리·감각과정을 완전하게 한다" "반복은 아이의 지능체조다"라고 했다. 그녀는 또 말했다. "교사는 아이가 감각에서 개념까지, 즉 구체적인 것에서 추상적인 것까지 나아가 개념 간에 연결을 할 수 있도록 인도해야 한다."

아이는 되풀이하는 것을 좋아한다. 아이에게 이야기를 들려주는 것이 전형적인 예다. 어른은 보통 한 번 들으면 더 이상 듣지 않지만 아이들은 다르다. 아이들은 오늘 어떤 이야기를 들으면 내일 또 듣고 모레 또 들으려고 한다. 보름이 지나도 아이는 같은 이야기를 들으려 한다. 아이가 이야기에서 가장 먼저 받아들이는 것은 논리다. 그다음이 상황이며 또 그다음이 정확한 개념이다. 그래서 아이에게 책을 사줄 때는 특히 세심하게 골라야 한다. 유아용 책은 논리적으로 잘못된 경우가 많으니 부모가 먼저 읽어보는 것이 좋다. 자신이 없다면 유명한 작가·화가의 작품이나 큰 출판사에서 나온 책을 고르는 것도 괜찮은 방법이다.

아이의 감각 훈련도 마찬가지다. 오늘 병을 만진 아이는 한동안 계속 병을 만질 것이다. 아이가 마음껏 만졌다면 당신은 아이에게 "이것은 병이야"라고 말해서 개념을 대뇌에 있는 감각과 연결시켜준다. 당신이 병을 들고 아이에게 만져보라고 할 때 아이가 느끼는 것이 구체적인 개념이다.

그러나 병 사진을 종이에 붙여놓고 아이에게 보라고 한다면 이것은 반은 구체적이고 반은 추상적이다. 이때 문자로 아이에게 '병'이라고 알려준다면 그것은 이미 추상적 개념이 된다. 아이는 감각으로 세상을 인지한다. 아이는 끊임없이 만지고 느낀 뒤에 자신이 감지한 물건을 구성·분류·귀납하고 개념을 만든다. 이 과정과 기회를 잘 포착해야 한다. 아이 교육은 현실, 구체, 사실, 생활에서 시작하고 추상적인 것은 가능한 한 피한다. 이것은 현실을 의미 있게 하며 개념의 생성을 완전하게 해주어 개념을 현실과 밀접하게 결합시킨다. 이 원칙은 '현실과 동떨어진 사고'를 하는 아이가 아닌 현실적으로 사고하는 아이를 만든다.

아이는 어떤 개념을 익히면 이 개념을 보편화해서 모든 개념과 연결한다. 아이가 오늘 '병'과 '동그라미'라는 개념을 경험했다면 이 둘을 연결하기 시작한다. 이런 연결은 어른들이 가르칠 필요가 없다. 어떤 아이는 처음에 "엄마, 아빠"만 말하다가 어느 순간 긴 말을 해낸다. 습득한 개념들을 어른의 도움 없이 스스로 구성해낸 것이다.

선생님의 역할 가운데 하나가 아이들을 감각에서 개념으로 이끄는 일이다. 내가 "아이에게 자유를 주세요"라고 하면, 많은 사람이 "선생님 말씀대로라면, 돌보는 사람이 없는 농촌 아이들은 하루 종일 들판에서 놀기 때문에 잘 자라야 할 것입니다"라고 말한다. 여기서 문제가 되는 것은 말로 하는 학습과 정확한 개념의 수립이다. 예를 하나 들어보자. 우리 유치원에는 네 살 때까지 농촌에서 자란 아이가 있다. 아이는 소를 보면 '음매음매', 닭을 보면 '꼬끼오'라고 한다. 다른 개념들도 불분명하다. 아이는 소를 알지만 이것을 소라고 부르는 줄은 알지 못하고 "음매음매"라고 한다. 당시 나는 의아해서 선생님에게 "아이가 농촌에서 자랐으니 이런 개념들을 알고 있을 텐데요"라고 말했다. 그러나 실제는 달랐다. 아이는 농촌에서 이것들을 봤고 알고 있었지만, 누구도 아이에게 이것을 나타내는 말을 가르쳐주지 않아서 아이의 정신은 줄곧 발전하지 못했다. 이 아이의 지능은 잘 발달하지 않을 것이다.

가르칠 때 또 하나 해야 할 일이 있는데, 몬테소리가 말한 "한 가지 방법으로 아이 내부의 주의력을 분리시켜 어떤 하나의 지각에 고정하는" 것이다. 예를 들어 선생님이 꽃 한 송이 혹은 옷 한 벌을 가지고 아이에게 '이것은 빨간색이야'라고 알려준다. 그러면 이는 "한 가지 방법으로 아이 내부의 주의력을 어떤 하나의 사물에 고정하지" 못한 것이다. 이때 선생님은 아이에게 옷, 색깔, 옷을 입은 사람 등 여러 사물을 한꺼번에 보여주었기 때문이다.

색판으로 아이에게 색깔을 설명한다면 이야기는 달라진다. 그것은 분리된 실물이기 때문이다. 아이는 색판을 보면서 다른 색깔의 방해나 유혹을 배제하고 단독으로 하나의 색깔을 느끼고 개념을 세울 수 있다. 아이에게 "이게 무슨 색일까? 보라색이야. 이것의 정확한 이름은 보라색이야"라고 설명하면, 아이는 대답할 것이다. "선생님께서 입고 계신 옷도 보라색이네요. 우리 유치원에 핀 꽃들도 보라색이구요. 또 우리가 사용하는 교구도 보라색이에요." 이 과정은 분명히 구체적인 것에서 추상적인 것으로, 특수에서 보편으로 가는 과정이다. 아이는 생활에서 보라색이 어떤 색깔인지 보고 느꼈지만 아직 개념화되지 않았었다. 그러나 이 개념이 일단 생기면 아이는 이 색깔을 다른 물건에 적용한다. 당신이 꽃을 교구로 삼아 아이에게 빨간색이 어떤 것인지를 가르치면 아이는 꽃은 빨간색이고, 빨간색이 꽃이라고 생각할 것이다.

몬테소리가 교사들에게 요구하는 것은 수업 때 말을 줄여 명칭 혹은 그 명칭이 대표하는 물체를 연상하게 만드는 것이다. 삼각형을 예로 들어보자. 몬테소리 교육은 명칭과 그 명칭이 대표하는 물체 사이의 개념을 연결하도록 가르친다. 아이들에게 삼각형을 보여주고 "이것은 삼각형이야"라고 한 뒤 더 이상 어떤 말도 하지 않는 것이다.

이와 동시에 아이가 개념을 정확하고 빠르게 습득할 수 있도록 아이가 습득한 것과 유사한 물건을 두세 개 더 준비해서 비교할 수 있게 하는 것이 중요하다. 예를 들어 다른 유형의 색판에서 색깔을 가리킨다거나 원형이나 사각형 가운데서 삼각형을 가리키는 것이다. 이렇게 하지 않으면 아이는 단어를 기억 속에 잠깐 저장해놓고 추상화할 기회를 기다리게 되는데, 이 과정은 매우 길어질 수 있다.

아이는 명칭을 통해 의식활동을 수행할 수 있다. 예를 들면, 아이는 공, 구체球體(교구의 일종), 달月로부터 둥근 물체를 인식한다. 어른들이 구체나 원이라 말해주면 아이는 기억을 되짚어 명칭과 물체를 연결한다. 이는 일반적인 의미이고, 실제로 가르칠 때 우리는 교구를 사용해 3단계 학습법으로 아이에게 정확하고 구체적인 어떤 개념을 알려준다. 아이가 이 물체를 가리켜내지 못한다면 아이에게 명칭과 물체를 연결하는 능력이 없는 것, 즉 아직 이 수준에 오지 않은 것이다.

몬테소리는 "아이가 개념을 잘못 이해하지 않는다면 선생님은 이 물체의 개념과 관련된 활동을 할 수 있다"고 했다. 아이가 정확하고 분명하게 새로운 개념을 습득했는가가 중요하다. 얼마 전 나는 여섯 살 된 아들에게 말했다. "너는 살면서 무슨 일을 하고 싶니?" "놀고 싶어요!" "고상한 포부 같은 거 말야." "무슨 말씀이죠?" "진眞, 선善, 미美 같은 거 말이야." 아들이 말했다. "주사바늘의 침針을 말씀하시는 거예요?"* 나는 아들이 알아듣지 못할까 봐 진리의 "진"이라고 말하지 않았다. 내가 말했다. "진실의 진!" 아이는 크게 웃었다. "엄마는 왜 진리의 진이라고 말씀 안 하세요?"

* 중국어에서 "진"과 "침"은 발음이 같다

'진실'과 '진리'는 가까운 개념이다. 다시 말해 아이가 이를 완전하게 습득했을 때 다른 내용을 넣을 수 있다.

아이에게 먹이사슬 이야기를 하다가 초식동물, 육식동물, 부패한 동물들이 어떻게 땅을 윤택하게 하고 식물들을 무성하게 해주는지를 설명했다. 빠르게 개념을 습득한 아이라면 "아하, 이건 순환과정이에요"라고 말한다. 큰 아이들은 순환이라는 말을 할 수 있다. 어린아이들도 동그라미를 그려가며 무언가를 전달하려고 한다. 이때 우리는 '순환'이라는 말을 해서 이 단어를 아이의 대뇌에 있는 개념과 맞춰주기만 하면 된다.

아이가 습득한 개념을 자발적인 탐색을 거쳐 일반화하는 작업에는 시간이 걸린다. 어떤 아이는 바로 할 수 있지만 어떤 아이에게는 긴 시간이 필요하다. 이것은 인지 속도의 문제이고, 아이뿐만 아니라 어른도 마찬가지다. 아이에게 이런 것들을 알려주었을 때 아이는 어쩌면 1년 내내 이 개념을 쓰지 않을 것이다. 그러나 어느 날 똑같은 상황을 만나면 아이는 갑자기 말을 하고 전체적인 의미를 깨닫는다. 어떤 아이는 당시에만 이 말을 쓰고, 어떤 아이는 한참 지나서 쓴다. 이를 두고 당신은 아이가 아직 습득하지 못했다고 생각하기 쉽지만 사실 아이는 사용하지 않는 것일 뿐이다.

우리 아들은 네 살 때 색판을 사용했다. 아이는 색깔을 조금 알고 있었지만 하나도 모른다는 듯 말을 하지 않았다. 그러다 얼마 전 갑자기 나에게 말하기 시작했다. "엄마, 이것 보세요, 이 색깔은 엷은 분홍색이에요. 이 색깔은 이 엷은 색보다 조금 진해요, 진한 분홍색이에요." 아이가 하루 종일 말해도 나는 대수롭지 않게 여겼다. 말이 많아지자 나는 그때서야 아이가 색판의 이치(색판의 첫째 칸은 삼원색이고, 둘째 칸은 중간색, 셋째 칸은 진한 색에서 엷은 색으로 총 7가지 진함과 엷음이 다른 색으로 되어 있다)를 훌륭하게 이해해 자유롭게 사용하게 되었다고 느꼈다. 다시 말하면 아이가 개념을 일반화한 것이다.

몬테소리 교구와 관련된 일화가 하나 있다. 우리 색판은 대부분 나무로 만든 것이다. 중간에 판자가 있고 양쪽은 흰색으로 되어 있다. 플라스틱으로 만든 색판이 있는데 나무가 주는 느낌과 다르다. 플라스틱은 아주 가볍다. 들어보면 알 것이다. 길에서 벽돌처럼 네모난 멋진 나뭇조각을 보면 주우려는 사람이 많겠지만 플라스틱 조각이라면 주우려는 사람이 없을 것이다. 나는 왜 이런 느낌이 드는지 알 수 없었다. 어른들은 원시적인 느낌들을 분명하게 말하지 못한다. 생명의 본질은 자연적인 물건과 상통한다. 아이들은 나무로 된 물건을 좋아하고, 플라스틱 색판은 장난감이라는 느낌을 받는다. 나무로 만든 큰 셈판은 아주 무거워서 어떤 아이들은 손으로 들지 못하고 배에 붙여 복부의 힘으로 든다. 작게 만들거나 플라스틱으로 만들었다면 이런 느낌을 받기 어려울 것이다.

교구를 만드는 리우劉 선생님이 성인 손바닥 크기만 하고 책처럼 두

꺼운 나무 한 조각을 가져오셨다. 우리 아들이 보더니 달라고 했다. 결과적으로 그 나뭇조각은 한 주 내내 큰 '인기'를 얻었다. 유치원 아이들은 보통 다른 사람의 물건을 마음대로 가져가지 않는데 이 네모난 나뭇조각만은 예외였다. 신신이 잠시라도 방심하면 금방 다른 아이가 가져가버렸다. 그 아이도 조금만 방심하면 또 다른 아이가 얼른 가져가버렸다. 저녁에 신신은 문앞에 서서 엉엉 울었다.

"치치琪琪가 나뭇조각을 가져갔어요."

내가 말했다.

"어떤 나뭇조각이니? 엄마가 하나 갖다줄게."

"싫어! 그 나뭇조각 달란 말이야, 그 나뭇조각을 줘!"

뒤에 내가 리우 선생님에게 물었더니, 그가 말했다.

"우리 공장의 나뭇조각입니다. 아이들이 만져보면 좋을 것 같아서 신신에게 주었지요."

나는 아들에게 말했다.

"서두르지 마, 엄마가 내일 하나 갖다줄게."

다음 날, 그 나뭇조각이 다시 유치원에 나타났다. 아이들이 서로 돌려가며 봤다. 뒤에 내가 물었다.

"이 나뭇조각에 도대체 어떤 비밀이 있나요?"

리우 선생님은 목수 집안 출신이었다. 그가 말했다.

"나무는 가벼워요, 특히 그 나무를 손에 잡고 있으면 그 느낌을 이루 말할 수 없지요."

옳은 말이다. 나무를 쥐면 생명을 느낄 수 있다. 선생님들도 같은 느낌을 받았다. 리우 선생님은 아이가 "만지는 것을 매우 좋아한다"고 했다. 나는 일본소설 한 편을 떠올렸다. 이야기에서 한 어린아이는 호로병을 수업 때도 만지고 잠 잘 때도 만지고, 무엇을 하든 호로병을 만졌다. 나중에 어떤 사람이 아이의 호로병을 깨뜨리자 당연히 호로병에 대한 아이의 감각능력도 깨졌다.

이 나뭇조각은 당시 아이들의 '골드바'가 되어 오랫동안 돌고 돌았다. 아들은 이것 때문에 많이 울었다. 한 달 뒤, 나뭇조각은 소리 소문도 없이 사라졌다.

제7장

아이의 지능이
발달하는
내재과정

아이의 자발적인 지능발달은 끊임없이 이어진다. 이는 "아이의 심리적 잠재력과 관계가 있는 것
이지 선생님의 가르침과는 관계가 없다." 아이에게 그림 그리기를 강요한다면 이 아이는 평생 동
안 진지하게 그림을 그리지 않을 것이다. 이는 이 방면의 타고난 흥미를 없애는 것이자 아이의 자
질을 교육으로 제한하는 일이다.

●

몬테소리는 "아이는 습득한 개념을 일반화한다"고 했다. 이는 지능이 발달하는 과정이다. 아이가 '보라색'을 배웠다고 하자. 보라색은 구체적인 개념이지만 생활에 적용하려면 수개월에서 1년이 걸릴 수 있다.

우리 아이가 늘 이랬다. '이해'라는 말을 예로 들어보자. 『어린왕자』는 "나는 화가가 되고 싶지만 어른들은 나를 이해해주지 않는다. 나는 하는 수 없이 비행기를 조종하는 파일럿이 되었다"라고 시작된다. 아들에게 읽어주면서 특별히 어떤 부분을 강조하지 않았다. 한참 지난 어느 날 아들이 갑자기 나에게 "엄마는 절 이해해주지 않아요!"라고 말했다. 그때 아들은 겨우 세 살이었다.

또 한 번은 아들에게 공룡이 어떻게 멸종되었는지에 관한 책을 읽어주었다. "뜨거운 여름이 와서, 풀과 나무가 마르고 대지는 가뭄이 들었다……." 1년 후 어느 날, 아들이 나에게 물었다. "엄마, 겨울에는 왜 초록색이 없죠?" "겨울은 추워서 풀은 노랗게 변하고, 나무는 잎이 사라져." "그럼 풀과 나무가 말랐다고 말하셔야죠."

1년 전의 일을 아이는 이때 기억해냈다. 이것이 개념이 일반화로 발전하는 과정이다. '마른' 것은 원래 무더위로 야기된 것이지만 추위로도 마를 수 있다. 아이는 개념을 자연스럽게 떠올리고 사용하는 단계로 발전했다.

말로 표현하는 것은 지능이 발달했음을 보여준다. 우리 유치원의 단단丹丹을 보자. 우리는 아이와 함께 옷을 사러 갔다. 줄무늬 옷 한 벌, 빨강 동그라미무늬 옷 한 벌, 체크무늬 옷 한 벌을 골랐다. 어른들은 체크무늬 옷이 가장 예쁘다고 생각했다. 단단은 순순히 이 옷들을 입어보고 기분 좋게 옷을 다시 벗어놓았다. 그녀의 엄마가 말했다. "단단에게 이 체크무늬 옷을 먼저 입혀봐요." 이때 단단이 갑자기 울며 옷을 입으려고 하지 않았다. 어른들이 아무리 달래도 소용이 없었다. 아이는 울며 한사코 옷을 입지 않으려고 했다. 위엔袁 선생님이 말했다. "이렇게 합시다, 아이를 데리고 나가서 잠깐 놀다 옵시다. 여름이니까 춥지는 않을 겁니다." 그래서 윗옷을 입히지 않은 채로 아이를 그네 위에서 잠깐 놀게 했다. 나는 그 옷들을 안고 단단과 이야기했다. "단단, 옷 입어야지, 넌 여자아이니까 옷을 안 입으면 안 돼. 우리 옷 입을까?" 아이가 웃으며 말했다. "좋아요." "어떤 옷 입을까?" "빨강 동그라미가 있는 옷이요." 나는 아이에게 그 옷을 입혀주었다. 그 순간 어른들은 아이가 운 까닭을 알았다. 아이의 엄마가 말했다. "단단, 빨강 동그라미 옷을 입고 싶으면 엄마에게 말하지 그랬어, 왜 말도 없이 그랬니?"

당시 단단은 두 살이 조금 넘었다. 어른들이 옷 입기를 강요해서 그 랬을까? 아니면 아이의 지능이 '말'로 해결할 수 있는 정도까지 이르 지 않아서일까? 이 일로 나는 많은 것을 깨달았다. 우리 아들도 문제 를 만나면 늘 울고 말을 하지 않는 때가 있었기 때문이다. 아이 아빠가 말했다. "말해봐! 말을 해야 해결할 수 있잖아, 왜 말을 하지 않고 울 기만 하니?" 시간이 지난 뒤에 나는 아이의 지능이 '말'로 문제를 해결 할 수 있는 단계에 오지 않았음을 알았다. 아이는 말로 설명할 수 없어 울음으로 해결하려 한 것이다. 이 경우 울음은 아이의 지능이 완성되 지 않았다는 표현이다.

사실 우리는 아이에게 무엇을 하도록 늘 강요한다. 어른들은 무의식 적으로 아이를 억압한다. 어른들이 "체크무늬 옷이 좋은데, 이 체크무 늬 옷이 좋은데……"라고 말한 것이 단단에게 엄청난 스트레스였고, 단단은 이를 바꾸고 싶었지만 말로 표현할 방법이 없었다.

이 문제는 구체적인 것이 개념으로 발전하는 과정처럼 지능발달과 연관이 있다. 아이는 지능이 어느 단계에 이르렀을 때 말할 수 있고 그 전에는 어떻게 해야 할지 모른다. 이때 어른들이 강요하면 심리문제가 나타날 수 있다. 그럼에도 어른들은 아이가 왜 그러는지 모른다.

지능발달에는 시간이 필요하다. 아이의 자발적인 심리발전은 몬테소리 가 말한 것처럼 "끊임없이 이어진다." 즉, 아이가 받아들이고자 하는 모든 것은 끊임없이 이어진다. 이는 "아이 자신의 심리적 잠재능력과 직접 연관된 것이지 선생님의 가르침과는 직접적인 연관이 없다."

그림을 예로 들면, 그림 그리는 능력은 매우 중요하다. 그림은 대상을 이해하는 활동이자 문자 습득의 전 단계다. 문자를 안 뒤의 그림 그리기는 생각과 정서를 나타내는 방식이 된다. 우리 아이는 다섯 살 때 그림의 민감기가 왔다. 이전에는 "엄마, 선풍기 그려주세요!"라든지 "엄마, ○○ 그려주세요"라고 했다. 당시 나는 '다른 아이들은 그림을 잘 그리는데 왜 우리 아이만 그림을 못 그리지?'라고 생각했다. 어느 날, 갑자기 아이가 하루 종일 그림만 그리기 시작했다. 조금 뒤 열 몇 장을 그렸다. 아이는 자동차를 보고 그리기까지 했다. 이 능력은 갑자기 생겼다. '아이들은 정말로 대단한 존재구나' 하는 생각이 들었다. 이전에 거의 매일 저녁마다 아들에게 그림을 그려주었어도 아들은 그림을 제대로 그리지 못했다. 이 가운데 '계속 이어지는' 심리발전이 있었고 어느 날, 아이가 순식간에 그림을 그릴 줄 알게 된 것이다. 이런 지능의 발달과 감각이 선생님의 계획적인 가르침과 관계가 있을까? 아니다. 그림의 민감기가 오지 않았는데 아이에게 그림을 그리라고 강요하면 심각한 부작용이 나타나 그림에 대한 아이의 천부적인 재능이 말살될 수 있다. 우리 유치원에는 다른 유치원에서 온 큰 아이들이 있다. 이 아이들은 평생 태양, 풀, 나무, 집 아니면 줄넘기를 하는 두 명의 아이를 그릴 것이다. 담당 선생님은 "걱정돼서 죽겠어요. 반년이 지나도 이것밖에 못 그려요"라고 말한다. 밤을 그리던 아이는 태양이 그려진 것을 보면 종이를 덧씌우고 다시 그린다. 이 아이들의 그림은 판에 박은 듯 도식화되어 있고, 그들은 교사의 가르침과 생각에 익숙하다.

사람들이 진지하게, 객관적으로 아이를 대하지 않으면 아이의 평생을 망칠 수 있다. 왜 유치원 교사를 인류의 영혼을 만드는 사람이라고 할까? 한 친구는 "비밀 하나를 알았어. 외국에서는 유치원 교사가 돈을 세 번째로 많이 번대"라고 말했다. 선진국에서는 유치원 교사의 지위가 매우 높다. 박사과정을 마친 사람이 곧바로 아이를 맡기도 하는데, 사람들이 가장 우수한 사람에게 유아교육을 맡기는 것은 0~6세까지가 사람의 일생을 좌우하기 때문이다. 몬테소리는 유치원 교사를 과학자나 선지자보다 훌륭하다고 여겼다.

사람은 매우 신비로운 존재다. 나쁜 사람이 대학에서 강의하면 대학생들은 그의 가르침을 받아들이지 않겠지만, 아이들을 가르치게 한다면 아이들은 그의 가르침을 받아들일 것이다. 교사는 아이의 환경이기 때문이다. 한번은 어떤 유치원에 간 적이 있다. 한 아이가 "와!" 하고 뛰쳐나왔다. 어떤 선생님이 이를 보더니 그 아이의 목덜미를 잡고 "들어가!"라고 했고, 아이는 고개를 숙이고 들어갔다. 이렇게 거친 사람이 유치원 교사라는 것은 두려운 일이다. 유아는 무엇이든 받아들이기 때문에 그 선생님은 가장 뛰어난 사람이어야 한다. 유아의 선생님은 일반적인 의미의 선생님이 아니며, 진·선·미를 갖춘 심리학자여야 한다. 아이에게 그림을 가르치는 선생님은 진·선·미를 갖춘 화가, 피아노를 가르치는 선생님은 진·선·미를 갖춘 음악가여야 한다. 그러나 현실은 그렇지 않다. 독일의 철학자 헤겔(1770~1831)이 말한 것처럼 '머리로 땅을 디디고' 있다.

한번은 친구가 어린 딸을 데리고 우리 집에 왔다. 우리는 아이를 데리고 공원에 갔다. 공원을 걷고 있는데 친구의 딸이 말했다.

"세 사람 줄 서요!"

우리는 줄을 섰다. 친구 딸이 말했다.

"말하지 마세요! 계속 말하면 화장실에서 웅크리고 앉아 있게 할 거예요."

"줄을 맞춰 걸으세요."

"머리를 돌리지 마세요! 머리를 돌리면……"

친구의 딸아이는 우리에게 신나게 지시하며 끝도 없이 훈계했다. 어린아이가 왜 이런 놀이를 좋아할까? 친구는 딸이 자기 선생님을 모방하는 것이라고 했다.

우리 유치원의 아이라면 이렇게 말할 것이다.

"저에게 사과하세요."

"엄마, '○○ 해주세요'라고 말씀해주세요."

"엄마가 제 마음을 아프게 했어요."

"엄마, 이러시면 안 돼요."

이렇게 하는 것은 아이가 선생님의 말을 주의깊게 듣고 받아들였기 때문이다. 아이는 아무것도 모르는 것 같지만 사실 당신의 말과 행동 하나하나에 주의한다. 아이는 환경을 그대로 받아들인다. 당신의 말, 사고방식, 피아노를 칠 때 손가락의 움직임, 걸음걸이, 태도, 입가의 움직임을 비롯한 모든 세세한 행동에 주의한다. 더 중요한 것은 유아들은 교사의 의식이며 정신도 알게 모르게 받아들인다는 점이다. 교사는 교구나 교실 같은 환경뿐 아니라 자신의 정신도 가꾸어야 한다. 이것이 진정한 준비다.

몬테소리는 "유아교육의 목적은 유아의 지능·정신·체격이 자연스럽게 성장하는 것을 돕기 위함이지 무슨 학자를 기르기 위함이 아니며" "아이에게 감각을 촉진하는 적절한 교재를 제공한 후에는 관찰능력이 자각할 수 있는 단계까지 오도록 기다려야 한다. 이것이 바로 교육자의 예술이다"라고 했다.

아이들과 그림을 그리러 가서 아이들에게 눈앞의 나무를 그리게 한다. 한 여자 아이가 나무줄기를 빨갛게 그리고, 잎을 노랗게 그렸다. 이때 선생님은 어떻게 해야 할까? 몬테소리 교사라면 그대로 내버려둘 것이다. 몬테소리는 이 시기의 아이는 생활을 관찰하지 못한다고 했다. 바로잡아줄 필요가 없는 것이다. 그러나 어떤 교사는 아이에게 이렇게 말할 것이다.

"보세요, 나무가 무슨 색깔인지. 뭘 잘못 그렸는지 잘 봐요."

그래도 아이가 모르면 교사는 또 말한다.

"다시 잘 봐요."

잎을 하나 따와 보여주는 교사도 있다.

"봐봐, 이 색깔은……."

시간이 지나면, 아이는 그림을 그릴 때 나무줄기를 더 이상 빨갛게 그리지 않고 갈색으로 그릴 것이다. 그러나 나뭇잎은 계속 노란색으로 그릴 것이다. 반년이 지나면, 아이는 나뭇잎과 나무줄기를 제대로 된 색으로 그릴 것이며, 이 과정은 교사가 지도할 필요가 없다. 아이가 깨닫지 못하는 것은 아이의 지능이 발달이 안 되었다는 사실이다. 민감기가 아직 오지 않아 생활을 관찰하지 못하기 때문이다.

교육을 하다보면 아이가 교구를 제대로 다루지 못할 때가 있다. 예를 들어 아이가 "선생님, 물을 마시고 싶어요"라고 하거나 교구를 다루고 싶지 않다는 의사표시를 하는 경우다. 훌륭한 몬테소리 교사라면 미소를 지으며 아이의 머리를 가볍게 쓰다듬고 자리를 떠나도록 해줄 것이다. 이때 아이가 잘못했을까? 아니다. 아이가 교구를 만지고 안 만지고는 아이의 자발적인 의지에 달려 있다. 어떤 선생님도 아이에게 암시하거나 강요해서는 안 된다. 몬테소리는 교육자가 수업 때 간섭을 최대한 자제해야 한다고 말한다.

부모와 선생님들은 아이에게 간섭하는 것을 좋아한다. 나도 몹시 이렇게 하고 싶었던 적이 있었다. 우리 아들은 네 살 반이 되어도 0에서 10까지를 세지 못했다. 매일 저녁 유치원에 오면 나는 아들을 달랬다.

"신신, 오늘 엄마가 선생님이 널 칭찬한 것을 들었어."

"뭘 칭찬해주었어요?"

"너 오늘 반에서 수학교구들을 만졌다고 하던데. 너 정말 대단하다!"

아들은 잠시 생각하더니 말했다.

"아닌데, 오늘 자동차와 집 퍼즐 맞추기 했어요."

확실히 이런 암시는 효과가 없었다. 나는 방법을 바꿔보기로 했다. 이틀 후 다시 말했다.

"신신, 선생님이 그러시던데 네가 다른 친구보다 덜 총명하대, 수학교구도 만질 줄 모른다면서. 엄마는 믿지 않아, 엄마는 세상에서 네가 제일 총명하다고 생각해. 우리 같이 한번 해볼까."

이 방법은 조금 효과가 있었다. 하지만 아들은 한 번 만져보더니 그 후로 몇 개월간 수학교구를 만지지 않았다. 내가 다시 아들을 달래려고 하자 아들이 말했다.

"엄마는 왜 이런 것들을 만지게 강요하세요?"

"몰라."

나중에 아이의 반 선생님이 말했다.

"신신이 수학교구를 만지길 원치 않는 것은 어머님이 신신에게 심리적 장애를 만들어놓았기 때문이에요. 어머님은 늘 '아들, 숫자와 빨간

알(교구) 한번 만져봐' '세강판 세트(교구) 한번 해봐'라고 말하세요."

그 결과 아들은 이 교구에 흥미를 완전히 잃어버렸다. 다행히 아들은 생각이 독립적이라 다른 사람의 간섭을 거의 받지 않았다. 아들은 유치원 후원에 있는 백초원百草園에서 4년을 보냈다. 아들은 꼬박 여섯 살 반이 될 때까지 놀며 지냈다.

교구 만지기를 말한 김에 '제자리 갖다놓기'도 말해보자. 몬테소리 교육은 물건을 사용한 후 제자리에 갖다놓도록 한다. 이를 통해 아이는 질서감을 형성하고 수학을 공부하기 위한 준비를 한다. 그러나 신신은 집에 오면 물건을 제자리에 갖다놓지 않았고, 이것을 싫어할 때도 있었다. 많은 부모가 이와 유사한 문제를 언급했다. 아이들은 다른 곳에 있으면 물건을 제자리에 잘 갖다놓으면서 집에 있을 때만은 이 규칙을 지키지 않는다. 리우 선생님은 우리 집에 올 때마다 엄하게 말씀하신다.

"신신, 제자리에 갖다놓으세요. 그렇게 하지 않으면 장난감 차를 후원으로 던져버릴 거예요."

아들은 내키지 않지만 리우 선생님이 정말 던져버릴 것 같아 제자리에 갖다놓는다. 나는 아이 때문에 마음이 아파서 말했다.

"여긴 우리 집이에요, 제자리에 갖다놓지 않아도 돼요."

리우 선생님이 말했다.

"몬테소리 교육대로 하지 않으시는군요."

나는 그가 몬테소리 교육대로 하지 않는다고 대답했다. 설마 질서를 강제로 지키게 할 것인가? 어떻게 이렇게 매섭게 아이를 다그칠 수 있는가? 이것은 새로운 문제를 만들어낼 수 있다.

나는 한동안 이 문제로 고민했다. '질서 있게 정돈하는 것'은 수학과 무슨 상관이 있을까? 심리학계에는 어지러운 환경에서 자란 아이들이 수학을 잘 하지 못한다는 학설이 있지만 집 안을 어지럽게 해놓은 지식인의 자녀들 중에 수학을 잘하는 아이도 있다. 나는 리우 선생님에게 물었다.

"어느 집은 정리정돈이 잘 되어 있지만 아이들의 사고는 분명치 않고, 어느 집은 어지러운데도 아이들의 두뇌는 명석해요. 왜 그럴까요?"

나중에야 나는 아이의 마음에 질서가 내재되어 있음을 알았다. 세상 만물에 나름대로의 질서가 있듯 아이의 두뇌에도 질서가 있다.

우리는 질서가 있는 환경, 행위, 말, 감정으로 아이 마음의 질서에 맞춰주어야 한다. 어느 날 법칙에 가까운 진리가 순간적으로 아이의 입에서 튀어나올 것이다. 이때 중요한 점은 아이 스스로가 질서 있는 외부환경을 통해 마음의 질서를 세우는 것이다. 질서가 있는 환경은 절대적인 것이 아니며, 엄격한 질서가 있는 환경이라도 아이의 언어·행위 환경에 질서가 없다면 마찬가지로 아이를 혼란스럽게 할 수 있다.

어른들이 강제와 권위로 질서를 만드는 것은 폭력과 무질서함의 표현이다. 우리는 사랑으로 아이가 질서 있는 환경을 만들도록 도와야 한다. 아이가 성장하면 아이와 함께 환경을 살핀 다음 아이 스스로 환경을 돌보도록 해야 한다. 이는 교육적인 부분이다.

어른들이 아이에게 더 여유로운 환경을 제공해 아이 스스로 자신의 내부를 만든다면 아이는 귀납을 배울 것이다. 아이는 대뇌에서 받아들인 모든 것을 엄격하게 나누고 분류하는데, 이 과정은 시간이 필요하다. 통찰 뒤의 지능은 귀납과 논리로 나타난다. 나는 신신의 논리 성향이 매우 강하다는 것을 알았다. 하루는 내가 아이에게 물었다.

"신신, 사람이 잘 자라기 위해서는 무엇이 필요할까?"

"사랑이요!"

"사랑은 생활에서 구체적으로 어떻게 나타나니?"

"이해요!"

아이의 말이 정확한 것은 아니지만 그 나름대로 논리적인 추리를 한 것이다. 나는 리우 선생님에게 말했다.

"아들에게 제자리에 갖다놓으라고 강요하지 마세요. 선생님이 그러시면 제 마음이 아파요. 선생님이 제자리에 갖다놓으라고 하면 아들은 긴장하고 눈치를 봐요. 저는 아들이 사람 눈치나 보며 살게 하고 싶지 않아요."

나는 아이가 어떤 사람을 두려워하는 것을 원치 않았다.

나는 계속하여 아이를 자세하게 관찰했다. 신신은 여러 가지 점에서 생각이 분명하고 논리도 정연했다. 아이가 다섯 살 때, 나는 매번 그에게 물었다.

"신신, 1+1은 얼마야? 엄마에게 말해줄래."

"11이요."

나는 1에 1을 놓으면 11이기 때문에 일리가 있다고 생각했다.

"그럼 1+0은 얼마야?"

"10이요."

나는 이 녀석에게는 이치가 통하지 않는다고 생각해 더 이상 가르치지 않았다. 그런데 얼마 뒤 신신은 새로운 것을 발견했다. 우리 집에는 아라비아 숫자로 1·2·3···12가 적힌 벽시계가 하나 있다. 아이는 항상 소파에 누워 이 시계를 봤다. 하루는 아이가 나에게 말했다.

"엄마, 제가 비밀 하나를 발견했어요."

"무슨 비밀?"

"보세요, 저 11, 12를 지나면 13·14·15·16·17·18·19죠, 맞죠?"

"맞네!"

시계에는 10이 지나가면 11과 12뿐이지만 아이는 스스로 13·14··· 를 추리했다. 또 '1' 뒤에 1에서 9까지를 연결시켰다. 이는 24시간을 세는 방법이다. 당시 나는 매우 놀랐다. 아들이 둔해서 다른 아이들보다 수를 깨치는 것이 늦다고 생각했기 때문이다. 몬테소리가 말한 민감기가 또 한 번 증명되었다.

다섯 살에 우리 유치원에 온 원진文津이라는 아이가 있다. 원진은 처음에 왔을 때는 숫자를 하나도 몰랐는데, 여섯 살의 어느 날, 갑자기 놀라며 소리쳤다.

"9+4는 13, 8+5는 13, 7+6은 13, 모두 13이야. 너희들 빨리 와서 봐!"

당시 이 아이는 숫자탑數塔(교구)을 쌓고 있었다. 아이는 계속해서 '9+3=12' '8+4=12' 등으로 배열했다. 몬테소리 교육을 받는 아이들 가운데는 수학의 민감기가 네 살에 오는 경우도 있고, 다섯 살 반에 오는 경우도 있다. 그렇다고 네 살 아이가 다섯 살 반 아이보다 총명하다는 것은 아니다. 즉, 아이들에게는 공백기 없이 민감기가 연속된다. 한 방면에서 발전하지 않는 아이는 다른 방면에서 발전한다.

어떤 부모들은 국어와 수학 성적을 보면 아이가 똑똑한지를 알 수 있다고 말한다. 그러나 사람으로서 세상을 살아가기 위해 아이가 습득해야 할 것은 너무도 많다. 사람에게는 이성적 세계와 감성적 세계가 있다. 여기에는 자질·인격·도덕·심미 등이 포함된다. 이것은 간단한 셈을 하거나 몇 글자 더 아는 것보다 중요하다. 영화 「타이타닉」에서 여자 주인공이 뱃머리에서 두 팔을 벌리고 "날고 있는 것 같아요"라고 한 부분에서 많은 사람이 감동했다. 이것은 감각이자 심미다. 그러나 "이게 도대체 무슨 의미가 있나?"라고 하는 사람도 있다. 어떤 사람은 서예 작품을 보고 "돌 위에 몇 글자 새겨놓은 것에 불과하잖아"라고 말한다. 왜 이렇게 말할까? 감각이 없기 때문이다. 예술도 지능이며, 우리에게 또 다른 풍부한 느낌을 준다. 그것은 그 자체로 생활이고 생명의 빛이다. 음악이든 미술이든 예술의 본질은 우리의 생활을 미화하고 우리에게 생활과 그 본질을 감지시켜준다. 당신이 미술이나 음악을 몰라도 그 아름다움을 느낄 수 있다면 그것은 당신에게 실현된 것이다.

한 사람의 예술적 지능은 유년 시절에 완성된다. 우리 유치원에 세 살 된 아이가 있다. 이 아이는 음악 수업을 할 때 「엘리제를 위하여」를 열 번이나 들었다. 수업이 끝났어도 음악실을 나가지 않고, 울면서 음악을 계속 들으려고 했다. 선생님은 하는 수 없이 이 아이에게 작은 녹음기를 준비해주었다. 이 아이는 이어폰을 귀에 꽂고 듣고 또 들었다. 밥 먹을 때까지 듣다가 결국 녹음기를 고장 냈다. 겨우 세 살 된 아이가 어떻게 이렇게 오랫동안 들을 수 있을까? 당신은 이 아이가 음악에 대해 무지하다고 생각하는가? 나는 음악에 대한 이 아이의 인지는 불후의 음악가들에게 결코 뒤지지 않는다고 생각한다. 설마 이런 것들이 중요하지 않단 말인가? 단순히 셈을 잘하고 글자를 많이 아는 것만 중요할까?

사람은 모든 면에서 발전해야 한다. 사람과 사람의 차이는 세계에 대한 감각에 있다. 당신의 감각이 섬세하고 풍부할수록 당신의 상태는 더욱 좋아질 것이고 당신의 감각이 거칠고 빈약할수록 당신의 상태는 계속 나빠질 것이다.

제8장

감각훈련:
아이의 지능을 키우는
유일한 방법

걸을 줄 모르는 아이가 있다. 계단을 오를 때 어른들은 '1, 2, 3…….' 하고 수를 센다. 걸을 줄 모르는 아이가 '숫자'라는 이 추상적인 개념을 알 수 있을까? 아이에게 숫자의 민감기가 오면 숫자와 관련된 교구를 만질 것이다. 여러 차례의 반복을 통해 아이는 이 교구에 서열이 있음을 발견할 것이다. 사물을 인식하는 과정은 밥을 먹는 것과 같아서, 소화를 거쳐 우리의 일부분이 된다. 이렇게 얻은 개념은 현실에서 자유자재로 운용할 수도 있다. 이것이 지능이다.

●

앞에서 몬테소리 교육의 지능문제를 말했다. 많은 부모가 이 문제에 관심을 갖고 있기 때문에 계속 이야기할까 한다. 부모들은 아이의 인격보다 지능에 큰 관심을 가진다. 사람들은 지능에 대해 종교와 비슷한 집착을 보인다. 몬테소리가 말하는 지능이란 무엇일까? 아이의 지능을 발전시키는 것은 무엇일까? '지능'이라 하면 '사유'나 '지식' 혹은 지식의 학습이나 지식에 대한 습득과 창조 등을 떠올리는 사람이 있을 것이다. 또 감각지식과 이성지식의 관계가 어떠하고, 양자의 착오와 오류를 어떻게 극복할 것인지를 떠올리는 부모도 있을 것이다.

정상적인 아이는 늘 '사고'한다. 어른들의 눈에는 '기민하게' 보이지 않겠지만 아이는 늘 '자신의 사유체계를 가동하고' 있다. 아이는 사고하는 데 시간이 걸린다. 그래서 정상적인 아이는 차분하고 조용하다. 가끔 '멍하게' 있는 것은 아이가 '깊이 사고하고' 있다는 증거다. 아이의 사고와 능력은 자유로운 환경에서 자연스럽게 발전한다.

사고과정은 사고 대상을 구성하는 것이다. 이런 구성과 그로 인한 결과가 '지식'을 만든다. 그렇다면 사고 대상은 어디에서 올까? 아이의 현실에서 일어난 기억에서 온다. 기억 속의 대상은 어디에서 올까? 아이의 경우 이는 감각지식에서 비롯된다.

"지식은 감각경험에서 온다"는 명제를 알 것이다. 그러나 이를 현실에 적용하는 것은 또 다른 문제다. 감각경험을 개념으로 '비약시켜' 이성의 토대로 만드는 일은 매우 어렵고, 감각경험과 이성이 맡은 바 역할을 하게 만들기는 더욱 어렵다. 몬테소리는 이를 이론으로만 생각하지 않고 현실과 결합해 교육에 응용했다는 점에서 사람들과 달랐다.

몬테소리는 "아이를 감각에서 개념으로, 즉 구체적인 것에서 추상적인 것으로, 그 뒤 개념과 개념을 연결하도록 인도해야 한다"고 말했다. 이것이 그녀가 말하는 지능교육이다. 이런 감각교육은 자아를 기르는 과정 그 자체다. 이는 자발적인 활동 속에서 끊임없이 진행되어야 한다.

이것이 몬테소리가 말하는 감각기관의 훈련이다. 좀 더 자세히 이야기해보자.

몬테소리 교육은 6세 이전의 아이에게 감각 훈련을 시킨다. 감각 훈련은 왜 중요할까? 아이에게는 정신을 발전시킬 잠재능력과 생명을 발달시키려는 자발적인 욕구가 있지만 아이는 세상에 대해 무지하다. 이런 거대한 잠재능력은 외부 사물에 의해 발전한다. 다시 말해 외부에서 그 발전에 맞는 사물을 찾아야 한다. 인류가 잠재능력을 개발하는 가장 좋은 방법은 유아기에 끊임없이 감각 훈련을 하는 것이다. 일정한 횟수를 되풀이하면 아이는 개념을 만든다. 정확하게 연결을 마친 아이는 자동으로 반복연습을 한다. 6세 이전의 아이는 이런 반복을 통해 모든 생존개념을 익힌다.

이제 사람들은 아동의 초기 감각 훈련이 아이의 지능을 발달시키는 유일한 길이라는 것을 안다. 여섯 살 이전의 아이에게 말로 교육을 해서는 안 된다. 가장 기본적인 감각 훈련은 시각·청각·미각·후각·촉각이다. 몬테소리 유치원은 이 방면의 교구들을 다량 비치하고 있다.

감각 훈련에서 개념으로 발전한다는 것은 무슨 말일까? 예를 들어 보자. 색깔에 민감한 아이들이 있다. 색에는 시각적 측면과 밝기와 입체감이 있다. 생후 몇 개월이 지나면 밝기를 인지한다. 몬테소리는 아이들에게 색을 가르칠 때 색판을 사용했다. 색판의 첫 번째 상자는 삼원색이다. 색깔별로 두 개씩, 모두 여섯 개다. 두 번째 상자는 열한 종류의 중간색이다. 색깔별로 두 개씩, 모두 스물두 개다. 세 번째 상자는 앞 두 상자의 색차色差를 진한 색에서 옅은 색까지 나타냈다. 색깔별로 일곱 개씩, 모두 예순세 개다. 아이는 이 색판을 대비를 통해 순서대로 배열해야 한다.

몬테소리 교육은 왜 색판을 통해 색을 인지시키는 걸까? 색판으로 대비시키면 아이는 '색판'을 알기 때문에 당신이 그냥 빨간색 혹은 파란색이라고 말해도 아이는 색을 '추상화'할 수 있다. 이렇게 되면 아이는 생활에서 빨간색과 유관한 물체를 인지할 수 있다. 이 과정은 빠르고 정확해서 아이는 꽃, 등불, 석양도 빨갛다는 것을 발견할 것이다. 아이는 이 규칙대로 발전한다. 아이가 빨간색을 인지하면 다른 색도 곧 인지한다. 이런 인지과정에는 한 달이 걸릴 수도 있고 반년이 걸릴 수도 있다.

어떤 감각을 끌어내 개념화하는 것과 이 감각을 나타내는 것은 다른 문제다. 앞서 예를 든 적이 있다. 어느 날 한 아이가 그림을 그렸다. 아이는 나뭇잎을 붉게 그리고, 나뭇가지를 푸르게 그렸다. 선생님은 아이의 그림을 고쳐주고 싶어하지만, 몬테소리는 이 선생님을 제지했다. 이때 아이의 눈에 비친 풍경과 사물은 아직 이성화가 안 된 대상이다. 어른들 기준에서 "아이는 아직 환경의 관찰자가 되지 못했다." 아이는 색을 알고 있지만 환경의 색깔을 관찰하는 사람이 되어 있지 않다. 아이의 관심은 색깔에 있지 않다. 얼마 후, 선생님은 아이가 변하고 있음을 감지했다. 아이는 나뭇가지를 갈색으로, 나뭇잎을 녹색으로, 꽃을 빨간색으로 그렸다. 몬테소리는 "이때 아이는 생활의 관찰자가 된다"고 말했다.

아이들은 타고난 예술가이며 어른들이 이해할 수 없다. 예술가의 마음은 일반 사람들과 다르다. 이는 색깔의 사용에서도 나타난다. 고흐(1853~1890)는 색으로 마음을 표현했고, 세잔(1839~1906)은 색으로 대상의 구조를 표현하는 데 심취했다. 모네(1840~1926)는 기이한 색의 구도를 시도했다. 모네는 아이들의 천진난만한 눈만이 진실이며 편견이 없다고 여겼다. 몬테소리 교육에서는 입체감각을 키우는 연습을 할 때 기하입체라는 교구를 사용한다. 기하입체는 현실세계의 거의 모든 입체적 모양을 망라하고 있다. 원뿔을 설명할 때 나는 아이들에게 만져보게 한 다음 원뿔이라고 알려준다. 이때 아이들은 아이스크림콘 같다고 말한다. 아이스크림콘도 이런 모양이기 때문이다. 몬테소리는 이 단계가 지능의 맹아라고 보았다. 사물에 대한 인식은 밥을 먹는 것과 같다. 소화를 시키면 생명의 일부가 되고 자유자재로 생활에 적용할 수 있다. 이것이 지능이다.

사실 몬테소리 교육은 교구를 만질 때 첫 단계만 선생님이 하고 나머지 단계는 아이가 직접 하도록 한다. 점차 경험이 쌓이면서 아이는 매일 새로운 것을 발견한다. 그래서 몬테소리 교육의 감각 훈련은 매우 중요하다.

또 숫자를 예로 들어보자. 부모들은 걷지 못하는 아이를 안고 계단을 오르면서 "1, 2, 3……" 하고 수를 센다. 이것은 몬테소리 교육과 맞지 않다. 몬테소리는 네 살이 되기 전에 숫자의 민감기는 오지 않는다고 했다. 숫자는 추상적인 개념이기 때문이다. 숫자는 계단을 가리킬 수도 있고, 성냥개비도 가리킬 수 있다. 숫자는 생활의 여러 방면에서 보이는 추상적이고 보편적인 개념이다. 이를 어떻게 아이에게 인식시킬까? 통계자료를 보면, 국제적으로 몬테소리 교육을 받은 아이들은 수학실력이 매우 뛰어났다. 자료는 또 수학적 훈련은 감각 훈련과 감각기관들을 자극하는 교구로 시작해야 한다고 말한다. 몬테소리 교육에는 꼭지원기둥, 분홍탑, 갈색계단 같은 수학과 관련된 감각교구가 많다. 그것은 순차적인 과정이자 논리적인 과정이다. 모든 교구는 10개의 '원소元素'로 구성된다. 크기에 따라 순서대로 배열하면서 아이는 '차이'를 통해 '같음'을 인지한다. 아이는 이 교구들을 반복해서 만질 수 있다. 몬테소리는 반복이 아동의 지능 체조라고 말했다. 아이는 반복을 통해서만 그 숨은 원리를 발견할 수 있다. 이 규칙은 아이 스스로 발견해야지 선생님의 도움을 받아서는 안 된다. 반복적인 배열을 통해 아이는 결국 '교구의 숨은 원리'를 깨닫는다. 서열은 동일한 것 중에 조금씩 다른 것에 불과하다. 다음 단계로 넘어가면 아이에게 눈을 감게 하고, 선생님은 서열의 중간 것을 하나 가져온 다음 아이에게 가져온 것을 원래 자리에 다시 갖다놓게 한다. 이때 아이는 중간에 빠진 것이 있는지를 시각적으로 판단하기 시작한다. 이것은 공간의 차이를 훈련한 것이다. 이 훈련은 몇 개월이나 몇 년이 걸릴 수도 있다. 이렇게 아이가 수를 인식하게 되면 생활에서 사용할 수 있을 뿐만 아니라 숫자 그 자체는 직관적인 존재라는 사실을 깨닫는다.

많은 사람이 아이에게 숫자를 가르칠 때 "1, 2, 3"하며 계단을 센다. 또

한 '1'은 '막대기'이고 '2'는 '오리'라고 비유한다. 이런 것은 아이의 뇌를 혼란시킨다. '2'는 오리의 모습과 비슷하게 생긴 것 외에는 아무런 연관성이 없다. '1'은 막대기가 아니며, '2'도 오리가 아니다. 몬테소리 교육은 곧바로 숫자 그 자체와 관련된 것들을 가르친다. 아이가 감각교구를 만지고 나면 수학을 공부하는 튼튼한 기초가 쌓인다. 아이는 모든 수를 간단하고 자연스럽게 받아들인다. 감각 훈련으로 기초를 다진 아이는 어느 날 수학을 '접하기만 해도 푸는' 아이로 변해 있을 것이다.

수학을 예로 들었지만 큰 성취를 거둔 의사·요리사·음악가·직장인들도 감각을 중시한다. 뛰어난 음악가를 보자. 청각이 좋지 않다면 훌륭한 음악가가 될 수 없을 것이다. 몬테소리 교육 세미나에는 소리상자를 듣는 수업이 있다. 한번은 30여 명의 선생님들이 강의를 들었다. 그중 한 선생님만이 이 상자가 다른 상자보다 못이 하나 더 들어가 있음을 알아냈다. 지도하는 선생님이 말했다.

"음악을 하는 분이시군요, 그렇죠?"

그녀가 대답했다.

"맞아요."

음악을 하는 사람만이 이런 예민한 청각을 가질 수 있다. 화음을 보자. 어떤 합창은 네 개의 성부로 되어 있지만 사람들은 두 개의 성부만들을 수 있다. 다른 두 개의 성부를 듣지 못하면, 이 음악의 아름다움을 제대로 느낄 수 없다. 이런 감각은 6세 이전에만 기를 수 있고 그 뒤로는 영원히 사라진다는 것이 몬테소리의 견해다.

감각은 지능과 이성의 시작이기도 하지만 종착지이기도 하다. 지능을 발달시키는 목적은 감각을 더욱 분명하고 풍부하게 만들기 위함이다. 이 문제를 연구한 사람은 드문 편이지만, 사람들은 중대한 결정을 내릴 때 이성보다는 감각을 믿는 경향이 있다. 내가 아는 부동산 개발 회사의 사장은 나에게 성공한 결정들은 모두 감각을 믿고 내린 것이라고 말했다.

6세 이전의 감각 훈련은 제대로 진행되어야 한다. 이는 실제로는 4세 이전을 의미한다. 4세가 지나면 아이는 한쪽 방향으로 발전하는데, 이때 다시 감각 훈련을 하면 늦기 때문이다. 4세 이전에 아이에게 여러 가지 도구를 준비해주어야 한다. 맛을 볼 수 있는 미각병과 냄새를 맡을 수 있는 후각병은 아이에게 여러 가지 맛을 구별할 수 있게 한다. 아이들은 하나하나 맛을 보고 맛이 같은 것들을 함께 놓을 수 있다. 또 청각에 예민한 아이들이 있는데, 아이에게 고개를 돌리게 한 다음 선생님이 피아노로 하나의 음을 치면 아이가 보지 않고 귀로만 듣고 어떤 음인지를 맞춘다. 새로 온 음악교사가 감탄했다.

"와우, 몬테소리 교육을 받은 아이들 정말 대단하네. 다섯 살 된 아이가 시각과 촉각이 아닌 청각으로만 모든 음을 알아내다니."

이는 수업의 일부분에 불과하다. 감각과 관련된 다른 훈련도 제대로 진행되어야 한다. 모래숫자판은 거칠기가 다른 여러 종류의 판으로 이루어져 있다. 아이는 어떤 판이 부드러운지 매끄러운지 거친지를 안다. 한 달 정도는 만지면서도 모르겠지만 어느 날 갑자기 어떤 건축물을 만지다가 "아, 이건 거칠구나"라고 말할 것이다.

예를 하나 더 들어보자. 어느 날, 한 아이가 교실에 앉아서 가장 부드러운 모래숫자판을 만지고 있었다. 선생님이 물었다.

"부드럽니?"

"아니요."

아이는 손을 자신의 다른 한 손 위에 올려놓았다. 선생님이 또 물었다.

"부드럽니?"

"아니요."

아이는 더 부드러운 것을 찾기 시작했다. 그의 시선은 두 살이 조금 지났으나 아직도 개구멍바지를 입고 있는 한 아이의 엉덩이로 향했다. 아이는 걸어가서 작은 손으로 조심스럽고도 진지하게 그 아이의 엉덩이를 만진 다음 만족스럽게 말했다.

"이게 진짜 부드러운 거죠!"

이 아이가 부드러운 느낌을 개념화한 것을 보라. 이 과정에서 아이의 지능은 발달한다.

미각과 후각을 예로 들어보자. 유치원의 식당은 문을 닫고 음식을 만든다. 아이의 후각은 매우 예민해서 금방 냄새를 맡는다.

"음, 소고기감자볶음이네."

우유를 데우기만 해도 아이들은 강아지처럼 열심히 냄새를 맡는다.

"어, 우유 타는 냄새다."

한번은, 음식에서 탄내가 조금 났다. 아이들은 이 음식을 먹지 않았다. 우리의 점심식사는 반찬 세 가지와 국 한 가지다. 아이들은 다른 반찬만 먹었다. 나는 처음에 이를 모르고 왜 그러냐고 물었다. 선생님에게 맛을 보게 했지만 선생님은 탄 맛을 느끼지 못했다. 아이들은 탄 맛이 난다고 말했다. 이런 교육이 아이들의 감각을 예리하고 분명하게 해주고 뒷날의 성장에 굳건한 기초가 된다.

이것들은 간단한 예다. 아이의 심리상태에 대한 감각, 영혼에 대한 감각, 정신에 대한 감각, 예술에 대한 감각 등, 더 높은 감각들은 한층 수준 높은 감각 훈련을 통해 발전한다.

기본적인 감각 훈련을 할 때, '자유로운' 환경에서 자란 아이는 마지못해 하는 아이들보다 훨씬 효과적으로 학습한다. '자유로운' 아이들은 민감기에 따라 학습하기 때문이다. 보통의 교육은 민감기를 고려하지 않고 지식을 가르친다. 예를 들어 수학을 아이의 민감기가 오지 않았을 때 가르칠 경우, 효과도 없을뿐더러 부작용을 낳을 수 있다. 우리 유치원에는 수학의 민감기가 확실하게 아직 오지 않은 두 살 조금 넘은 아이가 있다. 어느 날, 어떤 선생님이 업무를 점검하러 왔다가 키가 큰 이 아이를 봤다. 그 선생님은 아이에게 수학을 가르쳐도 되겠다고 생각하고, 아이와 막대와 셈 막대상자를 가지고 놀려고 했다.

"선생님과 같이 해볼까?"

"좋아요."

"이건 몇이지?"

"1이요."

"야, 맞았네."

" '1'을 '1'이라고 쓰인 상자 안에 넣어볼래?"

이 아이는 제대로 넣었다. 선생님이 다시 "2"를 가리키며 말했다.

"이건 뭐지?"

"오리요."

선생님은 깜짝 놀라 얼른 이 교구를 내려놓고 말했다.

"우리 다른 걸 가지고 놀자꾸나."

뒤에 선생님은 이 아이가 겨우 두 살이 조금 지났다는 사실을 알았다.

지금은 아이들에게 발음을 가르칠 때, 걸 수 있게 제작된 그림을 사용한다. 이 그림의 '아ᵃ'에는 의사가 아이의 구강을 검사하는 그림이 그려져 있다. '오ᵒ'에는 수탉이 꼬끼오 하고 우는 그림이 그려져 있다. 아이를 대상으로 관측한 결과, 아이들이 더 분명하게 말하는 것은 위쪽의 그림이다. 아이에게 "이건 뭐지?"라고 물으면, 아이들은 "닭이요"라고 대답한다.

우리 유치원에서는 발음을 나타내는 그림들을 모두 가려버렸다. 아이가 그림 아래 쓰인 발음만 익힐 수 있도록 하기 위해서다. 몬테소리는 아이가 교구를 만지거나 감각 훈련으로 개념을 익히는 과정에서는 주의를 끄는 자극물을 떼놓아야 한다고 말했다.

"떼놓아야 한다"는 것은 무슨 뜻일까? 아이가 '아'라는 모음을 배울 때, 아이 앞에 '아'만 두고 '아'와 관련 있다고 생각하는 물건을 두지 않는 것이다. 아이의 눈앞에 '아'만 있으면 아이는 '아'가 문자임을 안다. 그러나 '오'를 수탉과 함께 두면 아이의 뇌는 혼란스러워진다.

또 주의해야 할 것은 상대적인 것을 함께 인지시키는 것이다. 이를테면 빨강과 파랑, 길고 짧음, 큼과 작음 등이다. 대비를 통하면 개념은 더욱 정확하고 분명해진다.

감각 훈련은 개념을 끌어낸다. 이는 자아로부터 완성되며, 감각은 스스로의 체험과 경험을 통해 가장 마지막에 개념이라는 결과를 얻을 수 있다. 이 때문에 자아교육이라고도 한다.

친구가 이런 말을 한 적 있다. "세 살 된 아이에게 사랑이 뭔지 말해주면 알 것 같아? 몰라. 연애를 해봐야 알지. 대학 다닐 때 읽은 『로미오와 줄리엣』이 생각나. 줄리엣이 창문을 열자, 로미오가 '저 창가에 밝아오는 것은 뭘까요? 동방이지요, 줄리엣은 태양이구요!'라고 말했지. 이 부분을 읽고 사람을 어떻게 이렇게까지 찬미할 수 있을까 하고 생각했지. 정말 터무니없는 찬미잖아! 하지만 나중에 연애를 해보니이 말이 정말 좋았다는 생각이 들었어. 직접 느끼니까 개념으로 나타나지 뭐야. 이런 느낌을 다른 사람이 주입해줄 수 있을까? 자전거 타거나 수영하듯이, 그렇게 해줄 순 없을 거야."

감각 훈련은 필연적 자아교육이다. 어제 저녁, 유치원의 단뿔 선생님이 이런 말을 했다.

"아이가 스스로를 교육한다는 말을 믿기까지 2년이 걸렸습니다."

왜 우리는 이런 긴 학습과 경험을 통한 뒤에야 아이가 스스로 자아를 키운다는 사실을 인정하게 될까? 전통적인 생각과 방법이 뿌리깊기 때문이다. 전통이 얼마나 오래되었든 모두 틀린 말이다. 아이의 생명은 절대로 단순하지 않으며 그 운행은 지혜롭고 신비롭다. 누구도 아이를 가르칠 수 없다. 당연히, 사람들은 아이를 연구하지 않는다. 가장 중요한 문제를 거들떠보지도 않는 것이다.

이것은 우리가 '대장이 되길 좋아하는 것'과 관련 있다. 어른들은 "네가 대학까지 다닐 수 있었던 건 엄마 아빠 덕이야!"라고 말할 뿐 아이의 타고난 자질은 생각하지 않는다. 어른들은 정말 초보적인 생각을 할 때가 있다. 실제로 이런 마음을 가지고 있는 어른이 적지 않다. 예를 들어보자. 아이가 장래성이 있으면 부모는 "선생님, 아이를 이렇게 훌륭하게 지도해주셔서 고맙습니다"라고 말하면서 흐뭇해할 것이다. 당신은 아이가 이렇게 뛰어난 것이 자신이 열심히 노력한 결과라고 생각한다. 물론 당신이 아이를 열심히 도왔겠지만 사실 아이의 진정한 심리는 자신이 완성한 것이다. 당신의 공헌은 아이가 내재적 감각을 찾아 개념을 세울 수 있도록 자유롭고 사랑 가득한 환경을 제공한 데 있다.

2부

새로운 교육의 핵심

사랑과 자유 이해하기

제9장

사랑은
땅이자 햇빛,
아이의 모든 것이다

보모가 있는 아이들은 부모가 집에 있으면 부모를 따르고, 부모가 나가면 보모만 따른다. 그러면 부모는 보모가 아이를 잘 돌보고 있다고 착각한다. 그러나 아이가 다른 사람과 있고 싶어하지 않는 것은 부모가 없을 때 보모가 아이를 야단치고 겁을 줬기 때문이다. 아이는 하루 동안 사랑 받고 사랑받지 않는 상황을 오가면서 안정감을 느끼지 못하게 된다. 사랑을 받는 아이는 독립성이 강하고 생각이 활발하며 자신이 넘치고 기억력이 좋다. 또한 낯선 환경에서도 쉽게 안정된다. 아이에게 안정된 사랑의 환경이 있기 때문이다.

●

몬테소리 유치원에는 '사랑과 자유, 미美와 이상'이라는 구호가 있다. 이는 우리가 10년 동안 몬테소리 교육을 하면서 얻은 결론이다. 사랑을 왜 가장 앞에 두었을까?

아이가 생활하는 모든 토대와 미래에 대한 인식과 행위는 조기교육에서 결정된다. 조기교육에서 사랑은 아이가 인격·지능·자질을 성장시키는 가장 중요한 기초다. 사랑의 문제는 아이가 각 방면으로 성장하는 배경이 된다. 많은 심리학자가 이에 공감한다. 식물이 흙의 자양분을 먹고 자라듯 아이도 사랑을 먹고 자란다.

아이를 사랑하지 않는 부모는 없다. 그러나 아이를 사랑하지 않거나 사랑할 자격이 안 되는 사람들은 어떻게 할 것인가? 성숙한 부모는 아이에 대한 '사랑'을 자연스럽게 표현한다. 반대로 정신연령이 낮은 부모라면 자신의 입장을 고수하고 자신만을 사랑한다. 특히 아이의 문제를 대할 때 아이의 입장보다 자신의 입장을 더 많이 고려한다. 아이에게 화를 내고 지시하며, 아이를 관대하게 대할 줄 모른다.

기분에 따라 아이를 대하는 부모도 있다. 기분이 좋으면 사랑하고 기분이 나쁘면 화를 낸다. 이런 분위기에서 자란 아이들은 어른들의 눈치를 보며 두려움과 혼란에 빠지고 그다음 추측하고 대처한다. 몬테소리 교육을 한 10년 동안 우리가 직면해온 문제는 이 교육을 어떻게 실시할 것인가가 아니라 아이가 사랑받지 못한 데서 오는 정신적 불안과 초초함을 해소해야 한다는 점이었다. 이런 불안과 초초함은 보편적이다. 이런 보편성은 사람들의 관념에서 비롯된다. 그래서 지금부터 아이를 사랑하는 방법을 말해볼까 한다.

미국의 심리학자 에리히 프롬(1900~1980)은 이렇게 말했다.

'사랑'은 우리가 다른 예술을 공부하는 것과 마찬가지로 배워야만 습득할 수 있다. 의술을 배우는 것을 예로 들어보자. 당신은 태어나자마자 의사가 될 수 없다. 반드시 학습을 통해 의사가 되어야 한다. 부모들도 공부하고 노력해야 사랑을 알 수 있다.

진정으로 아이를 사랑한다는 것은 어떤 의미일까? 동물은 자신의 새끼를 사랑한다. 우리는 영화에서 엄마 호랑이가 자신의 새끼들과 놀고 있는 모습을 본다. 이 역시 사랑이다. 많은 부모가 아이를 낳은 뒤 사랑으로 대한다. 그러나 아이가 독립적 사고능력을 갖고 나면 이런 '사랑'을 주지 않는다. 오스트리아의 심리학자 알프레드 아들러 (1870~1937)는 "모성애의 본질은 아이의 성장에 관심을 기울이는 것이다. 이는 모친과 아이의 분리에 관심을 기울이는 것을 의미한다"고 했다. 우리의 경험상 아이를 진정으로 사랑할 줄 아는 부모의 아이는 부모에게 집착하지 않고 독립심이 강하며, 사유의 폭이 넓고 자신감이 있고 기억력이 좋고 문제해결능력이 뛰어나고 명랑하고 쾌활했다.

많은 부모가 어머니가 아이를 사랑할수록 아이가 어머니에게 더욱 집착한다고 생각하는데, 사실 정반대다. 부모가 아이를 사랑할수록 아이는 부모에게 집착하지 않는다. 많은 경험이 아이에게 부모가 자신을 사랑하고 있음을 알려주기 때문이다. 동시에 이 경험은 아이에게 부모는 잠시 떠나 있는 것임을 알려준다. 지속적인 사랑은 아이에게 부모가 어디 있어도 변하지 않을 것임을 알려준다. 그래서 이런 아이들은 낯선 환경에서도 빠르게 적응하며 다른 사람의 가르침 없이 스스로 경험을 얻는다. 그 이유는 아이에게 안정감이 생겼기 때문이다. 아이는 이를 토대로 낯선 사람에게도 쉽게 다가간다. 부모의 사랑을 받지 못한 아이들은 어머니가 자리를 비우면 크게 울 뿐만 아니라 도처에서 사랑을 찾고 사람에게 잘 보이려고 한다. 심하면 자신을 가두고 모든 사랑을 거부한다.

보모가 돌보는 아이들이 전형적인 예다. 아이는 부모가 오면 부모와 있으려고 하고 부모가 가버리면 보모와 있으려고 한다. 심지어 보모에게 집착하기도 한다. 이는 부모에게 "보모가 아이를 잘 돌보고 있구나"라는 착각을 준다. 그런데 이런 아이들은 보모가 자리를 비우면 어떤 사람이든 두려워한다. 원인은 보모가 부모가 있을 때 아이를 사랑하고, 부모가 없을 때 야단쳤기 때문이다. 여러분은 부모의 사랑을 받은 아이가 왜 부모와 보모 외의 사람들을 두려워하는지 이해하기 어려울 것이다. 이는 확실히 사랑을 받았느냐 못 받았느냐의 문제다. 그래서 아이는 경험상 자신에게 익숙한 사람은 안전하고 그 밖의 사람은 위험하다고 여긴다.

한 어린아이가 또래의 아이들과 놀 때 "우리 엄마가 초콜릿 사줬어, 너는 안 줄 거야"라고 말하면 이 아이에게는 안정감이 생기지 않은 것이다. 이 아이는 안정감을 부모에게 넘겼다. 이런 아이들은 사고가 활발하지 않고 즐거움이 적다. 부모에게 사랑을 받은 아이는 스스로 안정감을 가지고 그 안정감을 토대로 자아를 발전시킨다.

어떻게 해야 사랑받는 아이로 키울 수 있을까? 아이가 성장할 수 있는 기회를 주고 당신의 사랑을 느끼게 해야 한다. 또 아이가 발전할 수 있도록 적절한 환경과 도움을 주어야 한다. 이런 과정은 아이의 성장 규칙을 이해하고 진행되어야 한다. 이것이 사랑이다. 많은 부모가 아이가 어떻게 성장하는지 알지 못한다. 부모들은 언제나 자신의 생각이나 경험만 고려할 뿐 아이의 성장은 생각지 않는다. 어른들은 아이가 우는 것을 대수롭게 여기지 않고 심지어 소화에 도움이 된다고 생각한다. 사실 어른들은 아이의 많은 자발적인 행동을 제지한다. 이런 상황이 오랫동안 지속되면 아이들은 성장할 수 있는 권리를 빼앗기고 지능이 발달할 기회는 줄어든다. "외동아들과 외동딸은 작은 황제다"라는 말이 있는데 나는 이 말에 찬동하지 않는다. 중국에 작은 황제는 없다. 황제라고 한다면 적어도 존중받아야 한다. 그런데 아이들은 권리를 박탈당한 채 존중받지 못하고 있다.

우리 유치원에 입학한 어떤 아이는 처음에 밥도 먹지 못하고 화장실에도 가지 못했다. 이 아이는 아무것도 하지 못하고 뭐든지 다른 사람에게 의지했다. 이 연령대의 아이는 손을 움직여 작업하는 것을 좋아한다. 손이 발전할 기회가 없어 지능을 비롯한 다른 영역의 성장이 느려졌다. 부모는 "저희가 아이를 사랑해서 도와줬어요"라고 말할 것이다. 부모는 자신을 지나치게 사랑한 것일까, 아이를 지나치게 사랑한 것일까? 어른은 아이가 자신을 힘들게 하는 것을 싫어한다.

0세에서 6세까지의 아이들은 한시도 가만히 있지 않는다. 특히 4세 이전의 아이는 더욱 그렇다. 만지고 잡고 쥐고 비트는 것은 아이가 자신을 발전시키는 데 필요한 행동들이다. 처음부터 수학을 배우고 글자를 익혀야 지능이 발달하는 것은 아니다. 이런 행동들은 의미가 없는 것 같지만 사실 아이의 심신발전에 중요하다. 이것이 채워지지 않는다면 아이에 대한 기대를 접어야 한다. 한 살 반 정도 된 아이는 스스로 밥 먹는 것을 좋아한다. 그러나 아이들이 그럴 수 있을까? 어른들이 지저분하다고 생각하기 때문에 아이는 이 권리를 누릴 수 없다. 어른은 아이가 자신을 발전시킬 여지를 줄이고, 다른 사람의 의지·주장·행위가 이를 대신하게 한다. 이 경우 아이의 주의력은 결국 외부에 이끌려 자아를 떠나면서 정상적인 성장과정을 벗어나고, 다른 사람의 생각·표정·암시에 주의하게 되면서 아이는 개성과 창의성을 잃는다.

부모로서 아이를 사랑한다는 것은 어떤 것일까? 나는 세 살 된 아이의 엄마를 알고 있다. 그녀의 아이는 평소 머리 감는 것을 싫어했다. 그 엄마는 아이가 무슨 일을 잘못하면 머리를 감기겠다고 말한다. 그러면 아이는 얼른 "다시는 그러지 않을게요"라고 말하고는 달아났다. 어느 아침, 그 아이의 집을 지나가는데 마침 그 아이는 네 살 된 남자아이와 머리를 감고 있었다. 세숫대야에는 손을 씻은 물인듯 깨끗하지 않은 물이 조금 담겨 있었다. 그 아이는 "머리 감았어요, 머리 감았어요"라고 하며 손에 물을 찍어 머리에 바르고 있었다. 남자아이도 그 아이의 머리에 물을 뿌리는 것을 도와주었다. 두 아이의 웃는 소리가 집 전체에 울렸다. 나는 이것이 머리를 감는 것에 대한 아이의 공포감을 떨쳐버릴 기회라고 생각했다. 그러나 아이의 엄마는 이 광경을 보고 달려 나와 남자아이를 야단쳤다.

"이 나쁜 녀석!"

남자아이는 고개를 숙이고 달아났고 아이는 엉엉 울기 시작했다. 그 아이는 방금까지 머리를 감는다고 좋아했는데, 순식간에 두려움에 떨게 된 것이다. 그 아이는 엄마를 쳐다보며 어찌해야 할 바를 몰랐다. 아이 엄마가 딸을 훈계했다.

"엄마는 널 사랑하잖니. 네가 하늘의 별을 따달라고 하면 따줄 거야. 하지만 이런 짓은 하면 안 돼."

아이는 머리를 감고 싶었을 뿐이다. 아이는 엄마의 말을 알아듣지 못한다. 화를 내고 있는 사람이 사랑을 말한다는 것은 어불성설이다.

기분은 사랑하는 정도를 보여준다. 많은 부모는 아이가 독립할 때 아이를 압박한다. 모든 부모는 아이가 커서 대학을 졸업하고 좋은 대학원이나 직장에 들어가길 바란다. 그러나 이런 생각은 중학교·초등학교·유치원의 토대에서 이루어져야 한다. 아이에게는 유아기가 가장 중요하다. 아이는 머리를 감고 그릇을 씻고 도처의 물건을 만지면서 자연스럽게 더욱 높은 인지상태로 발전한다.

심리학에서 인용되는 예가 있다. 한 어머니의 남동생이 늘 술주정을 했다. 이 어머니는 자신의 아이가 남동생처럼 술을 마실까 몹시 걱정했다. 그래서 그녀는 늘 아이에게 "외삼촌을 닮아서는 안 돼, 외삼촌에게 술을 배워서는 안 돼"라고 말했다. 어머니의 계속되는 훈계에 아들은 마음이 답답했다. 어느 날 그녀의 아이는 결국 술을 마셨다. 그는 "내가 술을 마시면 어머니는 마음이 편안해지실 거야"라고 생각했다. 사실 부모가 아이의 생활에 지나치게 간섭하는 것은 실제로는 자신의 심리를 돌보는 일이며, 아이의 성장에 좋지 않다. 아이에게 필요한 것은 정신적인 보살핌과 이해, 즉 성장에 대한 관심이며 이것이 아이를 사랑하는 핵심이다.

미국의 심리학자 해리 할로(1905~1981)는 동료와 흥미로운 실험을 했다. 아기 원숭이를 두 '엄마'가 있는 우리에서 기르는 실험이었다. 하나의 '엄마'는 철사로 만들었다. 아기 원숭이는 '엄마' 가슴에 솟아 있는 고무로 만든 젖꼭지를 통해 젖을 먹을 수 있다. 또 다른 '엄마'는 둘둘 만 솜털 천으로 만들었지만 아기 원숭이를 먹여줄 음식은 없었다. 아기 원숭이는 천으로 만든 엄마 원숭이를 안은 채 입을 내밀어 철사로 만든 엄마 원숭이의 젖을 먹었다. 그런데 실험자가 움직이는 낯선 물건을 우리에 넣자 아기 원숭이는 얼른 천으로 만든 엄마 원숭이를 안았다. 이 실험은 아기 원숭이가 먹는 것보다 정신적 안정을 중시한다는 사실을 보여준다. 어린 원숭이는 나중에 원숭이 무리로 보내졌다. 그러나 다른 원숭이들과 어울리지 못하고 늘 혼자 지냈다. 이 원숭이는 제대로 성장하지 못하고 죽었다. 이 원숭이와 처지가 비슷한 원숭이들은 커서 새끼를 낳더라도 자신의 새끼를 학대할 것이다.

인류의 행위도 원숭이와 별반 다르지 않다. 고아원의 영아 사망률은 매우 높은데, 아이들이 사랑받지 못했기 때문이다. 선진국의 고아원은 물질적으로 풍요롭지만 아이들은 두 살이 되어야 앉고 서며, 네 살 때 걷는다. 가정에서 부모의 사랑을 받지 못했기 때문이다.

훌륭한 부모는 이해하는 것으로 아이에 대한 사랑을 표현한다. 신문사에서 가정생활과 관련된 코너를 운영하는 친구가 "감정적 문제나 집안의 일을 처리할 때 많은 부부가 갖는 문제는, 부모나 친구들에게는 방법을 물으면서 책은 거의 보지 않는 것"이라고 했다. 이것은 어려서부터 책이 좋아서 읽은 게 아니라 강요받아 보다보니 커서도 책 보는 것을 좋아하지 않게 되었기 때문이다. 우리는 왜 좋아하지 않는 책을 보는 걸까? 훌륭한 부모라면 아이가 태어나기 전에 육아에 관한 책을 찾는다. 부모세대의 생각은 이미 시대에 뒤떨어져 있다. 우리는 아이가 장래에 낙오되지 않길 바라면서도 아이가 어떤 사회현실에 직면하고 또 어떻게 적응해나가야 할지를 모른다. 자신의 경험을 바꿀 수 없다면 학습을 통해 아이를 사랑하는 법을 배워야 한다. 많은 전문가가 일생을 아이를 연구하는 데 헌신했다. 그들은 우리에게 몸과 마음이 잘 자란 아이란 어떤 아이인지 알려주었고, 지금 이에 관한 책이 매우 많다. 부모들이 읽어보면 큰 도움을 받을 수 있다. 아이와 함께 성장한다는 것은 더없이 좋은 일이다. 아이에게 시간과 힘을 쏟는 것은 적은 노력으로 큰 효과를 거두는 일이다.

우리 몬테소리 유치원에는 강아지 한 마리가 있는데, 아이들이 강아지를 대할 때 세 가지 유형이 있다. 강아지를 정말 좋아해서 강아지가 오면 안아주거나 장난치는 형, 멀리서 강아지를 보면 우는 형, 강아지를 못살게 구는 형이다. 우리는 이 세 가지 유형을 분석했다. 강아지를 무서워하는 것도 강아지를 사랑하는 다른 면이기 때문에 앞의 두 유형은 정상적이라고 할 수 있다. 하지만 왜 어떤 아이들은 강아지를 못살게 굴까? 아이는 자신이 강아지를 괴롭히고 있다는 사실을 모른다. 나는 각 반의 선생님들에게 강아지를 못살게 구는 아이들이 어떤 아이들인지 살펴보게 했다. 강아지를 못살게 군 아이들은 하나같이 문제 있는 아이들이었다. 이 아이들은 평소 겁이 많고 선생님의 눈치를 살폈고, 작업할 때 자신감도 부족했다. 그러나 강아지를 때릴 때는 대담했다. 심지어 여러 가지 방법을 쓰기까지 했다. 그들은 심리적 문제, '사랑'에 문제가 있는 아이들이었다. 강아지를 귀여워하며 안고 함께 뒹구는 아이들을 보면 자연과 인간이 함께 소통하고 있음을 느낀다. 그러나 강아지를 못살게 구는 아이를 보면 참담함이 밀려온다.

아이를 사랑하는 것은 이처럼 중요하다. 성인이 또 다른 성인을 사랑할 때, 그는 사랑받고 있음을 느낀다. 그러나 부모가 아이를 사랑할 때, 아이는 사랑의 모든 것을 배운다. 사랑은 아이가 성장하는 데 가장 좋은 양식이다. 사랑할 수 있는 능력은 가장 좋은 자질이다. 사랑은 한 생명의 가장 중요한 시기를 결정짓는다.

심리학자는 "대뇌는 사랑의 기관이다"라고 말한다. 선생님이 아무리 아이를 사랑해도 부모의 사랑을 대체할 수 없다. '사랑'은 어떤 경험으로도 대체할 수 없고, 부모를 통해서만 이뤄진다. 우리 유치원의 선생님들은 자세, 표정, 어투, 단어의 사용을 매우 중시한다. 아이가 밥을 다 먹고 식당을 나가야 할 때 선생님은 "꼬마 친구 나가주세요"가 아닌 "나가주세요"라고 말한다. 우리는 언어를 질서화해서 아이와 동등해진다. 그러나 어떻게 하든, 부모만이 아이에게 안정감을 줄 수 있다. 많은 아이가 선생님에게 안기고 싶을 때 "선생님 배가 아파요"라고 말한다. 선생님은 웃으며 "너 선생님에게 안기고 싶은 거지?"라고 한다. 어떤 아이들은 베개나 책 같은 물건을 바닥으로 마구 던지기도 한다. 선생님은 어찌해야 할 바를 모른다. 선생님이 그 아이를 안고 뽀뽀해주면, 아이는 크게 웃고 침대에 누워버린다. 그런 뒤 다시 물건을 던지면서 아이는 당신에게 또 뽀뽀해달라고 한다.

이렇게 어떤 아이들은 과격한 행동으로 자신의 불만을 해소한다. 이런 아이들은 집에서 사랑을 받지 못했을 가능성이 크다. 충분한 사랑을 받은 아이는 본성이 자유롭게 드러나며, 심리·인품·지능이 빠르게 발달한다. 사실 어른도 마찬가지라서 사랑이 충만한 사회라면 어른들의 생활도 더욱 아름답고 풍부해질 것이다. 아이가 사랑받지 못한다면 그 아이는 모든 부분에서 자신감이 결여되고 친구들과도 어울리지 않을 것이다. 아이는 늘 사람의 사랑을 얻으려고 갖은 방법을 생각하고, 물건을 파괴할 궁리를 하고, 부모의 심경을 살핀다. 세 살 된 어떤 여자아이가 놀다가 손이 찢어져 피가 났다. 나는 이 아이에게 말했다.

"빨리 집에 가서 엄마에게 붕대 감아달라고 해, 그렇지 않으면 감염될 거야."

그 아이는 웃으며 말했다.

"괜찮아요."

마침 겨울의 저녁 무렵이었다. 그 아이는 밖에서 흙장난을 하고 있었다. 나는 그 아이에게 집에 가서 붕대로 감은 다음 다시 놀라고 했다. 그 아이는 잠깐 머뭇거리더니 "알겠어요."라고 말한 뒤 즐거운 듯이 집으로 갔다. 그런데 아이는 집에 들어가자마자 상처부위를 과장하며 크게 울기 시작했다. 엄마가 아이를 달랬다. 아이는 눈물을 흘리며 나오다가 내가 아직 입구에 서 있는 것을 보고 엄지손가락을 치켜세우며 "최고!"라고 말했다.

한참 성장단계에 있는 아이가 속임수로 사랑을 얻는다는 것은 슬픈 일이다.

아이들은 울면 엄마가 자신을 사랑해준다는 것을 안다. 아이는 자신을 사랑해주는 사람을 사랑한다. 아이는 당신의 설교가 아닌 사랑의 행위를 본다. 이 역시 몬테소리가 말한 '흡수성 자질'의 특징이다. "아이에게 좋은 마음은 줘도 온화한 표정은 짓지 않는다"라는 속담이 있다. 그러나 부모가 좋은 마음을 전해주는 것보다 온화한 얼굴을 해주는 편이 아이가 잘 성장할 것이다. 부모의 '온화한 얼굴'은 아이에게 정서적 안정을 준다. 그 결과 아이는 성장하면서 부모의 가치관과 다른 행위들도 쉽게 받아들인다.

유치원의 한 선생님이 다리를 다쳤다. 그런데 교구를 조작하고 있던

한 어린아이가 이를 보고 교구를 안고 밖으로 나갔다. 마침 다른 선생님이 그 아이를 보고 물었다.

"왜 교구를 가지고 나왔니? 선생님이 교실로 데려다줄게."

아이를 교실로 데려갔더니 아이는 다리를 다친 선생님을 보고 눈물을 흘렸다. 선생님이 말했다.

"너 왜 교구를 가지고 나갔니?"

아이가 말했다.

"선생님께서 다리를 다치셔서 의사 선생님을 찾으러 갔어요."

이 선생님은 감동해서 자세를 낮추고 말했다.

"미안해, 미안해, 선생님이 몰랐구나."

선생님은 이렇게 다 끝난 줄 알았다. 그 아이도 교실로 돌아가 하던 작업을 계속했다. 그런데 점심시간에 이 아이가 식당에서 밥을 먹다가 갑자기 밖으로 달려 나갔다. 창문으로 의사 선생님이 가고 있는 것을 본 것이다. 아이는 달려가서 말했다.

"의사 선생님, 의사 선생님, 우리 선생님이 다리를 다치셨어요."

그 아이가 달려 나오자 선생님도 따라 나왔다. 의사 선생님이 말했다.

"알겠어요, 한번 살펴볼게요."

이 아이는 긴 한숨을 내쉬고 식당으로 돌아왔다. 이 선생님은 노트에 "아이는 일상으로 돌아갔지만 내 마음은 좀처럼 가라앉지 않았다. 이것은 모두 아이를 사랑했기 때문일 것이다"라고 적었다. 아이가 사랑하는 법을 배워 이런 인품을 갖는다면 이는 선생님과 사회에 가장 큰 보답이다.

부모들은 아이를 사랑하는 법을 어떻게 배울 수 있을까? 우리는 좋은 책들을 통해 아동의 성장 규칙과 정신의 수립과정을 이해하고 인류의 성장이 실제로는 정신의 성장과정임을 알아야 한다. 이렇게 해야 아이가 물건을 잡으면 왜 입으로 가져가는지, 왜 물장난과 흙장난을 좋아하는지, 왜 손으로 밥을 먹는 것을 좋아하는지를 알 수 있다. 몬테소리는 "사람에게 가장 큰 징벌은 내심의 역량과 인격의 존엄성을 박탈하는 것이다"라고 했다.

여기서는 인격의 존엄만을 말해볼까 한다. 어른들이 아이를 나무라거나 아이에게 눈치를 주는 것은 흔한 일이다. 부모가 아이의 자존심을 살려주지 않는다면 아이는 정말로 자존심을 잃어버린다. 이런 상황이 오래 지속되면 아이를 나무라거나 때려도 소용이 없다. 유년 시절의 영향으로 인해 일생 동안 자존심을 지키는 데 온 힘을 쏟는 사람이 있다. 그는 끊임없이 자신의 자존심을 지키려 다른 사람을 해친다. 자존감이 없는 부모들은 아이에게 이런 자산을 준 적이 없는지 자신에게 물어보아야 한다.

생활은 잔혹하다. 당신이 주지 않으면 당연히 보답도 없다. 당신은 "아이를 사랑하지 않는 부모가 어디 있는가? 나는 먹고 마시고 입혀주고 키워주었다. 나는 아이를 사랑한다"고 말할 것이다. 그러나 당신은 매일 아이를 책망하고 꾸짖고 훈계한다. 당신의 말 중에 70%는 부정적인 말들이다. 당신은 다른 사람 앞에서도 아이를 나무라고, 심지어 거리에서 아이를 때리기까지 한다. 집에 손님이 왔을 때, 당신은 아이가 있는데도 손님에게 아이의 결점을 말한다. 당신은 끊임없이 어른의 시각에서 아이를 오해한다. 이런 것은 사랑이 아니다.

사랑이란 무엇인가? "사랑은 인내다, 사랑은 자애다, 사랑은 질투하지 않는다, 사랑은 과시하지 않으며, 방종하지 않으며, 무례한 일을 하지 않으며, 자신의 이익을 추구하지 않으며, 다른 사람에게 화를 내지 않으며 (…) 진리만을 좋아할 뿐이다. 모든 것을 포용하고, 모든 것을 믿으며, 모든 것을 간절히 바라며, 모든 것에 인내한다. 사랑은 영원히 멈추지 않는 기다림이다."

어른들이 사랑으로 아이들을 대할 때, 아이들은 행복해지고 자신감이 넘치며 감정이 풍부한 아이로 자랄 것이다. 아이는 이 사랑을 토대로 장래 새로운 세계와 생활을 창조할 수 있다. 우리는 사람과 사람이 평등하고, 침을 뱉는 소리를 들을 수 없고, 파리와 쓰레기가 보이지 않고, 아이를 데리고 집 앞의 잔디에서 놀고, 노인들은 나무그늘 아래서 바람을 쐬고, 학자들은 창가의 소파에서 낮은 소리로 학문을 논하고, 소녀들이 꽃밭의 벤치에 앉아 시집을 읽고, 소년들은 운동장을 뛰어다니고, 시인들은 근처 찻집에서 시를 논하는 완전한 사회를 동경한다. 이는 결코 먼 곳의 이야기가 아니다. 우리가 아이들을 사랑해서 그 정신을 즐겁고 아름답게 가꾼다면, 아이는 우리에게 금빛 찬란한 미래를 가져다줄 것이다. 이 희망을 아이에게 맡기는 것은 어떤 어른에게 맡기는 것보다 믿을 만하다. "아이는 어른의 아버지이며, 인류의 아버지이며, 문명의 아버지이기" 때문이다.

제10장

사랑에서
독립으로

독립하지 못한 어른은 생활의 중압감을 이겨낼 힘이 없다. 그렇지 않다면 그토록 많은 사람이 30여 세에 자신의 꿈을 포기하지는 않을 것이다. 독립하지 못한 아이는 외부의 힘에 쉽게 휘둘린다. 아이는 하루 종일 사람들의 눈치를 살피고 소극적이게 된다. 이런 억압이 오래가면, 아이는 점차 자아를 상실하여 길 잃은 양과 같아질 것이다.

●

'(엄마가 된 것을) 후회하는' 엄마일수록 아이를 더 사랑해야 한다. 아이는 사랑받고 커야 행복한 인생을 살기 때문이다. 사랑은 아이가 독립하기 위한 전제고, 독립은 아이가 사랑받은 결과다.

왜 많은 엄마들이 이렇게 하지 못할까? 성장하지 못했기 때문이다. 그들도 사랑을 갈구한다. 엄마들은 남편이 집안일을 함께 하기 바란다. 엄마들은 일을 마치고 집에 와도 가사를 돌봐야 하는데 아이는 '방해한다.' 엄마는 치밀어오르는 화를 참지 못하고 아이에게 "한 번만 더 그랬단 봐!"하고 소리친다. 아이는 왜 엄마를 도와주지 않는 걸까? 남편은 왜 엄마를 위로해주지 않는 걸까?

우리 자신도 독립하지 못했기 때문이다. 아이를 가지기 전에 완전히 성장하지 못했기 때문이다. 우리는 독립하지 못했기 때문에 인생의 중압감을 견디지 못한다. 인생을 비관적으로 보는 것은 물론이다. 그렇지 않다면 그토록 많은 사람이 30여 세에 자신의 꿈을 포기하지는 않을 것이다. 우리 정신의 발전은 신체 성장, 심리적 발전과 함께 일어나는데 우리는 이를 분리시켰다. 공자는 "서른 살이면 뜻을 세운다"고 했다. '세우는' 것은 정신이다. '세운다'는 것은 심리적·사업적 독립을 말한다. 사람이 서른 살에 큰 성취를 얻었다면, 그는 '세울' 수 있고 누구에게도 의지하지 않는다. 이는 가장 정상적이고 완전한 성장이다. 독립은 아이와 어른의 실질적인 차이다.

사랑은 사람을 독립시키고, 독립은 정신을 발달시킨다. 사랑은 지능발달의 기초다. 사랑이 있어야 독립을 이야기할 수 있다.

사랑이란 무엇일까? 사랑은 마음이다. 앞서 말한 '머리 감는 아이'는 나에게 큰 충격을 주었다. 머리를 감던 그 아이의 아빠는 군인이자 교도원으로, 좋은 사람이었다. 아이의 아빠는 늘 정원에 앉아 아이가 노는 것을 형식적으로 지켜보곤 했다. 그는 아이의 정신적인 성장을 돌보지 못했고 그의 아이는 사랑받지 못했다. 그는 가끔 아이를 귀여워했다. "이리와, 아빠가 귀여워해줄게"라고 하며, 아이를 안고 몇 바퀴 돌곤 했다. 그의 행동은 아빠가 아니라 오빠와 같았다.

우리는 아이가 생기면 아이를 더욱 사랑할 것이라고 생각한다. 우리는 아이가 우리보다 더 잘 성장하길 희망한다. 그럼에도 그렇게 하지 못하는 것은 우리가 유년에 제대로 성장하지 못했기 때문이다. 좋지 않은 것들이 우리 몸에 이미 잠재되어 있다. 우리는 이런 것들로서 아이를 대한다.

아이를 사랑한다는 것은 아이를 무시하지 않는 것이다. 사랑은 가끔 관심을 기울이는 것이 아니고, 갑자기 생각이 나는 것도 아니다. 아이를 '사랑해서 때린다'고 말하지만 사실은 말을 듣지 않아서 때린다. 나는 사람들에게 말한다.

"아이를 때리고 야단치는 사람들은 십중팔구 어린 시절 부모에게 꾸지람을 듣고 자란 사람들입니다. 그들은 어린 시절 부모에게 받은 대로 아이를 대합니다. 자자손손 이렇게 전해지는 거지요."

사람의 얼굴을 보면 안다. 사랑받은 사람은 규칙에 따라 일하고 도움 주기를 좋아한다. 어른이든 아이든 모두 같다. 그러나 늘 일을 만드는 '나이 든 애'들은 정상적인 어른이 아니며, 유년을 제대로 보내지 못했다.

한 친구의 엄마가 지금 '나이 든 애' 증상을 보인다. 그녀는 자신을 배려하지 않는 사람에게 화를 내고 그 뒤에는 위로해달라고 고집을 피운다. 이렇게 며칠이 지나야 그녀를 진정시킬 수 있다. 그녀는 '아이' 상태에 있다. 그녀는 자신을 힘들게 하면서 이런 방식으로 사랑과 관심을 받으려고 한다.

우리 유치원의 상당수 엄마들이 나에게 말한다.

"보세요, 남편이 수시로 아이를 때려요. 제가 뭐라고 하면, 저까지 때려요."

나는 말한다.

"어머님과 결혼한 사람은 남편이 아니라 아이예요. 아이 둘(남편과 아들)을 잘 돌볼 수밖에 없어요. 그렇게 하지 않으면, 어머님의 가정은 평안한 날이 없을 거예요. 어머님이 남편 분과 이혼할 마음이 없다면, 남편을 아들이라 생각하고 천천히 바꾸는 수밖에 없어요."

엄마들은 큰 한숨을 내쉰다.

사람들은 자신의 아이를 수재로 기르고 싶어하지만 지금은 정상적인 아이조차 보기 어렵다. 부모들은 자신이 이루지 못한 꿈을 아이에게 기탁한다. 아이는 성장과정을 거치지 못한 채 조숙한 어른이 된다.

사람은 성숙해지면 사랑하는 사람에게 순종한다. 순종이란 무엇인가? 순종은 의지의 승화다. 나에게는 쉬에얼雪兒이라는 친한 친구가 있는데, 그녀의 남편은 순종적이다. 쉬에얼이 애교스럽게 "여지荔枝 사줘요, 닭찜 해줘요, 이거 저거 해줘요……"라고 하면, 그녀의 남편은 즐거운 마음으로 요리한다. 쉬에얼의 유년은 불행했다. 그녀는 결혼 후 10년 동안 '유년의 황금기'를 다시 보냈다. 그녀의 남편은 그녀가 하고 싶은 대로 하게 해준다. 쉬에얼이 "땅을 1미터 파낼 거야"라고 하면, 그녀의 남편은 "그래, 파봐. 계속 파, 삽 줄게"라고 말할 것이다. 이 10년은 쉬에얼이 원래의 자신을 되찾은 10년이다. 쉬에얼이 후에 왜 이 교육을 적극적으로 지지했을까? 사랑과 자유로 쉬에얼은 정상적인 사람이 되었기 때문이다. 쉬에얼이 심리문제를 해결하고 정상적인 사람으로 다시 태어났을 때, 그녀는 인류의 커다란 고난을 깨달았을 것이다. 그녀는 자신을 사랑해주는 사람을 찾은 몇 안 되는 운이 좋은 사람이다. 누가 현실 생활에서 아이처럼 10년을 살 수 있을까! 사랑은 쉬에얼의 삶을 크게 바꾸어놓았다. 그녀는 세상에 대한 두려움 없이 독립하기 시작했다. 그녀는 나에게 늘 말한다. "결혼은 자유와 즐거움, 행복과 생명의 또 다른 시작이야!"

행복한 결혼에는 여러 가지 조건이 있겠지만 배우자를 사랑해야 한다는 사실만큼은 공통적이다.

사랑은 우선 느낌이고 섬세한 감정이자 마음의 향함과 귀속이다. 그 향함에는 안전·자유·수월·행복도 있고, 해방된 느낌도 있다. 그다음으로 사랑은 주는 행복이다. 당신은 사랑을 느껴봤기 때문에 사랑받는다는 느낌을 안다. 주는 것은 독립의 진정한 의미다.

쉬에얼의 경험은 사랑해주는 사람만 찾는다면 어떤 사람도 바꿀 수 있음을 보여준다. 사람이 즐겁다면 그 모습은 어떠할까? 즐거운 아이는 파괴하지 않는다. 즐거운 어른도 파괴하지 않는다. 즐거운 인류는 타인의 재산을 빼앗거나 환경을 파괴하지 않고, 전쟁을 하지도 않는다. 그들은 늘 좋은 일만 한다.

인류의 성장에는 하나의 원칙이 있다. 바로 사랑이다. 세상에서 가장 고귀하고 가장 큰 진리는 사랑이다. 사랑 없는 성장은 이 세상의 가장 큰 죄악이다.

탕허唐河는 몬테소리 강좌를 들은 후 아이의 교육을 완전히 바꾸었다. 그날, 그녀의 아이는 겁을 먹고 말했다.

"엄마, 저……."

"놀고 싶은 거 알아. 오늘은 놀고 싶은 대로 놀아."

"그럼 늦게 돌아와도 돼요?"

"물론이지! 저녁에 안 들어와도 돼."

그 아이는 열두 살이었다.

'아! 이래도 되는구나!'

아이는 매우 기뻤다. 저녁에 아래층에 앉아 있다가 12시가 되어서야 올라왔다. 이 모습을 보고 그녀는 말했다.

"아이가 그렇게 즐거워하는 모습을 처음 봤어요."

이후 그 아이의 변화는 매우 컸다. 탕허는 이전의 일만 생각하면 울었다.

"12년이나 아이를 모질게 대했어요, 전……."

나는 그녀를 위로했다.

"이제 잘 아셨으니 아직 희망이 있어요. 어머님의 아이는 곧 정상궤도에 오를 거예요."

이런 발전을 위해서는 아이가 스스로 자유를 가져야 한다. 이 자유는 영혼의 자유다. 한 아이가 물장난을 치고 싶어한다. 물장난은 지금 아이의 발전에 필요하다. 그러나 아이의 마음속에 물장난을 치지 못하게 하는 사람이 있다. 몬테소리는 이와 관련한 이야기를 하나 했다. 한 아이가 외할머니 집에 왔다. 아이는 잔디 위 수도꼭지를 틀어 물장난을 치고 싶었다. 그러나 그녀는 무서워서 망설였다. 외할머니가 말했다.

"물장난 치고 싶으면 쳐."

그러나 아이는 말했다.

"틀면 안 돼요. 보모 아주머니가 물장난 치면 안 된다고 했어요."

외할머니가 말했다.

"아주머니는 지금 없어. 외할머니가 틀어줄게."

"안 돼요, 그래도 안 돼요."

아이는 보모의 노예가 되었다. 이미 자신도 모르게 아이의 인격은 대체되어버렸다.

아이는 나중에 어떻게 될까? 오랫동안 자신을 억압하면 인격과 능력에 심각한 문제가 생길 수 있다. 억압은 분명히 연속적인 행위이며, 우연적인 것이 아니다.

많은 부모가 "아이를 억압했다면 어떻게 하죠?" 하고 묻는다. 걱정할 필요가 없다. 사람에게는 적극적인 면과 소극적인 면이 있다. 적극적인 면이 주도적 위치를 차지한다면 아이의 성장은 큰 문제가 없을 것이다. 소극적인 면이 주도적인 위치를 차지한다면 아이의 인격은 점차 다른 것이 되어버려 발전할 수 없을 것이다. 그러면 아이는 독립적으로 성장하지 못한다. 몬테소리는 "독립할 수 없다면 자유를 말할 수 없다"고 했다. 이때 자유는 소중한 자질로 변한다.

제11장

'가르치는' 것은
아이를 노예로 만든다

미술 선생님이 아이들이 하늘에 물고기를 그린 것을 보고, 아이들에게 "그림을 그릴 때는 먼저 지평선을 하나 그어야 해"라고 했다. 우리 아들은 한 시간 동안 열 몇 장의 그림을 그렸는데, 그림마다 가로로 선이 그어져 있었다. 어린아이가 지평선이 무엇인지 이해할 수 있을까? 어른들은 자신의 경험으로 아이를 다그치고, 여러 방법으로 암시한다. 우리가 말한 것이 옳다고 해도 아이에게 어떻게 할 수 있을까? 어른들은 아이가 세상을 인식하는 경험을 대신해줄 수 없다.

●

아이는 심리와 의지가 발달할 때 독립을 원한다. 그런데 부모는 어떻게 할까? 한 살이 조금 넘은 아이가 숟가락으로 밥을 먹으려고 하며 이리저리 휘젓고 식탁을 어지럽힌다. 이때 아이는 혼자서 밥을 먹는 능력을 배운다. 그러나 다수의 부모들은 아이에게 밥을 먹여준다. 먹여주면 옷과 식탁이 깨끗하기 때문이다. 이것은 아이의 독립의지를 빼앗는 일이다.

베이징에서 시내버스를 타다 우연히 만난 한 여자아이가 생각난다. 두 살 남짓으로 보이는 이 여자아이는 고구마를 먹고 싶어했다. 아이 엄마가 군고구마 한 개를 샀다. 아이 엄마는 차를 타서 자리에 앉자 고구마 껍질을 벗기기 시작했다. 아이가 급한 마음에 엄마에게 소리쳤다.

"내가 벗길래, 내가 벗겨볼래……."

"네가 벗기면 깨끗하지 않아서 먹으면 병날 수도 있어."

아이는 다급해서 말했다.

"내가 벗길래, 내가 벗기게 해줘!"

아이의 엄마는 단호하게 말했다.

"안 돼!"

아이는 애원하면서도 당황해했다. 아이 엄마가 고구마 껍질을 다 벗기고 말했다.

"다 됐어, 먹어. 아무리 급해도 깨끗하게 해서 먹어야지."

"안 먹어."

"뭐야? 힘들게 껍질 벗겨놨더니, 안 먹어? 일부러 사람을 애먹이는 거야?"

아이가 원한 것은 고구마 껍질을 벗기는 동작, 고구마 껍질을 벗기는 과정, 고구마 껍질을 벗기는 경험과 느낌이었다. 이것은 아이의 요구이며 지능이 발달하는 데 필요한 것이다. 이런 경험이 어떤 효과가 있는지는 모른다. 어쩌면 큰 인물이 되기 위한 중요한 고리일지도 모른다. 이는 어른들이 통찰할 수 있는 것이 아니다.

어른들은 사랑하는 마음을 가져야 한다. 사랑이 무엇인가? 사랑은 거대한 관용이자 이해다. 사랑이 있으면 교육을 몰라도 아이를 성장시키는 데 필요한 기본적인 권리를 줄 수 있고, 아이를 자유롭게 할 수 있으며, 아이를 자유에서 독립으로 나아가게 할 수 있다.

많은 부모는 아이가 직접 신발을 신을 수 있는 기회를 빼앗는다. 아이가 신발을 신고 신발 끈을 묶는 과정이 매우 느리기 때문이다. 어른들은 아침에 늘 시간에 쫓기며, 시간을 아끼려고 아이에게 신발을 신겨주고 단추를 잠가준다. 이렇게 하다보면 아이는 신발을 신는 능력을 상실한다. 우리 유치원에도 이런 상황이 있다. 어떤 아이들이 신발을 신고 밖에서 뛰어다니는데 어떤 아이들은 안에서 울고 있다. 왜일까? 선생님이 신발을 신겨주기를 기다리고 있는 것이다.

그 외에 아이의 독립된 생각을 박탈하는 경우도 있는데, 이 역시 아이의 자유로운 생각을 막는다. 생각의 자유를 잃어버린 아이는 다른 사람의 지휘를 받게 된다.

아이의 신체적·정신적 성장은 독립의 과정이다. 아이는 이 길을 따라 끊임없이 나아간다. 아이는 자신의 독립을 향해 무수한 모험과 다양한 탐색을 한다. 그리고 서른 즈음 완전하게 독립하여 자신의 모든 것을 사람들과 사회를 위해 헌신한다. 성장과정에서 당신이 아이를 제지한다면 아이는 자유를 얻지 못하고 독립하지 못한다. 독립하지 못하면 생존과 학습에 필요한 능력을 상실한다.

몬테소리는 아버지, 어머니, 아들을 실은 마차를 예로 들었다. 마차가 시골길을 가다가 무장한 산적을 만났다. 산적이 소리쳤다.

"가진 돈 다 내놔, 안 그러면 죽이겠다!"

여기서 세 가지 상황을 생각해보자. 평소 훈련이 잘된 사수射手인 아버지는 권총을 가지고 있다. 그는 총을 들어 길을 막고 있는 산적들을 조준한다. 빠른 발을 가지고 있는 아들은 비명을 지르며 달아난다. 무장하지 않고 자신을 보호할 능력이 없는 어머니는 두 다리로 달려본 적이 없다. 그녀는 치마에 발이 묶여 움직일 수 없다. 어머니는 지금까지도 심리적 독립을 하지 못했다. 그래서 그녀는 벌벌 떨며 인사불성이 되었다.

이 세 가지 반응은 세 사람의 자유·독립과 긴밀한 관계가 있다. 사람은 어떤 방면에서 독립되어 있지 않으면 그 방면의 자유를 상실한다. 치마에 발이 묶인 사람처럼 그의 발은 독립적이지 못하다. 발의 자유가 없는 것이다. 사람들은 자신의 독립 정도에 따라 결정을 내린다. 범죄자는 사람의 나약한 부분, 독립되지 않은 부분을 공략해 범죄를 저지른다. 산적을 만났을 때 벌벌 떠는 사람도 있고, 저항하는 사람도 있고, 기지로 제압하려는 사람도 있을 것이다.

몬테소리는 말한다. "복종하고 의지하는 것은 인생을 낭비하게 하고 사람을 나약하고 무능하게 만든다. 또한 정상인의 개성에 심각할 정도의 타락과 퇴보를 가져와 남을 무시하고 제멋대로 날뛰게 한다. 이런 예는 우리 주변에서 흔히 볼 수 있다."

몬테소리는 한 회사원을 예로 들었다. 그는 회사에서 일에 충실하고 좋은 아이디어를 많이 낸다. 이때의 그는 정상적인 사람이다. 그런데 집으로 돌아오면, 식탁 위에 다리를 올려놓고 아내에게 큰소리친다.

"물 가져와!"

이때 그는 난폭한 사람으로 변한다. 시중드는 '하인'이 있기 때문이다. 어떤 사람은 '주인'이 되었을 때 '하인' 앞에서 위세를 부린다. 이는 정상적인 사람의 모습이 아니다.

사람들은 상대에 따라 자신을 나타낸다. 그는 집에 있을 때 아무것도 하지 않는데, 일할 때는 이렇지 않다. 그는 이중인격자다. 상사에게는 억압당하고 아내에게는 제멋대인 것이 본래 모습이다. 그의 아내는 이 모든 것을 받아들인다. 이것은 그가 유년 시절에 독립적이고 자유롭지 못했기 때문이다. 아내도 남편과 마찬가지로 어린 시절에 독립적이고 자유롭지 못했다.

개인은 독립한 만큼 자유를 누린다. 그러나 이 모든 것에는 하나의 조건이 있다. 무엇일까? 어린 시절 부모에게 받은 사랑과 자유가 연속되어야 한다는 것이다. 몬테소리는 "우리는 후손을 강하고 힘이 있는 사람, 독립적이고 자유로운 사람으로 키워야 한다"라고 했다. 자유는 조건이 아니라 자질이며 이런 자질이 있어야 진정한 사람이 된다. 진정한 사람이 되면 남의 지휘를 받지 않고 자신의 생각과 의지를 펼칠 수 있다.

복종은 일종의 습성이다. 그림을 그리는 상황을 생각해보자. 미술을 모르거나 교육에 무지한 선생님이 가르칠 때 많은 문제가 나타난다. 그들은 아이들에게 꽃을 그려라 풀을 그려라 한다. 아이들에게 '강제로' 어떻게 그림을 그리라고 하는 것이 곧 '복종시키는' 것이다. 사람을 복종시킬 때 꼭 "당신은 내 노예고, 나는 당신의 주인이야"라고 말하지는 않는다.

『어린 왕자』를 본 적이 있을 것이다. 어린 왕자는 어떤 별에서 허영심에 빠진 사람을 만난다. 그는 어린 왕자에게 말했다.

"어이, 날 한번 숭배해봐, 제발 날 숭배해줘, 한 번만."

어린 왕자는 이상한 사람이라고 생각했다. 다른 별로 갔더니 그 별에는 폭군이 살고 있었다. 폭군은 어린 왕자에게 온갖 일을 시켰다. 이번에도 어린 왕자는 이상한 사람이라고 생각했다. 또 다른 별로 갔다. 그 별에는 탐욕스런 사람이 살았다. 그는 끊임없이 어느 별이 자신의 것인지를 계산했다. 그는 어린 왕자와 말할 시간조차 없을 정도로 바빴다. 이 책은 현실에 존재하는 어른들의 모습을 반영하고 있다.

이런 어른들이 아이를 '가르치는' 데 힘을 쏟고 있다. 어른들은 아이들을 가르치려고 하며 자신의 주관으로 아이에게 '강요한다.' 아이를 격려한다는 명목으로 각종 암시를 하고 벌을 내리는 것은 아이를 복종시키는 것과 같다. 부작용은 차치하고라도, 그 직접적인 영향부터가 가히 상상을 초월한다. 아동기는 직접 경험하는 시기다. 아이 스스로 다양한 경험을 해야 한다. 아이가 생활에서 경험을 만들어야 하는데 어른들은 자신이 좋다고 생각하면 아이에게 강제로 시킨다. 대부분의 아이는 이로 인해 자신의 능력을 마음껏 발휘하지 못하며, 어른이 제시한 범위를 넘지도 못한다. 이것이 '땅에 동그라미 하나를 그리고 감옥으로 삼는' 것처럼 아이를 제한해버린다.

아이들이 어른에게 '복종하는' 경우는 쉽게 찾아볼 수 있다. 우리가 가장 중시하는 '교육'에서도 그 일면이 나타난다. 얼마 전 그림을 가르치던 우리 유치원의 선생님이 물고기가 강물이 아닌 하늘에 그려진 것을 보았다. 그녀는 이렇게 그려서는 안 된다고 생각했다.

"우리 그림을 그릴 때는, 먼저 지평선을 하나 그리자."

월요일에 세미나가 있었다. 우리 아들은 그때 그림의 민감기가 와서 그림 민감기를 맞은 여느 아이들처럼 하루 종일 그림만 그리려고 했다. 내가 말했다.

"엄마가 너에게 종이와 펜을 줄게, 그려봐!"

아들은 한 시간 동안 열 몇 장을 그렸다. 그림을 다 그리고 나면 나에게 보여주었다. 그림마다 선이 한 줄씩 그어져 있었다. 선 아래에는 또 몇 줄씩 더 그어져 있었다. 내가 물었다.

"이게 뭐니?"

"석유요."

"이게 왜 석유니?"

"지평선이니까요."

아들은 지평선이라는 개념을 잘 몰랐다. 그러나 아이가 그린 열 몇 장의 그림에는 모두 지평선이 있었다. 아들은 지평선은 지면이고, 그 아래는 석유라고 생각했다. 내가 아들에게 물었다.

"왜 이렇게 그렸니?"

"먼저 지평선을 하나 그려야 해요."

나는 이상해서 선생님에게 말했다.

"아이가 이상해요. 지평선을 먼저 그리려고 해요."

"제가 가르쳤어요. 제 생각에 아이는 당연히……"

"잘못 가르쳤어요. 선생님의 지평선이 아이의 상상력을 제한시켰어요."

몇 개월 동안, 아들은 그림을 그릴 때면 늘 지평선을 먼저 그렸다. 어떻게 해야 할까? 나는 아들의 이런 생각을 고쳐주고 싶었다. 하루는 아들을 데리고 닝샤寧夏대학에 갔다. 정문에는 잔디밭이 잘 조성되어 있었다. 아들에게 말했다.

"아들, 지금 여기 서서 봐봐. 지평선이 있나 없나 봐봐."

아들은 자세히 보고서 말했다.

"없어요, 잔디밭과 건물밖에 없어요."

"맞아, 다음에 그림 그릴 때 어떻게 그려야지?"

"아, 엄마. 무슨 말씀인지 알겠어요. 저보고 지평선을 두 개 그리라는 거죠?"

순간적으로 문제를 더 어렵게 만들었다는 생각이 들었다. 그 뒤로 나는 더 이상 그 문제에 대해 말하지 않았다. 며칠 뒤 어느 아침, 나와 아들은 옥상에서 일출을 봤다. 내가 아들에게 말했다.

"저 끝에 하늘과 땅이 교차하는 선이 보이니?"

"보여요!"

나는 흥분해서 말했다.

"저게 지평선이야!"

하늘은 우리가 무엇을 가르치고 있는지 알고 있다. 우리 선생님들은 치열한 경쟁을 통해 뽑힌 우수한 분들이다. 1분 1초가 중요한 유아기에 우리는 아이들의 시간을 얼마나 낭비하고 있는가? 나는 선생님들에게 이 문제에 관해 말했다.

"아이에게 가르치려 하지 마세요. 아이가 그리고 싶어하는 것을 그리도록 해주세요. 아이의 상상력과 사고를 먼저 발전시켜야지요. 6세가 지나 아이의 기본개념이 세워지면 그때 기능을 가르치면 돼요."

우리 유치원 선생님에게는 안치安其라는 아이가 있다. 이 아이는 세 살 반에 유치원에 들어왔고, 몬테소리 교육을 받아본 적이 없었다. 안치는 두 살 반 정도의 아이가 만지는 교구를 가지고 수업했다. 그 선생님은 마음이 급해 안치에게 물었다.

"안치, 오늘 어떤 교구 만졌어?"

"오늘 ○○ 만졌어요."

선생님은 아이가 교구를 열 몇 개 만졌다는 말을 듣고 딸이 교구에 집중하지 않는다는 사실을 알았다.

"안치, 이러면 안 돼, 한두 개의 교구만 만져야 돼, 알겠지?"

"알았어요, 엄마."

다음날 아침을 먹고 선생님이 반 아이들을 데리고 교실로 들어갔을 때 안치는 기뻐하며 교실에서 달려나와 "엄마, 저 오늘 교구 하나만 만졌어요!" 이렇게 말하고 가버렸다.

"맙소사, 내가 한 말이 어떻게 이런 결과를……."

그녀의 아이는 그날 확실히 '한 가지' 교구만 만졌다.

이 일로 나는 '교육'이 아이를 '복종시켜' 상상력을 잃게 만든다는 사실을 알았다. 우리는 우리의 많은 말 중에 아이들이 무엇을 이해하고 이해하지 못했는지 모른다. 설령 하는 말이 모두 진리라고 해도 우리는 아이를 가르칠 수 없다.

우리가 무엇을 말하든 아이들은 알지 못한다. '죽음'을 예로 들어보자. 미국의 심리학자 로렌스 콜버그(1927~1987)의 도덕성 발달이론으로 아이의 인식상태를 살펴보면 그 내용은 이렇다. 유럽의 작은 성에 사는 한 부인이 암으로 죽음에 직면해 있다. 성 안에는 신약을 개발한 제약사가 있고, 이 약만이 그녀를 구할 수 있다. 그러나 그는 간사한 장사꾼이어서 약값으로 원가의 10배를 요구했고, 부인의 남편은 약값의 반만 빌릴 수 있다. 그래서 제약사에게 약값을 반으로 내려달라고 하지만 거절당한다. 남편은 아내의 생명을 구하기 위해 제약사의 집에 몰래 들어가 약을 훔쳤다. 그는 그래야만 했을까? 왜 이렇게 해야 할까? 왜 이렇게 해서는 안 될까?

첫 번째로 실험에 참가한 사람은 우리 아들이다. 당시 아들은 네 살이었다. 아들이 말했다.

"그건 법을 어기는 거예요. 훔쳐서는 안 돼요."

내가 말했다.

"하지만 아내가 죽잖아."

"어쩔 수 없잖아요!"

"뭐? 남편인데 괴롭지 않겠니?"

"안 그럴 거예요. 영혼이 하늘로 날아가 아내를 찾을 수 있으니까요!"

언제부터 아이의 머리에 영혼의 개념이 들어간 걸까? 아들은 왜 이렇게 생각하는 것일까? 나는 대답할 수 없다. 어른들이 이해하지 못하는 일은 많다. 아이는 많은 개념을 받아들이기 때문에 아이가 영화나 물건을 본 후 무엇을 받아들였는지 알 수 없다. 영화 「슈퍼맨」을 보면 아들은 늘 나에게 말한다.

"엄마, 슈퍼맨의 눈은 정말 대단해요. '징' 하며 X선이 나와요."

나중에 팔을 다쳐 엑스레이를 찍었을 때 아들이 우쭐거리며 말했다.

"엄마, 저에게 엑스레이 사진이 두 장 있어요."

집에 손님이 오면 아들은 늘 자랑스레 엑스레이 사진들을 보여준다. 슈퍼맨과 같은 물건을 가지고 있다고 생각하는 것이다. 아이는 매일 많은 것을 받아들인다. 당신은 아이가 언제 개념을 세우는지 알 수 없다.

제12장

아이를 어떻게 이해해야 할까?

피검사를 해야 하는 아이가 있다. 이 아이를 억지로 의자에 앉혀 피를 뽑는다면, 아이가 느끼는 두려움은 말로 다할 수 없을 것이다. 아이가 관찰하게 하고, 이 환경을 이해하고 적응하도록 해야 한다. 여기에는 시간과 인내심이 필요하다. 어른들은 꼭두각시처럼 말을 잘 듣고 다루기 쉬운 아이를 좋아한다. 편하기 때문이다.

●

부모는 아이를 사랑해야 한다. 아이의 일생에 큰 영향을 주기 때문이다. 그러나 실천에 옮기기 쉽지 않은데, 일이란 늘 이렇다. 원칙적이고 추상적인 것은 말하기 쉽지만 생활에서 실행에 옮기기 쉽지 않은 것이다. 오히려 아이를 돌보는 시간이 적다고 할 수 있다. 대도시의 가정일수록 아이와 부모 사이의 소통이 적다. 부모들은 바빠서 늘 시간이 모자라고 아이 앞에는 여러 가지 일들이 놓여 있다. 부모들은 아이와 함께 활동하거나 아이가 하는 일을 지켜볼 시간이 없다. 아이 마음의 소리와 느낌에 귀 기울일 시간도 없다. 시간을 내서 아이와 함께 있어도 형식적으로 놀아줄 뿐, 아이를 알려고 하지는 않는다.

아이를 안다는 것은 쉬운 일이 아니다. 아이의 심리를 알아야 하고, 특히 아이의 성장상태를 알아야 한다. 어미 닭은 연약한 동물이지만 강한 적 앞에서는 날개로 어린 닭을 지킨다. 호랑이는 사나운 맹수지만 새끼와 놀 때는 인내심이 매우 강하다. 자식을 사랑하는 마음은 동물과 사람이 같다. 그러나 아이에게 독립하려는 의지가 생겼을 때

부모가 특히 아이의 성장상태를 잘 살펴야 함에도 아이를 '사랑'하지 않는다. 이런 모습은 자주 볼 수 있다. 아이가 독립하기 시작하면, 부모는 "고집이 너무 세" "왜 이렇게 말을 듣지 않지?"라고 말한다. 사실 아이는 성장하고 있다. 아이는 자신의 의지대로 성장해야 하는데 아이의 의지와 부모의 의지가 대립하는 것이다. 우리는 아이의 성장과정을 알아야 한다.

우리 유치원은 간섭하지 않고, 때리거나 욕하지 않고, 교구들을 제자리에 갖다놓고, 친구들을 방해하지 않는 것을 빼면 자유롭다. 며칠전, 아이들의 신체검사를 하기 위해 보건소에서 의사가 왔다. 아이들은 자유로워서 원하는 물건을 마음대로 선택할 수 있다. 당시 모든 아이가 의사의 가운(우리 유치원에는 천의 두께를 만져보는 수업이 있다)과 의료기구들을 만져보러 왔다. 아이들은 손으로 살짝 만져볼 뿐 심한 장난을 치지 않았다. 특히 아이들은 화학실험에 큰 관심을 보였다. 그중지저분한 한 아이가 피검사를 하느라 바늘에 찔렸다. 그 아이는 꼬박한 시간을 그곳에 서서 바늘에 찔린 손을 들고 꼼짝도 하지 않고 보고있었다. 두 살이 조금 넘은 아이였다.

의사 선생님이 나에게 말했다.

"이 유치원은 몹시 소란스럽네요. 왜 그렇죠?"

그의 말에 따르면, 다른 유치원은 줄을 세워 한 명씩 검사받고 교실로 돌아가는데, 이곳 아이들은 아무 곳이나 시끄럽게 뛰어다니고, 아이가 피를 뽑아 울면 이를 에워싸고 본다는 것이다. 나는 의사의 말에 놀라서 대답했다.

"의사 선생님은 아이의 심리를 더 잘 아셔야 할 텐데요. 이럴 때는 아이에게 시간을 주어 적응시켜야 합니다. 또 아이들이 선생님의 일에 적응되도록 관찰할 수 있는 충분한 자유를 주어야 하고요. 관찰하고 이해하는 과정에서 공포는 사라지니까요."

아이는 관찰하며 배운다. 이것은 사실 아이가 학습할 수 있는 좋은 기회다. 우리 유치원의 한 아이는 원래 다른 유치원을 다녔다. 아이는 집에 오면 여러 인형들을 큰 것부터 작은 것까지 침대에 늘어놓고 "말하지 마, 빨리 자! 안 자면 너희들을 야단칠 거야"라고 말했다. 아이의 엄마는 아이가 선생님의 행동을 반복한다는 것을 알았다.

아이는 어른의 거울이다. 어떤 사람은 어른은 아이의 거울이라고도 말한다. 그러나 의미는 다르다. 아이는 어른이 하는 대로 따라한다.

아이는 자신을 발전시킬 자유를 잃고, 다른 사람의 자유를 제한하는 습관을 기른다. 이는 어른들이 사람을 통제하고 억압하기 좋아하는 가장 근본적인 원인이다. 우리는 자유롭게 잠재적 재능을 발전시킬 기회를 가져본 적이 없다. 우리는 자유가 해로운 것이라고 굳게 믿는다.

우리는 습관적으로 자유로운 아이를 용인하지 않는다. 특히 아이가

'시끄럽게' 할 때 더욱 그렇다. 그러나 정말로 아이를 사랑한다면 피검사를 할 때도 당신은 아이가 시끄럽기보다는, 귀엽게 느껴질 것이다. 멀리 떨어져서 보기만 하는 아이도 있다. 이 아이에게는 마음의 준비를 할 시간이 필요하다. 아이에게 이 과정이 어떤 것인지를 이해시켜야 한다. 이 과정은 매우 느려서 아이에게 안정감이 생겨야 진행할 수 있다. 그렇지 않으면 아이에게는 큰 자극이 된다. 특히 '간 검사'처럼 목의 피를 뽑아야 하는 경우에 더욱 그렇다. 어른들은 아이의 입장을 고려하지 않고 아이를 책상에 눕힌다. 이것은 동물을 죽이는 모습과 유사하며, 아무것도 모르는 아이에게는 정말 무서운 일이다. 인내심을 가지고 아이를 설득해야 한다. 아이에게 많이 보여주는 것밖에는 달리 방법이 없다.

안타깝게도 이런 인내심을 가진 부모가 많지 않다. 의사도 선생님도 부모까지도, 아이의 자유를 용인하지 않는다. 아이에게는 자아를 조절할 공간과 시간이 필요하고, 아이는 자유롭고 즐겁게 하고 싶은 일을 해야 한다. 어른들은 번거로운 것을 싫어한다. 나무인형처럼 말을 잘 듣는 아이는 어른들이 다루기 쉽다. 어른들은 하려는 일을 빨리 끝낼 수 있지만 자유로운 아이에게는 많은 시간과 힘을 들여야 한다. 어른들은 아이에게 시간을 쏟고 싶어하지 않는다. 돈을 벌거나 TV를 보거나 친구를 만나 이야기를 하거나 잠자는 일이 중요하기 때문이다. 이는 가치관의 문제다.

사람의 일생 가운데 6년의 시간을 아이에게 쏟아 아이를 통해 자신을 발전시키는 것은 매우 가치 있는 일이다. 나는 이렇게 하지 못해 후회하는 엄마들을 많이 봤다. 이 과정에서 우리도 조금씩 성장하고 아이도 조금씩 성장한다. 이렇게 조금씩 성장해야 성공적이고 행복한 삶을 사는 아이가 될 수 있다.

어른들의 잘못은 놀라울 정도로 같다. 오늘 길을 가다가 정말 전형적인 예를 봤다. 공원의 모퉁이에서 한 엄마가 두 살이 넘은 아이에게 과자를 사주고 있었다. 이 아이는 과자를 쥐고 놓으려 하지 않았고 엄마도 과자를 쥐고 놓지 않았다. 엄마가 말했다.

"이렇게 많이 다 못 먹잖아. 낭비야."

그래도 아이는 과자를 쥐고 놓지 않았다. 아이가 말했다.

"먹을 수 있어요, 전 다 먹을 수 있단 말이에요."

그러나 엄마는 아이에게 주지 않았다. 두 사람의 갈등이 해결되지 않을 것 같아 나는 자전거를 타고 자리를 떠났다. 이것이 왜 전형적인 예일까? 이 엄마는 아이가 욕심이 많다고 생각한다. 아이는 과자가 커서 다 먹지 못하는데도 통째로 달라고 한다. 우리 유치원에도 과자를 통째로 달라고 하는 아이들이 있어서 이 문제로 선생님들과 토론을 한 결과, 우리는 아이에게 '끝까지 완전함을 추구하는' 심미관이 있음을 알았다. 아이의 심미관은 어른의 상상을 초월한다. 화장실에 녹슨 물이 있거나 변기에 누런 오줌 자국이 있다면 아이는 그 화장실에 가지 않는다.

아이가 소란을 피울 때 어른들은 '왜'라고 물을 수는 없는 것일까? 아이가 욕심이 너무 많아서 그러는 것일까? 아니다! 세속에 물든 어른들의 생각으로는 아이를 알 수 없다. 어찌해야 좋을지 모를 때 아이에게 자유를 주면 좋지 않을까? 특히 선생님과 부모는 아이가 심미관을 형성할 수 있는 조건과 기회를 줘야 한다. '조금 낭비'되더라도 완벽을 추구하는 아이의 심미관을 깨뜨려서는 안 된다. 이 시기의 아이에게 절약은 중요하지 않다. 절약의 개념이 없기 때문에 걱정할 필요가 없다. 그러나 심미관은 아이가 성장하는 데 중요한 단계이기 때문에 도와주어야 한다. 아이의 울음에는 분명한 이유가 있다. 심리학자는 아동기에 인격을 세우고 지능을 개발한 다음에는 심미관을 길러야 한다고 말한다. 심미관은 아이가 어려서부터 추악함과 범죄를 멀리 했느냐에 따라 결정된다.

이런 일은 완전히 아이의 성장에 속하는 자유다. 우리는 과학적 연구로 아이가 무엇을 발전시키려 하는지 알 수도 있다. 여기에는 전문적인 지식과 아이에 대한 깊은 사랑이 필요하다.

그래도 아이를 안다는 것은 어렵다. 두 가지 예를 보자. 우리 유치원에는 나무 구덩이에 웅크리고 있는 것을 좋아하는 아이가 있다. 나무 구덩이는 아이가 몸을 웅크릴 정도의 크기다. 아이는 등에 토기 하나를 올린 채 웅크리고, 구덩이 위를 종이판으로 덮는다. 공간이 몹시 좁아 아이는 꼼짝하지 못한다. 그런데도 아이는 그 속에서 30분이나 있었다. 밖에는 '호위하는' 아이도 있다. 그들은 돌아가면서 그 속으로 들어간다. 이것이 이상하게 보이는가? 그 아이들은 무엇을 발전시키고 있는 걸까? 알 수 없다. 그러나 아이들은 이런 놀이를 좋아한다.

아이에게 자유를 주면 아이들은 우리가 이해할 수 없는 '신기한' 일들을 자동적으로 행한다. 몬테소리는 "사람은 숲을 걸을 때 오랫동안 생각에 잠기고, 자유롭게 연상할 수 있다"고 말했다. 이때 먼 곳에서 종소리가 들려온다면, 그의 느낌은 시처럼 더욱 깊어질 것이다. 훌륭한 교사는 아이가 숲을 걸을 때 그 종이 되어 이런 아름다운 느낌을 더욱 증폭시켜준다.

나 역시 우리 아들을 통해 이런 '완벽을 추구하는' 민감기를 알았다. 한번은 내가 아들에게 팥 앙금이 들어간 과자를 주며 말했다.

"엄마가 한 입 먹어도 돼?"

아들이 말했다.

"돼요."

나는 손으로 과자를 쪼갰다. 그러자 아들은 그 과자를 던지고 땅에 드러누워 울기 시작했다. 이게 무슨 심리인가? 당시 나는 아주 이상하게 여겼다. 먹어도 된다고 해놓고 왜 이럴까? 내가 말했다.

"울지 마, 울지 마, 엄마가 하나 더 사줄게."

나는 새 것을 하나 사주었다. 아들이 곧바로 일어나더니 말했다.

"엄마, 먹어도 돼요."

나는 그 과자를 천천히 한 입 깨물었다. 아들이 웃으며 말했다.

"이번에는 맞아요."

그런 다음 아들은 손가락으로 과자의 가장자리를 물라고 손짓했다. '쪼개는' 것은 과자의 전체적인 모습이 흐트러지는 것을 의미했다. '깨무는' 것은 전체적인 모습이 흐트러지는 것은 아니다. 이것이 바로 아이의 마음이다.

피아제는 아들의 지능을 측정하는 실험을 했다. 두 개의 의자 위에 두 개의 방석을 놓은 후 물건 하나를 방석 하나의 아래에 숨겼다. 아이를 들어오게 했다.

"물건이 어느 방석 밑에 있는지 말해줄래?"

아이는 물건이 놓여 있지 않는 의자로 가서 방석을 들었다.

"어, 없네?"

"그럼 다시 나가 있어봐."

아들이 나가자 피아제는 다른 방석 밑에 물건을 숨겨놓고 아이를 다시 불렀다. 아이는 들어와서 물건이 놓여 있지 않는 방석을 들어보았다.

"어, 없네?"

"이해가 안 되네, 어떻게 이럴 수가 있지?"

몬테소리가 웃으며 말했다.

"당신은 아이를 너무 몰라요. 아이는 아빠를 즐겁게 해주려고 그런 거예요."

아이가 아빠와 함께 게임을 하는 것은 아빠의 요구를 들어주기 위함이다. 아이는 자기가 물건을 찾지 못하면 아빠는 자신이 똑똑하다고 여길 거라 생각한다. 그러나 아이는 아빠가 자신의 지능을 테스트하고 있다는 사실을 모른다. 그래서 몬테소리는 "어른들은 근본적으로 아이의 실질적인 심리상태를 알 수 없다"고 했다.

아이의 마음은 하늘보다 광활하다. 진정으로 아이를 사랑해주기만 한다면 아이는 훌륭하게 성장할 것이다. 아이를 사랑해야만 아이에게 자유를 줄 수 있다. 사랑과 자유는 아이가 성장하기 위한 기본조건이다. 사랑과 자유는 긴 아동기가 지난 후 어느 날, 가장 완전한 인격적 매력, 자질로 변할 것이다.

선생님과 부모가 먼저 아이를 아는 것이 가장 중요하다. 그러나 거짓 사랑도 있다. 아이는 진심에서 우러나지 않는 사랑에 화를 낸다. 아이가 어른을 알아볼 때는 어른들의 언어나 표정으로 판단하지 않고, 마음으로 당신을 느낀다. 아이는 마음으로 당신의 허위를 감지할 수 있다. 많은 부모가 비슷한 경험을 했다고 느낄 것이다. 누군가 아이에게 형식적으로 "몇 살이니? 이름이 뭐니?"라고 물으면, 아이는 단번에 형식적으로 묻는다는 것을 알아차리고 그냥 가버릴 것이다. 그 사람은 "정말 예의가 없네!"라고 말한다. 정말 예의 없는 것은 누구일까. 한번은 어떤 사람이 우리 유치원의 다섯 살 된 아이에게 "몇 살이니?"라고 물었다. 이 아이는 그를 보고 "두 살이요!"라고 말했다. 그 사람은 크게 놀랐고, 나중에 나에게 아이가 문제 있는 것이 아니냐고 했다. 내가 그 아이를 만나 이 일을 말하자 아이는 이상한 듯 나에게 물었다.

"왜 어른들은 늘 이런 어리석은 질문을 하는 거죠?"

당신이 짜증낼 때 아이는 소란을 더 잘 피우고, 당신이 짜증을 낼수록 아이는 더 크게 운다. 당신의 짜증이 언어나 표정으로 나타나지 않을 수도 있다. 그러나 당신의 이런 기분을 아이는 마음으로 느낀다. 아이는 그 마음이 사랑이 아니라는 것을 안다.

사랑이 아니라면 무엇일까? 짜증? 원망? 미움? 싫음? 피곤함? 무엇이든 상관이 없다. 한번은 어떤 부모에게 잔소리를 듣던 딸이 크게 소리를 질렀다고 한다.

"소리치세요, 소리치세요, 엄마의 잔소리 때문에 머리가 멍해요! 도대체 하버드 대학에 가라는 거예요 말라는 거예요?"

평소 아이는 조용하고 침착하다. 아이는 오랫동안 당신 곁에서 당신을 관찰할 것이다. 우리 유치원을 둘러본 사람들이 이런 모습을 보고 말했다.

"여기 아이들은 지능이 약하지 않습니까? 한곳에서 30분이고 1시간이고 꼼짝도 하지 않고 당신을 쳐다보고 있으니 말입니다."

나는 대답한다.

"이것이야말로 정상적인 아이의 모습입니다. 아이는 관찰하고 있습니다."

아이는 관찰하고 사고하는 데 많은 시간을 필요로 한다. 아이가 어릴수록 그 시간은 길다. 오랫동안 관찰하고 나면 아이에게 통찰력이 생긴다. 아이는 당신을 꿰뚫어 볼 수 있다. 오래 관찰하는 것도 일종의 몰입이다. 몬테소리는 "몰입은 과학자의 자질이다"라고 했다. 이런 자질이 없으면 성공하지 못한다.

제13장

아이는
자유 속에서
스스로 규칙을 세운다

자유가 있으면 아이들은 흥미를 끄는 것을 고른다. 흥미가 있기 때문에 아이는 반복적으로 가지고 놀며 몰입하고, 긴 몰입에서 아이는 점차 사물의 원리를 깨닫고 알아간다. 사물의 원리를 깨닫으면 아이는 그것을 지키길 원하고, 자아를 통제하는 능력을 갖게 된다. 어떤 규칙이 이런 규칙을 넘을 수 있겠는가?

●

어른들은 아이에게 잠재능력을 발전시킬 수 있는 자유와 인지할 수 있는 자유를 줘야 한다. 자유가 있어야 아이가 사물을 최대한 분명하게 만져보고 그 원리를 깨달을 수 있다. 이런 자유는 절대적이어야 할까, 제한을 둬야 할까? 이를테면 규칙 같은 것을 두어야 할까? 이것이 사람들이 가장 많이 묻는 문제다. 몬테소리 교육에서 말하는 '규칙'이란 우리가 평소에 말하는 규칙과 다르다. '자유'라는 개념처럼 의미가 다양하다.

우리가 평소 말하는 규칙은 선생님 말을 잘 듣고 조용히 앉아 있는 것이다. 그러나 몬테소리 교육에서의 규칙은 이와 완전히 다르다. 몬테소리는 "규칙은 자유로운 상태에서 세워져야 한다"고 했다. 여러분은 규칙이 왜 자유로운 상태에서 세워져야 하는지 이해가 되지 않을 것이다. 몬테소리는 사람은 자신의 주인이어야 한다고 말했다. 이것이 첫 번째다. 자신의 주인이 되었을 때, 당신이 어떤 생활규칙을 자동적으로 지킬 때 당신에게는 자아를 통제할 능력이 있다. 이런 자아통제능력을 규칙이라고 한다.

'생활규칙'은 도대체 무엇인가? 사람은 어떻게 자신의 주인이 될 수 있을까? 하나씩 설명해보자.

사람은 어떻게 자신의 주인이 될 수 있을까? 나는 앞에서 한 심리학자의 예를 들었는데, 그 예가 자신의 주인이 되는 전형이라고 생각한다. 평소 보모가 돌보는 한 소녀가 있다. 소녀를 돌보는 사람이 보모인 점에 주의하라. 보모는 평소 소녀가 수도꼭지를 만지면 매번 "만지면 안 돼요, 만져서는 안 돼요. 옷이 다 젖어요"라고 같은 말을 되풀이한다. 같은 말을 반복하는 것에 주목할 필요가 있다. 보모는 아이의 옷이 젖으면 여러 가지 번거로운 일들이 생길까 걱정한다. 나중에 이 소녀가 외할머니 집에 놀러갔다. 외할머니 집에는 정원이 있고, 정원에는 물을 뿌려주는 분사기가 있다. 이 소녀는 이 분사기를 만지고 싶었지만 망설였다. 외할머니가 말했다.

"만져봐, 왜 안 만지니?"

소녀는 고민하다가 말했다.

"만지면 안 돼요, 만질 수 없어요. 보모가 만지지 말라고 했어요."

소녀는 이미 제약과 금기를 받아들였다. 소녀는 분사기를 만질 수 없다. 소녀의 마음이 만지고 싶어하지만 결정적인 역할을 하지 못한다. 그녀의 외할머니도 결정적인 역할을 하지 못한다. 소녀의 행위를 결정한 것은 보모였다.

소녀의 외할머니는 말했다.

"보모는 없잖니. 외할머니가 만지게 해줄게."

"안 돼요, 만질 수 없어요."

보모는 아이 곁에 없지만 여전히 아이의 마음을 통제하고 있다. 이 아이는 내면의 소리를 전혀 들을 수 없으며, 자신의 주인이 아니다. 사람은 그 자신이 될 수 없을 때 갈등을 겪게 되며 이 때문에 고통스러워한다.

사실, 아이들은 규칙을 잘 지킨다. 아이들은 친구와 놀 때 알아서 규칙을 정하고 이를 지킨다. 다만 규칙은 아이의 발전에 부합되는 것으로, 아이가 생활이나 친구와의 놀이에서 스스로 정해야 한다. 또한 규칙은 아이의 내재적 욕구와 일치된 것이어야 한다. 규칙은 엄격하고 합리적이어야 한다. 이런 규칙은 아이가 준수하며 재미를 느끼고, 규칙을 어기게 되면 아이 스스로가 매우 아쉬워할 것이다. 규칙이 이미 아이의 일부분이 되었기 때문이다.

왜 이것이 전형적인 예일까? 아동기에는 부모, 교사, 보모가 가장 중요하기 때문이다. 아이는 여덟 살이 되면 자신의 선생님을 좋아하거나 따른다. 그러나 중학교에 들어가면, 아이는 친구를 좋아하고 연예인을 좋아한다. 고등학생이 되면, 아이는 같이 공부하는 친구나 이성 친구를 좋아한다. 아이가 성장함에 따라 어른은 점차 아이가 사랑하고 모방하려는 위치에서 벗어난다.

우리 유치원에 다른 유치원에서 전학 온 큰 아이들이 있다. 이 아이들은 전에 선생님과 부모님의 말을 아주 잘 들었을 것이다. 선생님이 공부와 놀이 시간을 짜주었고, 그대로 했다. 그러나 이 아이들은 우리 유치원에 온 뒤 갑자기 자유로워지자 무엇을 해야 할지 몰랐다. 이 아이들은 늘 선생님이 자신에게 해야 할 일을 알려주길 기다렸고, 선생님이 할 일을 알려주지 않으면, 하루 종일 아무 것도 하지 못했다. 이런 모습은 몬테소리 교육에서 상상할 수 없는 일이다. 이런 행동은 아이보다 노인에 더 가깝다. 보이지 않는 금기가 사고를 막아 범위 밖의 일은 하지 못하게 만들어 인간으로서의 상상력은 말살되었다.

중학교 시절의 친구가 있다. 그녀의 아이는 여섯 살 무렵 또래의 아이들보다 힘이 셌다. 아이가 TV 뒤로 들어간 탁구공을 찾다가 그만 TV를 밀어 고장내버렸다. 당시 TV는 보급되지 않은 고가의 물건이었다. 친구의 엄마와 여동생과 친척과 친구들이 모두 그녀에게 말했다.

"큰일인데 왜 아이를 때리지도 않고 야단도 치지 않니? 애를 어떻게 이렇게 키우니?"

그녀가 말했다.

"아니, 난 아이를 절대 야단치지 않을 거야. 아이에게 '괜찮아, 조심하지 않아서 그런 거니까'라고 말해."

그녀는 어렸을 때 라디오를 만졌다가 엄마에게 야단을 맞았다고 했다. 라디오를 만질 때마다 야단을 맞았고, 결국 심리장애가 생겼다. 그녀는 지금도 오디오의 버튼을 누르지 않는다. 누를 때마다 두려움이 생긴다고 한다. 그녀는 일할 때 자신에게 심리문제가 있음을 알게 되었고, 이 때문에 그녀는 아이에게는 심리장애가 생기지 않도록 하겠다고 말했다.

자신에게 심리문제가 있음을 아는 사람은 드물다. 반대로 모르는 사람은 무척 많다. 대학 졸업 후 컴퓨터 회사에 엔지니어로 취직한 친구가 있다. 그는 송곳을 만지면 손을 떤다. 정말 상상하기 어렵다. 사람들은 그의 유년 시절의 경험을 분석했다. 사람들이 그의 아빠가 그에게 어떻게 했는지를 말하면, 이 '착한 아이'는 수긍하듯 계속 고개를 끄떡였다. 나중에 그는 몬테소리 교육에 확고한 믿음을 가진 사람이 되었다.

어떻게 아이들에게 규칙을 지키는 좋은 습관을 길러주고, 자유 속에서 자신의 행위를 조절하여 자신의 주인이 되게 할 수 있을까?

몬테소리는 어른이 아이의 자발적인 활동을 심각하게 제한해서는 안 된다고 했다. 분명히 이는 아이에게 자유를 주는 행위다. 아이들은 자유가 있으면 자신이 흥미 있어하는 것을 고를 수 있다. 흥미가 있기 때문에 아이는 반복해서 그 일을 할 것이다. 반복연습을 통해 몰입한 결과 질서가 생긴다. 오랜 몰입으로 아이는 점차 사물의 규칙을 느끼고 알게 되면서 규칙에 순응한다. 이로써 최초의 규칙이 만들어진다.

우리는 이렇게 이해할 수 있다. 몬테소리가 말한 생명의 규칙은 질서를 말하고 지능의 규칙은 몰입을 말하며 행위의 규칙은 순종을 말한다. 아이가 사물의 법칙을 준수할 수 있다는 것은 규칙에 순종할 수 있다는 것을 의미한다. 이런 규칙을 뛰어넘을 수 있는 규칙이 있을까?

심한 간섭을 받은 아이들은 자유로워지면 몇 개월 동안 계속 욕구를 발산한다. 이를 통해 마음속의 외침을 경청하고 자발적으로 행동하기 시작하고, 이때 규칙의 서광이 비춘다. 거의 모든 아이들은 자유로워지면 이렇게 한다. 아이들은 문제가 생겼을 때 늘 판단한다. 옳다고 판단되면 그때 순종한다. 많은 미묘한 일이 유치원에서 일어난다. 사람마다 생각이 다르기는 해도 우리는 놀랍게도 많은 현상과 관념이 어떤 민족과 문화의 산물이 아니라 자유와 사랑으로 야기되는 현상임을 발견한다.

몬테소리 교육에서 자유는 어떻게 실현될까? 아이가 유치원에 오면 처음에 몇 가지 혼란이 반드시 나타난다. 여기서 혼란이란 질서가 하나도 없는 무질서상태를 의미한다. 마음대로 떠들고 때리는 것이다. 억압받거나 간섭을 받고 자란 아이들에게서 이런 행위는 더 두드러진다. 몬테소리 유치원에는 금지하는 것이 세 가지가 있다. 첫째는 친구를 방해하는 행위이고, 둘째는 난폭하고 예의 없는 행위다. 난폭함은 파괴하는 것·때리는 것·욕하는 것·코를 후비는 것 같은 비신사적인 행위를 말한다. 세 번째는 친구의 물건을 가져가는 행위다. 이 세 가지 행위는 엄격하게 금지한다. 이런 금지는 징벌이 아닌 일깨워주는 것으로 실현된다. 교실 안에서 한 아이가 아무런 이유 없이 자신의 일에 몰두하고 있는 아이를 방해했다고 하자. 이때 선생님은 반드시 이 아이에게 큰 관심을 보이면서 말해야 한다.

"자, 우리 다른 일을 하자."

몇 번 되풀이하다보면 아이는 이렇게 하면 선생님이 자신을 안고 간다는 것을 점차 깨닫고 다른 친구를 방해하면 안 된다는 생각을 한다. 대다수의 아이들은 자유로워지면 유치원 곳곳을 돌아다닌다. 이를 통해 아이는 점차 생활에 대한 흥미를 나타낸다. 일단 이런 흥미가 생기면 아이는 몰입하며 반복적으로 자신의 일을 한다. 이 과정에서 아이는 해결하기 어려운 문제를 발견하고 스스로 해결하려고 한다. 그런 다음 아이는 성취감을 맛보게 될 것이다. 이것에 성공한 후 아이는 '자신'의 행위를 통제할 수 있게 된다. 이때 규칙은 작업을 하는 과정에서 만들어진다. 몬테소리는 "진정한 규칙의 첫 번째 희망적 징조는 작업으로부터 온다"고 했다.

몰입은 생각하는 활동이며 지혜를 만든다. 지혜는 자유로운 시간과 공간, 행동의 자유가 보장될 때 생긴다. 사람은 머리를 많이 쓸수록 마음을 차분하게 유지할 수 있다. 사람은 일할 때 지혜가 가장 발달하고, 차분할수록 규칙을 잘 지킨다. 당신이 아이들에게 지능발달의 모든 조건들을 제공한다면 아이들의 장래는 매우 밝다. 지혜롭고 차분하며 규칙을 잘 지키는 아이가 될 것이다.

왜 아이에게 이런 환경을 제공해야 될까? 아이들이 성장과정에서 이를 갈구하기 때문이다. 아이는 어른들과 다르다. 어른에게 자유를 주면 대다수가 잠을 자거나 하고 싶은 일만 할 것이다. 어른들은 자유시간에 머리를 쓰는 일은 하지 않는다. '게으름 피우는 것'이 얼마나 편안한가! 이는 당연히 잘못된 어른이다. 그러나 아이는 아직 잘못되지 않았다. 아이는 태어날 때부터 일종의 자연법칙을 갖고 있다. 이 자연법칙은 생명을 끊임없이 성장시킨다. 아이는 한시도 이 성장을 포기하지 않는다. 활동하는 아이가 가장 정상적인 아이다. 우리는 어려서 심한 간섭을 받고 자랐다. 어른이 된 다음에도 자신이 하고 싶은 일을 한 적이 없는 어른들(우리 세대의 절대 대다수 사람은 이렇게 성장했다)의 눈으로 아이를 봐서는 안 된다. 앞에서 말했듯, 아이가 처음 유치원에 오면 무질서의 혼란에 빠진다. 그러나 아이에게 자유를 주면 '자아를 선택하는' 경향이 나타난다. 그런 다음 아이의 지능은 하나의 궤도를 따라 발전하기 시작한다.

단단丹丹이 전형적인 예다. 단단이 우리 유치원에 온 것은 21개월 때였다. 아이의 엄마는 직장에서 3교대 근무를 했기 때문에 이 아이의 집에는 정상적인 질서가 없거나 남과 다른 질서가 존재했다. 아이가 몬테소리 유치원에 온 지 얼마 안 되었을 때였다. 11시에 다른 아이들이 밥을 먹으려고 할 때 이 아이는 문 입구에서 울며 나가려고 했다. 며칠 동안 선생님들이 매일 아이를 밖으로 데리고 나갔다. 아이는 나갔다가 돌아와야 마음이 놓였다. 나는 '이 아이는 왜 이렇게 유별나지? 왜 11시만 되면 울며 나가려고 하는 것일까?' 하는 생각을 했다.

나중에 아이 엄마는 늘 이 무렵에 아이를 데리고 밖으로 나갔다고 말했다. 한 달 동안, 선생님들은 단단을 자전거에 태우고 밖을 돌아다녔다. 한 달 후, 아이는 더 이상 이렇게 해달라고 하지 않고 유치원 안에서만 돌아다녔다. 선생님이 아이를 따라다닌 지 석 달 만에 아이는 교실에 들어오기 시작했다. 질서가 자유 가운데 우리에게 온 것이다.

아이의 엄마는 이 교육을 선호해서 협조를 잘 해주었다. 아이가 두 살이 조금 넘었을 무렵에는 완전히 전형적인 몬테소리 교육을 받은 아이가 되었다. 우리는 아이가 "스스로 즐긴다"고 말했다. 늘 혼자 노래를 부르고 매일 방긋방긋 웃으며 무슨 일이든 스스로 할 수 있었다. 보온병 안의 물이 뜨거워도 데일까 걱정하지 않아도 된다. 아이의 지능은 매우 높았다. 교실에서 오랫동안 몰입하며 자신의 일을 한다. 아이는 지금 말하는 것이 분명치 않지만 누군가 방해한다면 "방해하지 마세요." 하고 말한다.

아이는 매일 적극적으로 두뇌활동에 참여하고 '자신을 이긴 것'을 자랑스러워한다. 이 과정에서 먼저 아이 엄마에게 감사해야 한다. 이렇게 짧은 시간 안에 아이가 다방면으로 잘 성장할 수 있었던 것은 아이 엄마의 적극적인 협조 덕이다.

'몬테소리펜스(운동교구의 일종)'는 높이가 1.8미터다. 단단이 오르려고 하자 선생님이 도와주려고 했다. 아이는 "괜찮아요, 물러나세요"라고 말하고 스스로 올라가 큰 아이들처럼 아래로 뛰어내린다. 부모들이 보기에 매우 위험한 높이지만 아이는 무서워하지 않는다. 아이는 자연스럽게 올라간 다음 자연스럽게 뛰어내린다. 앞구르기까지 배우려고 한다. 이런 동작들은 난이도가 매우 높다. 그녀나 롤러코스트를 타는 것은 더 말하지 않겠다. 한번은 아이가 그네를 타다가 일어섰다가 앉았다 일어섰다가 앉았다 했다. 견학 온 사람들은 놀라서 아이가 몇 살이냐고 물었다. 두 살이 조금 넘었다고 하자 견학 온 사람들은 놀라워했다. 단단은 용기가 있는 아이다. 이 아이의 변화는 자유에서 왔다.

우리 유치원의 선생님들은 모두 이런 변화를 보고 감탄했다. 몬테소리 교육은 지능이 아닌 인격을 중시한다. 인격이 정상적으로 발달해야 지능도 정상으로 발달한다. 규칙은 아이가 준수하길 바라는 규칙일 따름이다. 모두 자유가 밑받침이 되어야 한다.

예를 하나 더 들어보자. 우리 유치원의 한 아이는 음식을 훔쳐 먹는 버릇이 있다. 누구 것을 '훔쳐' 먹을까? 다른 친구의 것이다. 선생님이 선반 위에 놓아두면 늘 그 아이가 가져가버린다. 선생님들은 어떻게 해야 할지 몰라 나에게 물었다.

"쑨孫 선생님, 이 아이가 늘 다른 친구의 물건을 가져가요, 어떻게 하지요? 문제가 되지 않을까요?"

"문제가 되지 않습니다. 아이의 행동이 어른의 눈에는 다른 친구의 것을 훔쳐 먹는 것으로 보이지만 아이는 '선반 위에 맛있는 것이 있는데 왜 나에게는 주지 않을까'라고 생각하는 것입니다."

나는 선생님에게 이 아이의 이런 행위가 다른 친구들에게 영향을 줬는지 물었다. 선생님은 영향을 주지 않았다고 말했고, 나는 그러면 괜찮다고 말했다. 우리는 한 가지 방법을 써보기로 했다. 선생님의 말에 의하면, 이 아이는 매번 작은 의자에 올라가 물건을 가져가는데 선생님에게 들키면 매우 난처해한다고 한다. 또 어떤 때는 거짓말을 하며 누구에게 주려고 가져간다고 했다. 내가 말했다.

"그런 것은 중요하지 않아요. 그때는 아이에게 먹는 것이 가장 중요해요. 아이는 먹는 유혹을 뿌리치기 힘들지요. 아무것도 상관하지 마시고 가져가게 하세요."

나는 선생님에게 다음번에도 물건을 가져가면 "선생님이 가져갈 수 있도록 도와줄게"라고 말하라고 일러두었다. 이런 일이 일어날 때마다 아이가 물건을 가져가게 놔두었고, 선생님은 협조를 잘 해주었다. 아이가 물건을 가져갈 때마다 선생님은 "집기 어려울 테니까 선생님이 도와줄게"라고 말했다. 3개월 동안 이렇게 했다.

이 과정에서 선생님은 자신과 싸워야 했다. 선생님들은 아이를 망칠 수도 있다는 두려움을 갖고 있기 때문이다. 선생님은 자신을 극복해냈고 3개월 후 이 아이는 더 이상 다른 사람의 물건을 가져가지 않았다. 아이가 어떻게 자신의 행위를 통제하는지 안 것이다.

이는 자유와 존중의 결과다. 벌과 교육은 당신의 권위를 두려워하는 아이가 자신의 행위를 잠깐 통제하게 할 수 있을 뿐이다. 그러나 아이에 대한 선생님의 변함없는 존중은 시간이 지나면 존엄과 자존이 가장 앞을 차지하게 만든다. 아이에게 자유는 즐거운 자유고, 규칙은 즐거운 규칙이다.

제14장

낡은 생각을
버리고
사랑하기

외할아버지가 손자에게 멋진 장난감 자동차를 사주었다. 아이는 이 장난감이 어떻게 움직이는지 알고 싶어서 자동차를 뜯어보려 했다. 그러나 가족들은 뜯으면 아깝다고 여겨 이 장난감 자동차 를 옷장 위에 숨겼다. 몇 년 지나 아이가 커서 가족들이 차를 꺼내주었을 때는 아이가 흥미를 잃 은 뒤였다. 가족들이 빼앗은 것은 차가 아니라 세상을 인지할 수 있는 기회였다.

●

내가 부모들에게 "당신들은 아이를 사랑하지 않습니다" 하면, 그들은 억울해하며 자신을 변호한다.

"그렇지 않습니다, 저는 아이를 매우 사랑해요. 저는 아이를 위해 많은 힘과 시간을 들입니다. 저는 아이를 위해서……."

몬테소리는 "부모들은 이렇게 억울해하며 자신을 변호할 것이다. 아이를 사랑한다고 말하는데 왜 아이들은 사랑받지 못하고 자랄까? 왜 생명이 정상적으로 성장하지 못할까?"라고 했다. 이는 의식과 잠재의식의 대립이다. 몬테소리는 "우리는 알고 잘못하는 것에는 고통을 느끼지만 무의식적으로 잘못하는 것은 깨닫지 못한다"라고도 말했다.

부모들은 자신이 아이를 매우 사랑하며, 아이를 위해 많은 것을 희생했다고 말할 것이다. 우리 유치원에는 계단을 내려갈 때 보지도 않고 곧장 아래로 내려가는 아이들이 있다. 이런 아이들은 돌봐주는 사람의 지나친 보호를 받고 자랐다. 그 아이들은 스스로를 헤아릴 능력이 없다. 이런 사랑은 아이의 변별력·자아보호능력·자립능력을 잃게 만든다. 이는 어른 기준의 자아의 심리와 관념에 의한 보살핌이다.

상당수의 사람이 자신의 의지와 생각을 강하게 고수한다. 아이에 대한 어른의 생각은 대부분 잠재의식이 지배하는데, 아이는 어리고 자아보호능력이 없기 때문에 어른들의 본성이 아이 앞에 남김없이 드러난다. 어른은 이를 숨기지도 않고 부끄러워하지도 않으며, 아이를 어떻게 대할지 몰라 마음대로 한다. 심지어 아이를 '귀찮게' 하기도 한다.

몬테소리는 인류의 발전은 어떻게 잠재의식을 의식으로 바꾸는가에 있다고 했다. 그중에 유아교육도 포함된다. 사랑은 자신의 잠재의식을 일깨우고 바로 세우는 것이다.

몬테소리 유치원에서는 아이가 몇 살이든 '몬테소리펜스'를 오를 때 선생님이 뒤에서 잡아주지 않는다. 또 1미터 정도 자란 아이가 자유롭게 움직일 수 있는 공간을 준다. 아이들은 자신의 능력으로 자신이 활동하는 범위를 헤아리고 이를 통해 자신의 행동을 조절하며 다음 행동을 정확하게 결정할 수 있다. 사람은 창조와 탐색의 충동을 타고난다.

부모의 '보호'를 받고 자란 아이들은 세상물정을 모르고 함부로 날뛰는 아이가 될 수 있고, 실패하면 부모를 원망할 수도 있다.

아이는 자아보호능력을 타고난다. 이 능력을 사용해야 한다. 학자들의 연구에 의하면 아이는 생후 4개월이 되면 자아보호능력이 생긴다고 한다. 이와 관련하여 아이가 높은 곳에서 내려다보게 한 실험이 있다.

유리판 위에 아이를 앉히고 아래에 격자형태의 입체감을 주는 그림을 하나 놓아두었다. 아이는 기면서 이 그림을 관찰할 것이다. 그림은 사람에게 깊고 얕음이 다른 시각상의 차이를 준다. 아이는 얕게 보이는 곳을 쉽게 기어가지만 깊은 도랑처럼 보이는 곳에서는 나아가지 않고 엄마의 얼굴을 본다. 엄마가 긴장한 얼굴을 하면 아이는 나아가지 않을 것이다. 엄마가 즐거운 얼굴을 하거나 격려하면 아이는 용감하게 나아갈 것이다.

부모들은 자신이 잘못한 것을 알면 괴로워한다.

"내가 왜 이런 잘못을 했지?"

또 잘못하지 않은 아이를 때려도 심하게 자책한다.

"아빠가 잘못했어."

그러나 아빠는 잠재의식의 잘못은 깨닫지 못했다.

아이 사랑의 핵심은 지금까지처럼 경험으로 아이를 대해서는 안 된다는 것이다. 현재의 경험은 이미 시기가 지난 것이다. 예를 하나 들어보자. 몬테소리 유치원에는 화원과 모래밭과 자유가 있다. 아이들의 활동 범위는 매우 넓다. 교실에서 화원, 방 앞에서 방 뒤, 그네에서 동물원까지. 그래서 아이들은 금방 '더러워진다.' 모래가 있고 진흙이 있고 자유가 있는 상태에서 아이들은 정원의 흙에서 뒹구는 것을 가장 좋아한다. 우리 유치원에 온 지 하루된 어떤 아이는 주위 환경이 낯설어 놀지 않으려고 했다. 저녁에 데리러 온 아이 엄마는 기분이 좋지 않왔다.

"아이 옷이 왜 이렇게 깨끗하지요? 놀지 못하게 하신 거 아니에요?"

다른 부모는 말했다.

"왜 우리 아이 옷이 이렇게 더러워졌죠?"

이는 같은 문제에 대한 다른 시각이다.

또 예를 들어보자. 몬테소리 유치원에서 아이들은 어떤 방이라도 자유롭게 출입할 수 있다. 하루는 어떤 학부모가 유치원에 아이를 보낼지를 고민하며 유치원을 보러 왔다. 이때 그는 두 명의 아이가 원장 사무실의 회전의자를 밀고 온 복도를 돌아다니고 있는 것을 봤다. 아이들은 이 의자 저 의자를 아무렇게나 밀고 있었다. 이 학부모는 한참 동안 보고 나서 말했다.

"아이를 보내겠습니다. 아이가 의자를 밀 수 있다는 것은 이곳이 아이가 존중받는 곳이라는 뜻이니까요."

그러나 다른 학부모는 이를 보고 말한다.

"규칙이 없네요. 원장님의 의자를 저렇게 밀고 다니다니!"

나중에 이 문제가 제기되었을 때 내가 말했다.

"몬테소리에 의하면, 유치원은 아이의 집이어야 합니다. 지금 사회에는 다양한 집들이 있습니다. 그러나 우리는 집의 의미를 이해하지 못하고 있습니다. 제가 거꾸로 한번 물어보겠습니다, 집이 무엇인가요? 당신이 몬테소리 유치원 같이 크고 아름다운 별장 같은 집을 가지고 있다면 당신은 아이들을 당신의 응접실에 들어오도록 하겠습니까?"

부모들과 선생님들이 말했다.

"허락하지요, 우리 아이인데. 왜 우리 집에 들어갈 수 없겠습니까?"

내가 말했다.

"당신이 여기가 집이라고 생각하는데, 왜 아이들이 어디든 들어갈 수 없단 말입니까?"

"아! 그런 거군요."

"아이들이 모든 방에 들어갈 수 있도록 하세요. 방에 손님이 있거나 회의가 열리고 있을 경우 아이에게 지금 업무 중이니 다른 곳에 가라고 일러주세요. 그러면 아이는 잘 알아들을 겁니다."

이 유치원이 아이들의 집이고 당신이 진정으로 아이를 사랑한다면, 당신은 아이를 들어오게 하고, 아이가 자유롭게 활동하고 자유롭게 자신의 마음을 풀 수 있도록 해야 한다. 그러면 아이는 그곳을 집이라고 여겨 즐겁고 재미있게 생활할 것이다. 이렇게 해야 아이들의 뇌가 분명해지고 잘 발달할 수 있다.

집에서는 지나치게 많은 규칙을 두어서는 안 된다. 몇 가지 기본적인 규칙만 있으면 충분하다. 아이가 자신이 하고 싶어하는 일을 하도록 해야 한다. 왜 안 된다고 하는가? 내가 알기로 아이가 수업할 때 주방에 가서 음식을 먹거나 돌아다니지 못하게 하는 곳이 많다.

아이를 사랑한다는 것은 아이의 독립심을 키워주는 것, 아이의 자존심을 높여주는 것이다. 아이를 사랑한다는 것은 아이에게 이 세계에 대한 탐험정신을 길러주는 것이다. 당신이 아이를 사랑한다면 아이가 자신의 생명에서 오는 요구를 따라 자랄 수 있도록 해야 한다.

한 친구가 있다. 친구 부부는 박사출신이다. 두 사람은 아동 교육을 연구한 적은 없다. 그들이 자녀를 교육하는 방식은 자신의 경험과 생활에서 얻은 방법, 즉 아이에게 간섭하는 것이다. 아이가 잘 하는데도 늘 야단치듯 말한다. 그래서 그집 아이는 매우 소심하다. 작은 일에도 눈이 빠지도록 엄마의 지시를 기다린다. 부모의 간섭이 덜하다고 느껴지면 소란을 떨고, 움직이는 것을 매우 좋아한다.

왜 사람의 아동기는 이렇게 길까? 아동기가 정신적 발전의 시기이기 때문이다. 우리 유치원의 한 아이는 뭘 먹을 때 매우 조급해한다. 그 아이는 매번 많이 달라고 하는데, 사실 많이 먹지 못한다. 나는 이 아이에게 문제가 있다고 생각했다. 아이 엄마는 유치원에 협조를 잘 해주시는 분이다. 나는 아이 엄마에게 물었다.

"음식을 사오시면 어떻게 하세요?"

"큰 장 위에 놓아뒀다가 아이가 달라고 하면 꺼내 줘요."

"간식으로 아이의 심리를 만족시켜주는 것이 중요하다고 생각하세요, 아니면 돈을 아껴 아이에게 낭비하지 않도록 하는 것이 중요하다고 생각하세요?"

이 엄마는 확실히 자신의 아이를 사랑했다. 그녀가 말했다.

"알겠어요, 방법을 가르쳐주세요."

"사정이 안 좋으시면 일주일에 한 번만 사주세요. 다만 음식을 아이가 마음대로 집을 수 있는 곳에 두시고 아이에게 여유롭고 즐거운 환경을 만들어 주세요. 낭비하지 않는 아이는 없어요, 낭비가 무엇인지 모를 뿐이에요. 그러면 아이는 심적으로 만족할 거예요."

먹는 것조차 자유롭지 않다면 아이는 대단히 고통스러울 것이다.

여섯 살 전의 아이는 먹는 것으로 세상을 인식한다. 많은 아이는 입을 만족시키기 위해 먹는 것이 아니라 심리상의 욕구를 만족시키기 위해 먹는다. 한 아이의 외할아버지가 아이에게 아주 멋진 장난감 자동차를 사주었다. 아이는 이 자동차가 어떻게 가는지 알고 싶어 뜯어보려고 했다. 얼마나 귀중한 탐험정신인가! 그러나 가족들은 멋진 자동차를 아이가 뜯는 것을 아깝게 여겼다. 그래서 이 장난감 자동차를 큰 옷장 위에 올려놓았다. 몇 년 지나서 부모는 아이가 컸으니 뜯지 않을 것이라고 여기고 장난감을 꺼내 아이가 가지고 놀 수 있도록 했다. 그러나 아이는 더 이상 가지고 놀지 않았다. 부모는 아이가 가장 이 차를 필요로 할 때 차를 인식할 기회를 박탈한 것이다.

아이를 사랑하려면 공부해야 한다. 정확하고 과학적인 방식으로 과거의 생활로부터 쌓아온 잠재의식을 바꾸어야 한다. 평범한 어른들은 분명히 평범한 생각을 갖고 있다. 이런 생각으로 어떻게 훌륭한 아이로 키울 수 있겠는가? 생각을 바꾸지 않는다면 말이다. 우리 유치원의 한 학부모가 말했다.

"이 교육을 받아들이고 찬성합니다. 그렇지만 결정적인 때 모두 잊어버리고 맙니다. 저는 저의 성질을 통제할 수 없습니다. 이해할 수도 있고 말할 수도 있습니다. 다만 실천이 되지 않아요. 저의 인격이 분열된 것만 같아요."

이는 우리에게 보편적으로 존재하는 문제다.

사람은 의식의 문제로 일생이 불행해질 수 있다. 예를 들면 남자아이는 보통 엄마를 더 좋아하고 여자아이는 아빠를 더 좋아한다. 그러나 우리는 여자아이가 일정한 연령이 되면 아빠는 딸과 일정한 거리를 두고 엄숙한 표정을 지어야 한다고 생각한다. 이는 하나의 관념이다. 반면 우리가 본 자료들에 의하면 여자아이가 어린 시절에 부모의 인정과 칭찬을 받지 못하면 나중에 결혼에 실패할 가능성이 있다. 남성에게 집착하기 때문이다. 집착은 사랑이 아니다. 사귀던 남성이 떠났을 때 그녀는 매우 고통스러워하며 갖은 방법으로 이 남성에게 인정받으려고 할 것이다. 만일 그와 함께 산다면, 그녀를 사랑하고 사랑하지 않고의 문제가 두 사람을 끝도 없이 괴롭힐 것이다. 그녀가 필요로 하는 것은 사랑이 아니라, 아직 사랑으로 승화되지 않은 인정 $_{認情}$에 불과하기 때문이다. 아버지가 딸을 사랑하고 인정하며 칭찬하는 것은 아이의 일생에서 매우 중요하다. 그러나 많은 부모가 알지도 못하면서 딸이 컸으니 어른스러워야 한다고 생각한다. 아빠는 딸이 처음으로 만나는 남성이다. 아빠의 행위는 딸이 커서 배우자를 고르는 기준이 된다.

사람의 성장은 무엇에 달려 있을까? 법률? 도덕? 아니면 양심? 모두 아니다. 내심에서 나오는 사랑에 달렸다. 이것은 확실하다. 나는 모든 부모들이 아이가 잘 자라길 바랄 것이라고 믿는다. 그러나 아이가 성인이 되면 왜 이 같은 심각한 심리문제가 생길까? 우리의 잠재의식을 향상시키지 못해서다. 우리는 자신도 모르게 아이들을 해치고 있다.

부모는 아이를 사랑하는 법을 배워야 한다. 그러기 위해서 자신의 잠재의식과 투쟁해야 한다. 아이에게 주는 가장 좋은 사랑은 바로 주관적인 의식 외의 것을 발견하는 것이다. "아이의 발전과정을 이해하는 동시에 이 생명 발전의 과정에 아이가 필요로 하는 것을 제공해주어야 한다."

아이가 일곱 살이 되면 학교에 간다. 처음 학교에 간 아이는 수업 때 꼼지락거리거나 몸을 잘 움직이는 등 주의가 산만하다. 이 때문에 아이에게 약을 먹이는 부모도 있다. 사실 "집중하지 않는"것은 아이의 0~6세 때에 문제가 있어서다. 한 학부모가 나에게 7~8개월 된 아이를 가르쳐야 하는지를 물었다. 아이의 교육은 임신한 그날부터 시작해야 한다.

하루는 친구 집에 갔다. 친구의 아이는 일곱 살이다. 친구는 아이가 움직이는 것을 무척 좋아해서 늘 소파의 방석을 도처에 놓아두고 그 위에서 뛴다고 말했다. 나는 아이의 상태를 한번 보자고 말했다. 조금 뒤 나는 웃으며 물었다.

"너 아이를 자주 야단치니?"

친구는 아이의 장난이 심해 정말 방법이 없었다고 말했다. 나는 친구에게 지금까지 아이가 소파 위의 방석에서 논 적이 있는지 물었다. 그녀는 그렇게 하면 집안이 너무 어지럽게 된다고 말했다. 나는 친구에게 실질적으로 아이는 한 살에서 두 살 때 소파 방석을 가지고 놀고, 그다음부터는 소파 방석을 영원히 가지고 놀지 않는다고 말했다. 왜일까? 소파 방석은 아이가 '집을 짓는' 가장 이상적인 '재료'이기 때문이다.

부모의 상태가 좋을수록 아이를 더 잘 이해한다. 우리는 아이를 대하는 태도를 통해 그 사람의 상태를 알 수 있다. 인격이 통일된 사람일수록 생각·언어·행위가 일치한다.

3부

6年간의 성장

사랑과 자유의 교육 실천하기

제15장

지능발달과
지식의 습득

0~6세의 아이에게 시간은 황금처럼 귀중하다. 많은 부모가 이 시기 아이들에게 몇 십 수 심지어는 몇 백 수의 시를 외우게 한다. 부모는 이것이 지능을 발달시킨다고 믿는다. 그러나 시가 나타내는 경지는 어른들의 세계다. 아이들은 도저히 이해할 수 없다. 이를 이해한다면 아무도 아이에게 시를 외우라고 하지 않을 것이다.

●

아이가 지식을 얼마나 습득하느냐는 중요하지 않다. 중요한 것은 지식을 습득하는 방법이다. 생명의 성장은 대자연이 준 본능이어서 누구도 억제할 수 없다. 생명의 성장과정에서 우리는 늘 지식을 받아들인다. 당신이 이런 성장을 경험했거나 이 경험의 반복으로 어떤 능력을 얻었다면, 지식에 내재된 원리를 단번에 습득할 수 있을 것이다. 외부의 힘에 의해 피동적으로 지식을 받아들이면 당신은 그 내재 원리를 발견하지 못하고 전문용어나 간단한 기교들을 기억할 수 있을 뿐이다. 피동은 강요받는 것이다. 강요받는다는 것은 하고 싶은 일을 포기하고 하기 싫은 일을 하는 것이다. 사람에게 딱 100분의 시간이 있다면, 당신은 선택해야 한다. 당신은 영원히 두 번의 100분을 가질 수 없다. 이는 성인에게는 중요하지 않지만 6세 미만의 아이에게는 황금처럼 귀중하다.

아이에게 당시唐詩나 송사宋詞를 외우게 하는 것이 전형적인 예다. 많은 아이가 몇 십 수, 심지어 몇 백 수를 외우지만 어른이 되면 모두 잊어버린다. 이런 것이 아이의 지능발달에 얼마나 큰 도움이 될까? 어떤 대학교수의 딸은 몇 백 수의 시를 외웠다. 그 교수가 나에게 말했다.

"효과가 없어요, 아이의 언어 능력이 다른 아이보다 조금 나은 거 빼고는요. 다른 방면에는 도움이 안 되는 것 같아요. 실제로 다른 것은 모두 시원찮아요. 저는 중국어 문학을 전공했지만 유아교육에는 실패한 사람이에요."

그 교수의 말을 듣고 나는 애석해했다. 이런 손실은 어른들이 상상할 수 있는 것이 아니다. 당신이 아이의 지능을 발달시키는 황금 시간을 차지해버렸기 때문이다. 나는 그저 편안하게 한마디만을 건넸다.

"확실히 아이의 시간을 지체한 것이네요."

유아기에 무엇을 배웠느냐는 중요하지 않다. 중요한 것은 아이 스스로가 자신의 지능·인지능력·인지 기교를 향상시켰는지의 여부다. 이것이 가장 중요하다.

시詩와 사詞는 무엇인가? 운율을 가지고 있는 말로써 어떤 감정·느낌·경지를 나타낸다. 그 속에는 심오한 이치가 있다. 이는 어른의 세계며 어른의 자랑이다. 이를 아는 사람이 아이에게 강제로 시를 외우라고 하겠는가? 선진국의 유치원에는 아주 많은 장난감과 교구가 있다. 아이들은 자신들의 세계에 파묻혀 지내고, 자신의 성장 규칙에 따라 자연스럽게 발전한다.

어른은 자신의 관점으로 아이를 헤아린다. 우리 유치원에는 머리를 두 갈래로 땋은 남자아이가 한 명 있다. 이 아이의 집은 안후이 성安徽省에 있는데, 그곳에는 남자아이가 머리를 땋는 일이 액운을 막아준다는 전통이 있다. 아이 아빠는 아이가 유치원에 다니면 다른 아이들의 비웃음을 살까 걱정했다. 나는 우리 유치원의 아이들은 그렇지 않을 것이라고 말하면서도 사실은 내심 불안했다. 상황이 좀 특이했기 때문이다. 그러나 이 아이가 온 지 1년이 되었어도 이 아이의 땋은 머리를 이상하게 여기는 아이는 한 명도 없었다. 이상하게 생각한 사람은 견학하러 온 어른들이었다. 이 현상은 우리를 놀라게 했다. 모든 문제는 어른들 때문에 일어나고 어른들의 상상에서 나온다.

또 예를 들면, 두 살이 조금 넘은 아이가 사람을 때린 일이 있었다. 부모가 말했다.

"사람을 때려서는 안 돼. 너 왜 그랬어?"

아이가 어른처럼 사람을 때릴 수 있을까? 사실 두 살 조금 넘은 아이는 어떤 문제를 해결하려고 할 때 손을 사용한다. 대부분의 경우 아이들은 때리는 동작으로 자신이 원치 않거나 해결할 수 없는 일을 해결한다. 몇 개월이 지나면 아이는 스스로 고칠 것이다. 그러나 아이가 손을 뻗을 때 당신이 옆에서 아무것도 아닌데 크게 놀라서 "사람을 때려서는 안 돼!"라고 말하면, 아이는 이것이 사람을 때리는 것인

줄 알게 된다. 그러면 아이는 흥분해서 정말로 사람을 때린다. 그러나 어른이 무의식적으로 강화하지 않는 이상, 아이는 죄의식을 가지지 않는다.

또 여섯 살 이전의 아이에게 단체라는 개념을 심어주려는 경우가 있다. 이렇게 중요한 개념을 아이가 이해하고 사용하기는 매우 어렵다. 적어도 몬테소리는 아침부터 저녁까지 아무 활동도 하지 않고 오로지 선생님의 환심을 사려고 하거나 친구들의 호기심을 자아내려고 하는 아이들처럼 비정상적인 '단체의식'을 가지지 않는 이상, 여섯 살 이전의 아이에게 단체라는 개념을 심어준다는 것은 불가능하다고 여긴다. 정상적인 상황에서 자란 아이는 이런 생각을 하지 않는다. 몬테소리는 이를 "잘못하는 아이는 없고, 잘못하는 어른이 있을 뿐"이라고 말했다.

제16장

사랑과 자유의
교육 실천하기

친구가 우리 아들에게 말했다. "네가 우주선에서 나오면 우주에 떨어질 거야." 아들이 생각을 하더니 말했다. "우리가 지금 있는 곳이 우주예요!" 어른들의 생각에는 잘못된 것이 많다. 아이는 자신의 눈으로 객관적인 세계를 본다. 이는 누구의 교육으로 인한 것이 아니다. 이것은 아이의 마음에서 우러나온 것이자 생활의 관찰과 깨달음에서 오는 것이다.

●

먼저 '아름다움美과 환경'에 대해 말해보자. 우리에게 환경은 일종의 느낌이다. 우리는 쾌적하고 밝으며 주변과 잘 어울리는 환경을 바란다. 몬테소리 교육에서는 교실을 꾸밀 때 색깔에 대한 규정이 있다. 흰색·분홍색·미색 중 한 가지 색을 교실의 기본적인 색조로 삼는다.

가구의 모양과 크기는 아이에게 맞아야 하기 때문에 이에 대한 규정도 있다. 선생님들이 해야 할 일은 이를 토대로 환경을 미화하는 것이다. '아름다움'에 대해서는 여기서 말하지 않겠다. 이를 설명할 방법도 없고 사람마다 심미관이 다르기 때문이다. 당신의 집이 남의 집과 다른 것, 나의 풍격이 남과 다른 이유와 같다. 그래서 각자의 심미관에 따라 교실을 꾸민다. 어떤 선생님은 집의 꽃이나 가방, 책 등을 가져와서 멋지게 꾸미기도 한다. 그런데 기억해야 할 점은 아이의 심미관이 어른보다 뛰어나다는 것이다. 만화 속의 불량한 인물이 아이에게 도움이 될 것이라고 생각해서는 안 된다. 그것은 어른들의 느낌이자 생각이다. 선생님이 벽을 세계 명화로 장식할 때 한 아이가 그림 앞에 서서 감상에 몰두했다. 선생님이 관찰한 결과 이 아이는 14분 동안 그림을 보았다. 우리는 방을 장식할 때 어른들이 말하는 '동심'이 아닌 최고의 심미관을 출발점으로 삼아야 한다.

다음으로 어떻게 수업할 것인지를 이야기할 때, 첫 번째로 기억할 점은 '한 말은 지킨다'는 것이다. 이 말은 이탈리아의 시인 단테(1263~1321)가 한 말이다. 이를 "말한 것은 꼭 행한다"로 해석하면 안 된다. 이 말은 "쓸데없는 말을 한마디도 하지 않는" 것을 뜻한다.

교구의 경우, 몬테소리 교육에서는 아이들이 어떤 교구를 만지든 누구도 이를 제지할 권한이 없다. 몬테소리에 의하면, 자유라는 제도를 통해 아이는 유치원에서 자신의 자연스러운 모습을 보여주며 이를 통해서만 아이는 자신이 무엇을 만지고 어떤 교구를 꺼냈는지를 알 수 있다. 그래서 몬테소리 유치원에는 수업을 알리는 종소리도 없고 구체적인 수업도 없다. 아이는 자유롭게 교실에 들어갔다 나왔다 할 수 있다. 이 단계는 아이 자신이 습득한다. 유치원에는 수업을 듣는 것에 관한 규정이 없다. 아이가 처음으로 교실에 들어올 무렵에는 규칙이라는 것이 없기 때문이다. 길고 혼란스러운 과정을 거쳐 아이는 점차 자연스런 모습을 갖춘다. 이 과정을 거친 뒤에야 선생님은 아이가 무엇을 좋아하는지 알 수 있다. 이런 상황에서 단체수업은 할 수 없다. 당신이 수업하고 있을 때 아이가 듣지 않거나 가버릴 수 있기 때문이다. 갖고 있는 흥미는 아이들마다 다르다. 아이가 가려고 한다면 당신은 이를 막을 수 없다.

그래서 몬테소리 교육에서는 단체 수업을 하지 않는다. 아이는 자신의 의지대로 활동한다. 새로 유치원에 온 아이들은 함께 어울려 놀기도 하고 책상 위에 서기도 하고 책상 밑에 기어들어가기도 한다. 아이들은 대부분의 시간을 유치원에 들어왔다 나갔다 하며 논다. 그러나 2개월쯤 뒤, 자신이 좋아하는 일을 찾았을 때는 마당에서 한 가지 물건만 반복적으로 가지고 놀거나 교실에서 교구들을 꺼내고 넣기를 반복한다. 이 과정에서 아이는 점차 관찰을 배운다. 관찰을 시작하면 이 교육의 성공적인 첫걸음을 내디딘 것이다. 아이는 그때서야 작업 상태에 들어가고 결국에는 규칙을 만들어낸다.

단체수업은 그렇게 중요하지 않다. 우리는 대부분의 단체수업을 취소한다. 그러면 단체수업은 언제 하는 것일까? 아이가 매우 좋은 상태일 뿐만 아니라 아이들의 민감기가 같을 때 이 수업을 할 수 있다.

몬테소리는 수업을 할 때는 기본적으로 간결하고 분명하며 객관적이어야 한다고 말했다. 즉, 앞에서 언급한 "한 말은 지킨다"는 것이다.

'분명하게' 이해시킨다는 것은 쉬운 일이 아니다. 나는 우리 아들과 생활하면서 하나의 사물을 분명하게 설명하기가 쉽지 않다는 것을 알았다. '교오骄傲'*라는 단어를 보고 아들이 물었다.

"엄마, 같은 글자인데 왜 '거만하다'라는 뜻도 있고, '자랑하다'라는 뜻도 있나요?"

---

* 중국어로 '거만하다'와 '자랑하다'의 두 가지 의미가 있다

나는 이를 아들에게 분명하게 설명해주지 못했다. 내가 지나치게 많은 말을 했기 때문이다. 많은 말은 많은 개념이기도 하다. 아이에게 개념으로 개념을 설명하면 분명치 않게 된다. 아이들과 만나면서 나는 이 또한 선생님들이 스스로 고쳐야 하는 과정이라고 느꼈다. 교사의 소질은 아이와의 교류를 통해 훈련되고 향상된다.

살다보면 우리가 모르는 문제들을 많이 만난다. 이 때문에 공부를 하는 것이다. '우주'를 예로 들어보자. 하루는 한 친구가 우리 아들에게 말했다.

"네가 만일 우주선에서 나오면, 우주에 떨어질 거다."

"아니에요, 우리는 지금 우주에 있어요."

그렇다. 우리가 우주의 일부분인데 어떻게 우주에 떨어질 수 있겠는가? 아들에게는 '우주'의 개념이 확실하게 생겨나 있다. 어른들이 잘못 생각하고 있는 것은 많다. 아이는 관찰을 통해 터득하고 정확한 개념을 세운다.

한번은 어떤 학부모가 나에게 저녁 9시만 되면 딸에게 자라고 하는데 딸은 만화영화를 보느라 자지 않는다고 말했다. 엄마가 계속 다그치면 딸은 말했다.

"엄마는 저에게 자유를 주지 않아요."

"자유를 주었잖아!"

"아니에요, 9시에는 자유를 시간에 가둬버리잖아요."

아이들은 6세 전에는 개념을 다른 사람에게 배우지 않는다. 아이는 생활과 사물에 대한 자신의 경험으로 개념을 세운다.

한번은 남편이 아들이 잘못한 일로 화를 내자 아들이 운적이 있었다. 나는 아들을 안고 말했다.

"아빠는 널 사랑하셔. 다만 가끔 엄격하신 거지."

아들은 울음을 멈추고 잠깐 생각하더니 나에게 말했다.

"엄마, 이렇게 말하셔야지요. 아빠는 나를 사랑할 때도 있고, 나를 사랑하지 않을 때도 있다고요."

아이 눈의 객관성은 나를 기쁘게 했다. 나는 아들이 참모습을 보지 못할까봐 걱정하지 않는다. 이는 누군가의 교육에서 나오는 것이 아니라 아들의 내심에서 나오는 것으로, 삶에 대한 아들의 수준 높은 개괄과 경험에서 우러난다.

훌륭한 몬테소리 교사는 아이들에게 자유를 줄 뿐 무언가를 말해주지 않는다. 우리의 성장과정을 회상해보자. 대부분의 개념과 관념이 부모님, 선생님 그리고 현실과 동떨어진 글이나 책에서 왔고, 결코 우리 자신의 경험에서 비롯되지 않았다. 우리는 성장하면서 세상이 다른 사람이나 책에서 말한 것과 다르다는 것을 알게 된다. 그때는 이미 더 이상 우리 자신의 것을 세우지 못할 때다. 한번은 우리 유치원의 뜰을 돌보는 한 노인분이 한 아이를 야단쳤다. 아이는 엄마 품에 달려들어

울며 말했다.

"할아버지가 거짓말해요. 할아버지는 왜 저러시죠? 할아버지인데!"

엄마가 말했다.

"얘야, 할아버지는 나이가 드셔서 그래……."

아이는 크게 소리쳤다.

"아니에요! 할아버지는 이제까지 사랑을 받아본 적이 없어요!"

나는 70%가 넘는 어른들이 사랑이 무엇인지 모를 것이라고 생각한다. 아이들은 늘 "왜요?" 혹은 "뭐예요?"라고 묻는다. 우리가 아이에게 정확하게 답을 해주지 않는다면 문제가 생길 것이다. 그러므로 먼저 선생님에게 정확함을 요구해야 한다. 당신이 모른다고 엉터리로 말해서는 안 된다. 우리 유치원 선생님 한 분이 처음에 그러셨다. 그 선생님은 몬테소리 교육을 어떻게 해야 할지 몰랐지만 스스로 답을 상상하곤 했다.

"선생님, 이건 왜 이래요?"

그 선생님은 잠깐 생각하더니 이야기를 하나 꾸며냈다. 내가 그 선생님에게 물었다.

"선생님은 왜 책을 찾지 않죠?"

"제가 옳을 것이라고 생각해서요."

예전에 나는 아들이 질문할 때마다 늘 내가 생각을 좀 하면 답해줄 수 있다고 생각했다. 맞고 틀리고는 중요하지 않았다. 어른들은 옳고 그름을 떠나 일단 대답을 해주는 것이 체면을 잃지 않는 일이라고 생각한다. 하지만 만약 아이에게 "잘 모르니까 우리 같이 책을 찾아보자"라고 말한다면 그 결과가 훨씬 좋을 것이다. 한 간행물에서 본 글이 생각난다. 중국인 유학생이 미국에서 과외를 했다. 과외 받던 아이가 그에게 끊임없이 질문을 퍼붓자 그 과외 선생님은 화를 내며 말했다.

"한 번만 더 그렇게 물어보면 고양이가 와서 잡아간다."

밥을 하고 있던 아이 엄마가 마침 이 말을 들었다. 그 엄마는 아주 매섭게 이 문제를 지적했다. 당장 백과사전을 꺼내 아이에게 '고양이과에 속하는 동물'을 보여준 것이다. 그녀는 어린아이에게 고양이가 무서운 존재로 인식되는 것을 원치 않았다.

내 남편은 늑대 이야기로 아이를 겁주곤 했다. 자기 전에 아이에게 잠을 안 자면 늑대가 잡아먹으러 온다고 말하는 식이다. 아이 마음에서 늑대는 어떤 이미지일까. 늑대와 양 그림을 사용한 아이큐 테스트를 한 적이 있다. 대부분의 아이가 이 두 장의 그림을 보고 "늑대가 양을 잡아먹는다"라고 말했다.

내 아들은 겁이 없었지만 유독 늑대만은 무서워했다. 나중에 여우 이야기를 해주는 선생님에게 아들이 물었다.

"선생님, 여우가 교실로 들어올 수 있나요?"

선생님이 말했다.

"불가능하지. 여우는 숲이나 동물원에 있는데 어떻게 교실에 들어올 수 있겠니?"

아들은 그렇다면 늑대도 그러지 못할 것이라고 추리했다. 아들이 집에 돌아와서 말했다.

"엄마, 아빠는 거짓말쟁이에요. 늑대는 숲속이나 동물원에 있어서 여기까지 올 수 없어요."

한편 내 어머니는 손자가 도랑에서 물장난을 치지 못하게 하려고 물에 '물귀신'이 산다고 말했다. 아이가 나에게 물었다.

"엄마, '물귀신'이 뭐예요?"

내가 말했다.

"물에 사는 귀신을 말하지."

"아하!"

아들은 무서워하지 않았다. 그러나 그날부터 아들은 더 이상 외할머니와 함께 있으려 하지 않았다. 아들이 말했다.

"외할머니는 거짓말쟁이에요. 외할머니는 '물귀신'이 있다고 했는데 그런 건 없어요! 외할머니는 날 사랑한다고 하셨지만 난 외할머니를 믿지 못하겠어요."

나중에 나는 아이에게 정확하게 알려주지 않으면 아이의 삶을 망칠 수 있다고 느꼈다. 사람은 일생 동안 어릴 때의 개념을 그대로 사용하기 때문이다. 이것이 첫 번째 방침이다.

다음으로, '간결'은 쓸데없는 말을 안하는 것이다. 정사각형을 설명할 때 선생님들은 아이들에게 "친구들, 여기를 봐요!" 하고 말한다. "친구들 여기를 봐요!"는 쓸데없는 말이다. "여러분 봐요, 이것이 정사 각형이에요. 이 정사각형은 네 개의 변이 있어요." 쓸데없는 말일까 아 닐까? 전부 쓸데없는 말이다. 삼각형을 설명할 때 "친구들, 보세요. 선 생님 손에 들고 있는 것이 무엇일까요? 이것은 삼각형이에요, 세 개의 뿔이 있어요. 첫 번째 뿔, 두 번째 뿔, 세 번째 뿔" 하는 것도 쓸데없다. 삼각형을 들고 이렇게 말하는 것이 정확하다.

"삼각형이에요."

"어떤 것이 삼각형일까요?"

"이거예요!"

"이것은 무엇일까요?"

"삼각형!"

바로 이것이 3단식 교수법이다.

나는 이 3단식 교수법을 우리 아들에게 사용해봤다. 원예사를 찾으 러 농촌에 갔을 때 입구에 들어서자 소가 음매음매 우는 소리가 들렸 다. 내가 아들에게 말했다.

"봐봐, 이게 소야. 우리가 먹는 우유는 소에게서 짜내지. 봐봐, 이게 소의 대변이야."

나는 아들에게 여러 가지를 말했다. 그때 아들은 두 살이 조금 넘었 다. 소에 대한 말을 마치고 우리는 후원에 갔다. 그곳에는 돼지우리가 있었다. 나는 돼지를 가리키며 3단식으로 말해 보았다.

"돼지, 돼지."

나는 또 말했다.

"이게 뭐지?"

아들이 말했다.

"돼지."

오후가 되자 나는 이 실험을 생각하며 아들을 안고 소가 있는 곳으로 가서 아들에게 물었다.

"이게 뭐지?"

"몰라요."

돼지가 있는 곳으로 가서 다시 물었다.

"이게 뭐지?"

"돼지."

정말 신기했다. 그 뒤로 나는 늘 아이와 밖으로 나가면 3단식으로 말했다. 내가 3단식으로 말한 것은 아들이 기억을 잘했고, 3단식이 아닌 것은 많이 잊어버렸다. 아이의 개념이 분명하지 않은 것이 아마 그 원인 가운데 하나일 것이다.

'간결'은 유아교육에서 효과적인 수단이다. '간결'은 단어의 의미를 드러내고 대상을 바로 가리킨다. 간결은 집중과 환경에 맞는 핵심적인 의미를 준다. 간결은 아동이 초기에 쓰는 짧고 간단한 말과 잘 맞아서

요점을 드러내고 쓸데없는 말을 줄인다.

훌륭한 몬테소리 교사는 아이를 혼란스럽게 하는 쓸데없는 말을 하지 않는다. 당신은 당신의 어떤 말이 아이의 주의력을 떨어뜨렸는지 모른다. 거꾸로 아이는 습득하지 않은 개념을 다른 사물과 갈라놓는다. 색을 예로 들어보자. 내가 베이징의 한 유치원에 갔을 때 어떤 선생님이 수업하고 계셨다.

"여러분! 보세요, 이건 풍선이에요. 빨간색이죠. 이 방에 무슨 색깔이 있는지 봐요."

방이라고 했다가 옷이라고 했다가 하며 계속 말했다. 아이는 개념이 왜 이렇게 많은지 몰라 그저 전부 혼란스러울 따름이다.

'간결'은 몬테소리 교육에서 가장 중요한 방법으로, 하나의 개념을 다른 사물과 갈라놓는 일이다. 우리는 아이에게 젓가락으로 숫자 개념을 심어주려고 하지만 아이에게 젓가락은 밥을 먹는 도구다. 아이는 숫자가 아니라 누구의 젓가락이 없는지에 주의한다. 이렇게 우리는 목적에서 미끄러진다. 이는 '쓸데없는 가르침'이다.

아이들은 기억력이 뛰어나다. 걸 수 있게 제작된 중국어 발음 그림을 생각해보자. '아ａ'의 그림에는 의사가 손전등을 들고 있고, 한 아이가 입을 벌리며 '아……' 하고 있다. '오ｏ'는 닭이 '꼬끼오' 울고 있다. '뽀어ｂ'는 라디오에서 소리가 나오는 그림이다. 우리가 '아ａ'를 가리키면 아이는 "손전등!"이라고 말한다. '오ｏ'를 가리키며 "이것은 무엇인가요?"라고 물으면 "닭!"이라고 말한다. '뽀어ᵇ'를 가리키며 물으면 "라디오"라고 대답한다.

그림은 기억을 돕는 좋은 방법이지만 아이에게는 전혀 도움이 되지 않을 뿐 아니라 아이를 혼란스럽게 할 수 있다. 노인들, 기억력이 떨어진 사람, 뇌 손상을 입은 환자에게는 유용하겠지만 말이다. 이 역시 아이에게 '쓸데없는 것'이다. 우리 유치원에서는 중국어 발음 그림을 전부 흰 종이로 가려버렸다. 그런 다음 아이들에게 다시 물었다.

"이게 뭐니?"

아이들은 말했다.

"아ᵃ."

"이건 뭐니?"

"오ᵒ."

"이건?"

"어ᵉ."

아이들이 직접 본 것은 로마자다. 그때부터 우리 아들은 TV와 영화에서 로마자가 나오면 무슨 글자이든 "엄마, 로마자에요"라고 말했다. 분명히 아들은 자모가 추상적인 부호임을 알았다. 개념이 생긴 것이다.

기억을 도와주는 다른 우스갯말을 보자. 발음그림의 '모어ᵐ' 옆에는 탑이 그려져 있다. 많은 아이가 이를 보고 "탑!"이라고 말한다. 어쩌면 아이들이 작은 사물에 흥미를 느끼는 시기라서 다른 것이 눈에 들어오지 않았을 수도 있다. 아이들은 '모어ᵐ'를 본 것이 아니라 탑을 봤다. 조금 더 큰 아이들은 "찾다"라고 말한다. 흥미롭지 않은가! 이 문제를 해결해줄 사람은 없을까? 쓸데없는 말, 물건, 그림이 도처에 널렸다. '아ᵃ'는 '아ᵃ'고, '뽀어ᵇ'는 '뽀어ᵇ'고, '모어ᵐ'는 '모어ᵐ'인데 말이다.

우리 유치원의 교사들은 학습 지도안을 만들 때 가르치는 목적과 방법을 적는다. 그런데 실제로는 어떨까? 하루는 아들에게 '숫자 막대'를 만져보게 했다. 아들은 빠른 속도로 만져본 다음 나에게 말했다.

"됐어요? 정리해도 되나요?"

아들은 이만하면 엄마가 만족하셨냐는 의미로 말한 것이었다. 내가 물었다.

"그걸 내가 너에게 가르쳐줬니, 아니면 너 스스로 익혔니?"

아들이 대답했다.

"제가 모레 스스로 배운 거예요."

어제, 그제, 모레도 모르는데, 어떻게 아들에게 수학을 배우라고 하겠는가?

한번은 두 살 조금 넘은 아이가 무표정한 얼굴로 교실로 들어와 앉은 다음 모래숫자판을 만지기 시작했다. 뒤에는 어떤 아이가 나무못이 들어간 판자를 사방에 어지럽게 깔아놓고 있었는데 교실로 들어온 아이가 다른 아이가 깔아놓은 판자 위에 앉았다. 다른 아이가 앞쪽에 앉은 아이의 엉덩이를 찼다. 엉덩이를 차인 아이는 앞으로 넘어졌다.

그런데 그 아이는 몇 번이나 걷어차여 넘어지면서도 계속 모래숫자판을 만졌다. "8" "5" 하며 계속 만졌다. 발로 찬 아이는 상대방이 아무런 반응을 보이지 않자 결국 포기했다. 두 살짜리 아이가 전혀 아랑곳하지 않고 계속 모래숫자판을 만지고 있는 장면은 정말 감동적이었다. 아이는 학습할 때 이처럼 몰입할 수 있다. 얼마나 경이로운가!

교구를 정리할 때, 나는 '10' '9' '8'의 순서로 놓는다. 한 아이가 이를 하나 하나씩 거꾸로 놓았다. 가장 앞쪽에 1을, 그다음에 2를 놓았다. 숫자를 전부 거꾸로 놓고서야 만족했다. 이 아이에게 '질서감'이 생긴 것이다.

세 번째로 중요한 것은 '객관'이다. 몬테소리는 "수업할 때 교사는 아이들이 주의하는 객관적인 대상만 드러내야 한다. 교사의 개성을 드러내서는 안 된다"고 했다. 예를 들어 아이에게 색을 인지시킬 때 아이의 주의력을 색에만 집중시켜야 한다. 성격과 습관적인 동작이 모두 다른 선생님들에게 집중시키면 안 된다. 나는 우리 유치원의 아이들이 선생님과 유사한 동작을 한다는 것을 발견했다. 머리가 긴 선생님 한 분이 수업시간에 끊임없이 머리카락을 앞으로 넘겼다 뒤로 넘겼다 하는 것을 본 아이들이 시간이 지나자 따라했던 것이다. 그래서 나는 그 선생님에게 머리를 묶게 했다. 수업할 때 머리카락을 넘기는 것은 아이들의 집중력에 영향을 줄 수 있기 때문이다. 선생님의 능동성이 강하면 아이들은 객관적으로 보지 못한다. 몬테소리 교육이 선생님들에게 무릎을 꿇든 다리를 꼬든 한 가지 동작만 요구하는 것은 동작을 일치시키기 위함이다. 이렇게 동작은 완전히 규범화된다.

또 걷는 것을 예로 들어보자. 선생님들마다 걷는 자세가 다르고, 아이들의 자세도 반마다 다르다. 선생님이 큰 걸음으로 걸으면 아이들은 천천히 달리듯 따라온다. 선생님이 천천히 걸으면 아이들도 빠르게 걷지 않는다.

아이는 발전하고 있다. 아이는 어른의 능력에 도달할 수 없을 때 당신을 보고, 모방하고, 흡수할 것이다. 사람들이 만두를 빚는 것과 같다. 당신이 빚은 만두를 살펴보면 90%는 엄마가 빚은 것과 모양이 같다. 당신은 의식하지 못한 채 어려서 형성된 많은 습관과 행위 방식을 평생 사용한다. 이 습관과 방법이 어릴 때의 환경에서 비롯되어 우리 자신은 미처 알지 못하는 것이다.

우리는 선생님들에게 가능한 객관적일 것을 요구한다. 어느 정도로 객관적이어야 할까? 모든 비신사적인 습관을 버려야 한다. 당신의 도덕·가치·심미가 옳다고 생각하지 말아야 하고, 그것들을 아이들에게 강요해서는 더더욱 안 된다. 화장실을 예로 들어보자. 나는 전국의 유명한 유치원에 많이 가보았다. 아이들의 화장실이 대부분 다른 방과 가깝고, 선생님들이 서서 지켜본다. 선천적으로 수치심이 없는 아이는 없다. 아이들은 볼일을 볼 때 누군가 옆에 서있거나 보는 것을 좋아하지 않는데 이를 존중해주는 사람이 없다. 어른들은 이런 행위가 어떤 부작용을 초래할지 모른다. 어른들의 세계에서는 아무 곳에나 침을 뱉고 많은 사람이 있는 곳에서 큰 소리로 코를 푼다. 이것이 많은 사람이 있는 곳에서 용변을 보는 것과 무슨 차이가 있을까? 우리가 민족의 수치심을 없애버린 것이다.

우리는 조심스럽게 자신을 돌아보고, 편견, 약점, 낮은 의식 수준을 드러내지 말아야 한다. 좋은 말과 행동으로 아이들을 대하는 것이 객관적인 태도다.

좋은 선생님이 맡은 반의 아이들은 질서를 잘 지킨다. 아이에게 더욱 객관적인 상태를 만들어주어 아이가 공부에 집중할 수 있게 하고, 아이를 방해하지 않는다. 수업할 때 아이가 수업에 흥미를 보이지 않으면 어떻게 해야 할까? 멈춘다. 아이의 잘못일까? 아니다. 절대로 "너는 어리석어"라고 말하거나 암시하면 안 된다. 아이가 흥미가 없다고 해서 야단쳐서도 안 된다. 몬테소리는 두 가지를 이야기한다. 하나는 수업을 계속하지 말 것, 다른 하나는 아이가 잘못했다는 생각이나 자신이 몰랐다는 생각을 안 하도록 하는 것이다. 이렇게 하면 때를 기다려 아이가 흥미를 보일 때 이해를 도울 수 있다. 아이의 자신감은 자신에 대한 믿음에서 시작되는 것이지, 다른 사람보다 총명하다고 생기지는 않는다. 대자연은 사람마다 특성을 주었다. 다른 사람이 어떤 점에서 나보다 뛰어나다고 자괴감을 느낄 필요가 없다. 자신을 발전시켜야 이 세계가 풍요롭고 다채로워진다. 아이들은 질서 있는 환경에서 자신을 발전시킨다. 이는 아주 객관적인 태도다.

몬테소리는 "나의 백만장자 아저씨" 이야기를 한 적이 있다. 아저씨 이름은 푸푸幅幅다. 푸푸가 유치원을 다닐 때였다. 한번은 밥을 먹고 있는데 같은 반의 여자아이가 매우 배고파하는 것을 본 푸푸는 소녀의 손에 밥을 쥐여주고 도망치듯 가버렸다. 그 소녀를 떠나 몇 걸음 가지 못해 푸푸는 두 팔로 자신의 눈을 가렸다. 그에게 처음으로 일종의 선량한 충동이 생겼다. 그는 이런 충동을 어떻게 표현해야 할지 몰라 도망치듯 간 것이다. 소녀가 걸어와 그의 손을 당겨 가벼운 뽀뽀를 했다. 푸푸도 이 소녀에게 뽀뽀하고 안아주었다. 그런데 한쪽에서 지켜보던 선생님이 매섭게 화를 냈다.

"둘이 거기서 뭐하는 거야? 교실로 돌아가!"

몬테소리는 "아이의 선한 충동이 거친 목소리에 말살되었다"고 했다.

선생님들이 아이를 깨우쳐준다는 것은 무슨 뜻일까? 몬테소리는 사람이 혼자 숲속을 걸으면서 평온하고 유쾌하게 사색에 잠겨 천천히 자유롭게 내면을 펼치는 상황에 비유했다. 이때 멀리서 그윽하고 아름다운 종소리가 들려 그를 일깨우면, 그 사람은 더 강렬하게 숲의 조용함과 아름다움을 느낀다. 그전에는 어렴풋한 느낌만 있었다. 어른들의 일깨움은 아이에게 종과 같은 역할을 한다.

아이는 큰 잠재능력을 가지고 있지만 성장이 매우 느리다. 이 과정에서 어른의 인도가 필요하다. 교구는 아이의 잠재능력을 꺼내 몸에 익숙하게 한다. 교사가 교구의 도움을 받기 위해서는 모든 교구를 다룰 줄 알아야 한다. 교사가 교구를 적절하게 사용할 줄 모르거나 더 좋은 교구를 만들 능력이 없다면 아이들은 그저 내키는 대로 가지고 놀 뿐, 교구에서 필요로 하는 도움을 받을 수 없다. 선생님의 교구 조작은 자동차 부속품의 작동만큼 정확해야 한다.

몬테소리는 "어른들은 말로 아이들의 귀를, 그림으로 아이들의 눈을 감염시킨다. 왕자와 공주 이야기로 아이들의 상상력과 창의성을 발전시킨다는 것은 불가능하다"고 했다. 동화는 도대체 아이에게 어떤 역할을 할까? 아이가 언어가 아닌 다른 감각으로 세상을 인식한다면 이야기를 들려주는 것은 한 가지 역할만 한다. 아이의 어휘력과 논리성을 향상시켜주는 역할이다. 이는 언어를 익히는 과정으로, 창의성과는 별로 연관이 없다. 교사들은 보통 자신의 느낌에 따라 행동한다. 아이가 몰입에 들어가면, 교사는 여러 가지 훈련을 제대로 할 수 없을 것이다. 이때 평소의 규칙들을 고집해서는 안 된다. 아이가 제자리에 갖다놓는 것을 깜빡했을 경우, 평소 같으면 "깜빡한 거 없니?"라고 물을 것이다. 우리의 원칙은 아이를 야단치지 않고 생활에서 일깨워주는 것이다. 아이를 야단치면 당신이 보는 앞에서는 제자리에 갖다놓을 테지만, 당신이 자리를 떠나면 아이는 제자리에 갖다놓지 않을 것이다. 당신이 매번 아이에게 "깜빡한 거 없니?"라고 물어 아이에게 습관이 생긴다면 당신이 있든 없든 똑같이 행동할 것이다. 평소에는 주로 선생님이 '제자리에 갖다놓는 것을 주시하는' 방법으로 교육이 진행된다. 아이를 끊임없이 일깨우는 것이다. 하지만 훌륭한 몬테소리 교사라면 아이를 이해하고 아이의 상태를 알 수 있다. 언제 융통성을 발휘해야 하는지도 잘 안다.

예를 하나 들어보자. 우리 유치원의 한 아이가 하루는 신발을 문 입구에 놓는 것을 깜빡했다. 이 아이는 친구가 문 앞에서 교구를 조작하고 있는 것을 보고 몹시 만지고 싶었다. 아이는 신발을 벗고 바로 교실에 들어와 진지한 모습으로 교구를 만졌다. 신발이 아무렇게나 있는 것을 보고 선생님이 이 아이에게 말했다.

"잊어버린 거 없니?"

아이는 이미 교구에 깊이 빠져서 신발을 잊어버렸기 때문에 이상하게 생각했다. 선생님이 또 말했다.

"자세히 생각해보렴, 들어올 때……."

이때 아이가 문 쪽을 쳐다보며 신발이 제자리에 놓여 있지 않은 것을 보았다. 아이는 가서 신발을 제자리에 놓았다. 나는 그 선생님에게 말했다.

"늘 그러시면 선생님 반은 영원히 몰입 상태에 들어갈 수 없어요."

생활 훈련에서 제자리에 갖다놓는 것을 주시하는 것은 그 자체가 목적이라기 보다는 하나의 가르치는 방법이다. 우리의 모든 방법은 아이의 집중력을 기르기 위한 것으로, 규칙 때문에 가르치는 진정한 목적을 그르쳐서는 안 된다. 몰입은 아이의 자질 형성의 관건이다.

예를 하나 더 들어보자. 한 여자아이가 놀라울 정도로 진지하게 공부하고 있었다. 콧물이 흘러도 몰랐다. 콧물이 흘러 공부에 방해될 때면 콧물을 힘껏 들이마셨다. 이때 선생님이 와서 아이에게 하던 작업을 잠시 멈추고 콧물을 닦으라고 했다. 아이는 손으로 콧물을 닦고 싶지 않아했다. 선생님이 말했다.

"화장지로 닦으렴."

여자아이는 하는 수 없이 화장지를 가지러 갔다. 당시 이 아이가 몰입 능력을 갖추고 있어서 다행이었지, 그렇지 않았다면 아이의 몰입이 선생님의 방해를 받았을 것이다.

교구의 내재 논리와 규칙은 오랜 시간의 조작을 통해 우연히 혹은 갑자기 발견된다. 일단 이런 희열을 맛보면 아이는 내일도 계속 이렇게 할 것이다. 희열을 맛보는 그 순간을 방해한다면 이 경험은 사라진다. 경험을 형성하기는 매우 어렵지만 경험을 깨뜨리기는 쉽다.

예가 또 하나 있다. 한 아이가 꼭지원기둥을 한 시간째 만지고 있었다. 아이는 하나 하나 대응시키며 꼼꼼하게 보고 만졌으며, 다음 단계로 넘어갈 가능성이 커보였다. 이는 지능의 발달과정이다. 그런데 이때 선생님이 아이에게 "주사 맞으러 가자"라고 하며 아이를 안고 가버렸다. 아이에게 다음 경험이 생기려고 할 때 선생님이 이를 방해한 것이다. 다음 경험은 한 달 뒤에나 나타나게 되었다. 생각해보라, 이 반에서 일주일에 이런 상황이 세 번 일어난다면 선생님이 이런 상황을 만드는 것이고 그렇다면 이 반의 아이들은 몰입하기 어렵다.

일반적으로 아이가 유치원에 와서 두 달 반 정도 지나면 몰입할 수 있다. 여기에 많은 제약이 있는 전통 유치원에서 전학을 온 아이는 포함되지 않는다. 그러나 어떤 반이 3개월 내에 몰입할 수 없다면 선생님이 반성해야 한다. 아이를 방해한 적은 없는지, 암시한 적은 없는지, 억압한 적은 없는지, 아이에게 자유를 주었는지, 아이를 사랑해주었는지 생각해보아야 한다.

원기둥 교구들에는 높고 낮음·큼과 작음·굵고 가늠 등의 개념이 있다. 훌륭한 몬테소리 교사는 아이들이 원기둥 교구들을 만질 때 "가장 굵은 것을 선생님에게 가져 오세요."라고 말한다. 아이가 무슨 말인지 모른다면 이 교구를 사용할 수 없다. 교구를 만질 때 한 가지 개념만 더할 수 있고, 두 가지 개념을 한꺼번에 사용해서는 절대 안 된다.

반마다 일주일에 한 번, 한두 명의 아이를 받는 것이 가장 좋다. 아이가 유치원에 들어오면 가장 먼저 화장실을 알려주고 직접 바지를 벗고 엉덩이를 닦게 한다. 그다음 침실을 보여주고 마지막으로 유치원의 전체 환경을 인지시킨다. 그러면 안정감이 생긴다. 첫째 주에 아이는 공부를 할 수 없다. 유치원 안과 밖을 돌아다니는 아이, 유치원을 무서워하는 아이도 있다. 선생님은 아이를 데리고 거리나 슈퍼, 공원에 가거나 도처를 돌아다니며 관찰한다. 왜 아이를 데리고 근처로 나가야 할까? 아이는 낯선 곳에 대한 공포감이 있기 때문이다. 아이는 유치원에 들어오면 밖으로 나갈 수 있을까 없을까를 생각한다.

아이가 유치원이 안전한 곳이라고 판단하면 교실에 들어오기 시작한다. 교실 문은 아이에게 들어올 수도 있고 나갈 수도 있다는 느낌을 주기 위해 늘 열려 있어야 한다. 교실에 들어온 후 첫 번째 일은 선생님이 읽어주는 이야기를 듣는 것으로, 이는 매일의 시작이고 가장 중요한 부분이다. 그다음이 가만히 앉아 있는 것이다. 우리는 가만히 앉아 있기가 지능발달에 도움이 된다는 것을 읽어서 알고 있다. 가만히 앉아 있기가 끝나면 아이에게 우리가 가져온 물건을 제자리에 갖다놓아야 된다고 알려주어야 한다. 이 일상생활훈련이 바로 '제자리 갖다놓기'다. 제자리 갖다놓기는 보통 일주일간 진행된다.

이 주에 교사는 주로 자유를 누리는 아이를 관찰한다. 다른 사람을 방해하거나 예의에 벗어나는 행동을 하지 않는다면 아이가 뭘 해도 상관없다. 간혹 다른 아이의 교구를 빼앗아 가는 아이가 있다. 이때 나머지 사람은 아이에게 먼저 만진 사람이 제자리에 갖다놓기를 기다려야 한다는 것을 알려줘야 한다. 생활에서 필연적으로 이 문제에 부딪히기 때문에 '기다린다'는 개념을 아이에게 심어줘야 한다. 기다리는 것이 아이에게 주는 장점은 수없이 많다. 아이는 기다리는 법을 배우면서 많은 문제를 처리할 수 있고 좋은 습관을 기를 수도 있다.

몇 명의 아이가 하나의 물건을 두고 다투는 경우가 있다. 이때 선생님은 '누가 먼저 가져갈 것인지'를 알려주어야 한다. 먼저 가져갈 아이는 분명히 "제가 먼저 가져갈게요"라고 말할 것이다. 선생님은 다른 아이들에게 "이 친구 먼저 만지게 하자. 다른 친구들은 기다려요"라고 말하고, 늘 일관성이 있어야 한다. 오늘은 "기다리라"고 하고 내일은 다른 말을 하면 안 된다. 다음으로, 교사는 아이를 자세하게 관찰해야 한다. 아이는 어떤 교구든지 가져갈 수 있지만 사용을 마친 뒤에 반드시 제자리에 갖다놓게 한다. 정리하는 습관을 기르기 위해서다.

처음에는 제자리에 갖다놓기 어려워하고 어디에서 가져왔는지도 잊어버릴 것이다. 이때는 물건 제자리에 갖다놓기 놀이를 해서 강요하지 않고 아이가 조금씩 조절하도록 한다. 게임에 규칙을 정해 아이가 교구를 놓는 위치와 방향을 기억하도록 한다. '제자리에 갖다놓기'가 무슨 의미인지 모르는 아이들도 있을 것이다. 이때는 아이가 교구를 드는 것을 도와주고 "선생님이 데리고 가줄게"라고 말한다. 이 말을 제자리에 갖다놓을 때 해서 아이가 동작과 말을 일치해 인식하게 한다. 되풀이하면 아이는 제자리에 갖다놓는 것이 무슨 의미인지를 알게 된다.

어떤 아이는 교실에 들어오면 모든 교구를 바닥에 던진다. 그럴 때 두 명의 선생님은 절대 자리를 떠나서는 안 된다. 반에 다섯 명의 아이가 새로 왔다고 하자. 그중 두 명이 '크게 소란을 피웠다'면 한 선생님은 교실에서 다른 세 명의 아이를 관찰하고 다른 선생님은 두 아이를 데리고 놀러간다. 이 아이들이 모두 불안정하면 두 선생님이 함께 아이들을 데리고 바깥에 나간다. 밖에서 돌아다니다가 자발적으로 교실에 들어가는 아이가 있을 것이다. 교실에 들어온 다음에 어떤 아이가 물건을 던져 엉망으로 만들 수도 있다. 이때 선생님은 다른 말은 하지 말고 "우리 제자리에 갖다놓자" 하면서 아이가 제자리에 놓을 수 있도록 도와준다. 인내심과 사랑하는 마음은 몬테소리 선생님이 반드시 갖춰야 할 자질이다. 혼란 다음에 질서의 서광이, 사랑과 자유로부터 온다고 믿어야 한다.

또 아이의 부모에게 왜 이렇게 해야 하는지를 말해주고 부모가 협조하도록 해야 한다. 아이를 조용히 시킬 유일한 방법이 자유이기 때문이다. 예전에 우리 유치원을 다닌 한 아이는 가만히 앉아 있지 않고 원숭이처럼 책상이나 TV에 앉거나 장대 위를 기어다녔다. 선생님은 아이에게 완전한 자유를 주었다. 한두 달 뒤의 어느 날 그 아이는 손을 무릎 위에 올려놓고 계단에 가만히 앉아 있었다. 아이는 손이 가만히 있으면 조용해진다. 이런 습관이 형성되면 다른 생활훈련을 진행할 수 있다. 생활훈련은 아이의 생활에서 시작한다. 예를 들면 컵을 잡고 물을 마시는 것, 밥을 들고 와서 먹는 것, 화장실에 가는 것 등이다. 이런 생활훈련은 매일 아침에 진행되는 핵심수업이다. 이 수업은 10분을 넘기지 말아야 한다. 선생님은 '연설'을 해서는 안 된다. 실물과 실제상황으로 진행해야 한다. 핵심수업을 한 후에는 아이들이 잘 알아들었는지 체크한다. 일주일 뒤, 모든 친구가 이 핵심수업의 내용을 알아듣지만 아직 실체화는 안 되었다는 생각이 들면, 그다음 주에도 이 내용으로 계속 진행한다. 새로운 내용은 하나만 더 넣는다. 이 내용이 실체화되면 다음 일상생활훈련으로 넘어간다.

이 과정은 매우 느리기 때문에 조급해하면 안 된다. '종이 쓰레기통에 버리기' 훈련을 보자. 아이에게 말로만 해서는 소용이 없다. 선생님이 종이 한 장을 가지고 콧물을 닦고 쓰레기통을 가져와 아이들에게 이것은 쓰레기통임을 알려주고 과장된 동작으로 종이뭉치를 던지는 모습을 보여준다. 아이가 개념을 안 다음 실체화되었는지의 여부는 선생님이 아이의 행위를 관찰하고 판단한다. 아이가 종이를 마음대로 버리면 선생님은 아이에게 "깜빡한 거 없니?"라고 말한다. 이렇게 몇 번 되풀이하면 아이는 이 질서감을 영원히 갖게 된다.

다른 친구의 물건은 어떻게 대해야 할까? 선생님은 아이들에게 "다른 친구들의 물건은 가져가면 안 된다"고 알려줘야 한다. 공유하는 것을 포함해 아이의 물건도 존중을 받아야 한다. 아이가 자신의 물건을 다른 친구들에게 주지 않으려고 할 때, 그 누구도 아이에게 물건을 다른 사람에게 주라고 암시하거나 강요할 권리가 없다. 또한 칭찬으로 아이를 자극해서 자신의 물건을 다른 친구에게 주도록 해서도 안 된다. 아이는 이때 자신의 사유재산을 느끼는 민감기이기 때문에 아이에게 자신의 물건을 다른 친구에게 주라고 강요하는 것은 아이에게 다른 친구들의 물건을 강제로 가져가라고 가르치는 것과 같다.

아이가 다른 친구의 물건을 잡고 놓지 않으면, 선생님은 아이에게 "다른 친구의 물건을 가져가서는 안 돼요"라고 알려주어야 한다. 아이가 말을 듣지 않으면 선생님이 빼앗아 원래의 주인에게 돌려줘야 한다. 이치를 설명할 필요는 없다. 잠시 울거나 화를 내게 놔두면 된다. 이런 일이 몇 번 생기고 나면 아이는 다른 친구의 물건을 가져가서는 안 된다는 것을 알게 된다. 어른들이 말로 아이를 교육하는 것은 도움이 되지 않는다. 과정 중에 아이는 자신의 경험으로 개념을 형성한다.

이상의 것들은 아이의 심리상태를 관찰하는 중요한 기초다. 아이의 질서는 이 과정에서 형성된다.

아이는 유치원에 온 지 1개월이 되면 교구들을 조작한다. 이때 아이를 지나치게 도와줘서는 안 된다. 몰입하지 않은 상황에서 아이는 교구를 장난감 삼아 가지고 놀 것이다. 이때 아이를 고치려고 해서는 안 된다. 먼저 아이에게 몰입할 수 있는 능력을 길러준다. 몰입이 어느 정도 되면 교구를 조작할 수 있도록 지도한다. 아이가 게임보다 학습을 더 좋아하게 해야 한다. 게임에는 지능을 발달시키려는 목적이 없다. 게임은 성취감이 없지만 학습은 성취감을 맛볼 수 있다.

몬테소리는 유치원에 들어온 지 얼마 되지 않은 아이들은 원래 심리적 갈등이 있다고 말했다. 그래서 첫 두세 달은 교정하는 시기다. 이 과정은 규정대로 엄격하게 할 필요가 없다. 아이가 놀고 싶어하면 놀게 하고 공부하고 싶어하면 공부하게 한다. 예를 들어 유치원에 온 지 얼마 안 된 어떤 아이는 교실에 들어오려고 하지 않는다. 한 달 뒤에 아이는 문 밖에서 교실을 들여다보기 시작하고 거기서 또 며칠이 지나면 문 밖에 앉아서 본다. 다시 며칠이 지나면 신발을 신고 교실에 들어온다. 이 사이 선생님이 아이에게 강요하거나 아이를 겁주면 안 된다. 아이는 이 과정을 거쳐 점차 정상적인 상태가 된다.

핵심수업은 보통 10분 정도로 진행한다. 시간을 너무 길게 하면 아이들은 지루해한다. 어떤 아이는 핵심수업을 듣지 않고 돌아다니거나 교구를 만지기도 하는데, 아이에게 자리에 앉으라고 강요할 필요는 없다. 조용한 놀이를 할 때 아이가 조용하지 않아도 상관없다. 아이는 시간이 가면 조금씩 조용해진다. 강제로 조용히 시킨다면 아이는 조용히 하는 척만 할 것이다. 조용하지 않은 아이는 신중히 다루어야 한다. 아이에게는 일종의 '단체'의식이 있다. 아이는 이 의식으로 자아를 통제해야 한다는 것을 감지할 것이다. 조용한 환경에서 갑자기 소리를 내면 분위기를 깬다고 느낄 것이다. 분위기 깨기를 좋아하는 사람은 없다. 이는 우리가 행사에 참여했을 때 사회자가 열심히 이야기를 하고 있는데 사람을 웃기려고 농담을 하려는 사람이 없는 것과 같다. 일반적으로 누구나 자신을 통제할 수 있듯이 아이도 자신을 통제할 수 있다.

아이가 자신을 통제하지 못해도 상관없다. 내가 아들에게 "너, 손이 더러우니 엄마한테 손대지 마"라고 하면 아들은 일부러 더 만지려 할 것이다. 그러나 한두 번 하고 나면 더 이상 하지 않는다.

아이를 용서할 때는 아이가 고의로 규칙을 어긴 뒤에 옳고 그름을 알 수 있도록 해야 한다. 아이는 어른과 달라 스스로 마음의 상태를 느낀다. 우리는 그냥 웃어넘기면 된다. 아이가 깨달을 때, 선생님이 아이를 품에 안고 "그렇게 하는 게 옳은지 그른지 알고 있지?"라고 하면 아이는 웃는다. 아이는 당신이 자신을 이해하고 있다는 것을 안다.

가만히 앉기는 아주 긴 과정이다. 강요하면 아이는 이 활동을 싫어하게 되고, 매일 가만히 앉아 있는 것을 고된 일로 받아들일 것이다.

다음으로 학습에서 교사가 주의해야 할 점들을 알아보자.

첫째, 지도교사는 사전에 어디서 학습할 것인지를 결정한다. '0의 놀이'를 예로 들어보자. 교사는 사전에 몇 명의 친구들이 참가할 것인지, 어디에서 놀이를 할지를 생각해두어야 한다. 아이들의 자발적 학습은 어디에서 하는지까지 모두 아이들이 결정하게 두는 것이 좋다. 적합하지 않다고 판단되면 아이 스스로 조정할 것이다.

둘째, 아이의 오른쪽에 앉는다.

셋째, 교사는 지적할 때 동작을 분명하게 나누어 전달해서 아이가 쉽게 이해할 수 있도록 한다. 교구를 만질 때도 모든 동작을 나누어서 전달해야 한다.

넷째, 아이가 집중할 수 있는 장소여야 하고, 특히 지적하는 방법을 고려해야 한다. 지적하는 방법에는 여러 가지가 있지만 어떤 방법이든 목적은 아이를 교구에 오랫동안 집중하게 만드는 것이다.

다섯째, 지적할 때의 언어가 적절해야 한다. 동작으로 일깨워줄 수 없거나 어쩔 수 없이 말로 일깨워야 할 때는 "아이의 주의력을 감각에서 떼어놓아야 한다"는 몬테소리의 말을 기억하고 실천해야 한다.

여섯째, 말은 간단명료하고 발음은 정확해야 한다. 몬테소리 유치원의 수업시간에는 선생님이 말하는 것을 별로 볼 수 없다. 오후 수업에서도 선생님은 거의 말하지 않는다. 몬테소리는 "쓸데없는 말은 한마디도 해서는 안 된다"고 했다. 당신의 말은 아이의 집중력을 방해하기도 하고 아이에게 혼란을 줄 수 있기 때문이다.

일곱째, 지적할 때 동작은 처음부터 끝까지 침착해야 한다. 아이가 사물에 대한 분명한 개념을 형성할 수 있을 정도로 침착해야 한다. 침착함은 아주 중요하다.

여덟째, 지적할 때 아이의 표정에 주의한다. 경험이 많은 선생님은 교실에 들어오면 가장 먼저 몬테소리가 '천문학자가 천체를 관찰하듯'이라고 말한 것처럼 아이를 관찰한다.

아홉째, 지적할 때 아이가 교구를 만져야 될지 만지지 말아야 될지를 분명하게 판단해야 한다.

열째, 지적할 때 아이가 잘못된 곳을 통제할 수 있는지에 주의한다 (교구마다 자아교정 기능이 있다).

열한째, 지적 후 아이에게 유도하는 말을 한다. 교사는 "스스로 해볼래?"라고 말한다. 이런 유도는 아이를 속이는 것이 아니며, 문제를 제기해 아이의 학습욕구를 자극한다.

열두째, 지적 후 아이에게 조작할 수 있는 기회를 주고 교사는 옆에서 지켜본다.

열셋째, 교사는 아이의 노는 동작과 학습하는 동작을 구별해야 한다. 노는 것은 의미가 없고, 아이는 아무것도 배우지 못한다. 사실 아이는 노는 것 자체를 좋아하지 않는다. 아이의 상태가 좋고 나쁨은 선생님에게 달렸다. 아이가 멍하게 있으면 선생님은 아이를 자극해야 한다. 아이가 교구에 대해 자신감이 없어 포기할 때, 교사의 적극적인 자극은 아이에게 도움이 된다. 교사가 만든 분위기가 좋지 않으면 아이는 혼란스러워한다. 아이는 한 가지 사물의 내재된 규칙과 논리를 찾아가는 것을 좋아한다. 이는 아이에게 커다란 희열을 준다. 교사가 적극인 역할을 하지 못하면 그 결과는 좋지 못한 게 당연하다. 아이에게 이상적인 상태는 한자리에 오래 앉아서 학습하는 것이다. 이를 유지하는 문제는 전적으로 선생님에게 달려 있다. 몬테소리는 교사는 계발을 주는 사람이자 관찰하는 사람, 환경을 보장해주는 사람이고, 아이를 가르치는 사람은 아니라고 말했다.

열넷째, 딴생각을 많이 하는 아이는 교구를 장난감으로 여길 것이다. 아이의 몰입능력이 길러지지 않았다면 아이를 방해하지 말고 그대로 놀도록 해준다.

열다섯째, 아이의 잘못을 고칠 때는 신중해야 한다. 아이가 잘하는 것과 못하는 것을 파악하는 일은 교사의 중요한 업무다.

열여섯째, 아이에게 반복적으로 연습할 수 있는 기회를 주고, 강제로 하지 않는다.

열일곱째, 교사는 아이의 질문에 적절하고 분명하게 대답해야 한다. 교사가 모르거나 엉터리로 설명하면 아이의 문제탐색능력을 저하시킬 수 있다.

열여덟째, 학습이 끝났을 때 교구를 정리하는 방법을 알려준다. 이 부분은 몬테소리 교육이론을 따를 필요 없다. 몬테소리는 아이의 집중력이 어떤 단계에 오면 조작이 끝나도 교구를 정리하지 않는다며 이때 아이는 한동안 정리·구성·사고의 단계에 있다고 말했다. 몬테소리는 이를 '사고로 충만한 휴식단계'라고 했다. 여기에는 세 가지 유형이 있다. 첫째는 자신의 매트에 앉아 다른 친구의 학습을 보는 것이다. 둘째는 자신의 학습결과를 보는 것이다. 세 번째는 친구들을 데리고 와서 자신의 학습을 보여주는 것이다. 이 유형들은 아이의 지능이 발달하는 데 필요한 중요한 부분이다. 이는 아이가 자연스럽게 자신과 친구의 '비교' 연구를 하고 있다는 점, 아이가 자신의 학습결과를 통해 자신을 인식하고 있다는 점, 아이가 다른 친구 및 환경과 교류하고 있다는 점을 드러낸다.

첫째의 경우, 이것이 아이가 아무것도 하지 않는 것과 다르다는 점을 교사가 알아야 한다. 이때 아이의 사유는 눈앞의 조작과정을 정리하고 있다. 아이에게 교구를 정리하라고 하면 아이의 사유상태를 깨뜨리는 것이 된다. 아이는 자신의 생각을 정리하고 나면 더 이상 생각하지 않는다. 이 학습을 마무리하기로 결정하면 아이는 스스로 교구를 정리할 것이다.

몬테소리 교사는 아이를 사랑하는 마음 외에 인내심도 가져야 한다. 아이가 자신의 시간·속도·리듬에 따라 학습할 수 있도록 해야 한다. 이것이 아이를 받아들이는 일이며, 교사의 인내심은 아주 중요한 미덕이다.

몬테소리 교육 방식으로 수업을 하기란 쉽지 않다. 당신이 지금까지 말한 내용을 모조리 외우고 있고, 3년간의 정규교육을 받았다고 해도 크게 쓸모가 없을 것이다. 당신은 몬테소리 사상을 실체화해야 한다. 그렇게 하면, 당신은 아이의 심리를 가장 잘 아는 사람이 될 것이다.

제17장

사랑하는 자는
순종한다.
순종은 의지다

사람들이 수업을 참관하러 오면 선생님은 아이들이 잘 협조해주길 바란다. 아이들은 선생님의 이
마음을 잘 알고 있다. 뤼츠라는 아이는 선생님에게 잘 협조하고 있다는 것을 보여주려고 한 시간
동안이나 산수 문제를 풀었다. 선생님은 아이의 이런 행동이 완전히 선생님을 생각한 것임을 안
다. 아이의 순종은 끝이 없다. 손이 마비될 정도로 당신에게 물건을 가져다준다. 발에 물집이 생
기도록 따라 걷는다. 아이들은 사랑 속에서 순종을 결정하고, 의지 속에서 순종을 시행한다.

●

아이의 인격에서 순종과 의지는 아주 중요한 부분이다. 어른은 진리와 사물의 본질에 대한 객관적인 순종과 진리를 탐구하는 주관적인 의지를 가졌다. 사람마다 진리에 대한 생각은 당연히 다르지만, 여기서 말하는 것은 본질적이고 긍정적인 것이다.

부모들은 유치원에 다니는 아이가 선생님이 바뀌는 것을 두려워한다고 생각한다. 아이, 부모, 원장이 모두 이를 두려워하며, 아이가 적응하지 못할까 봐 우려한다. 우리 유치원의 천사반 담임이고, 아이들이 좋아하는 송宋 선생님이 베이징으로 전근을 가셨다. 하지만 이 반의 아이들은 전혀 동요하지 않았다.

몬테소리 유치원은 선생님의 상태·업무효율·아이의 성장에 따라 선생님을 교체한다. 교체할 때마다 아이들은 평상시처럼 차분하다. 새로 오신 선생님이 난난南南에게 물었다.

"난난, 문제 다 풀었니?"

난난은 "저 지금 바빠요. 방해하시면 안 돼요"라고 대답했다.

새로 오신 선생님은 또 뤼츠^{吕辭}에게 말했다.

"뤼츠, 친구들에게 노래 한 곡 연주해줄래?"

뤼츠는 대답했다.

"저 안 할래요. 지금은 연주하고 싶지 않아요."

상무원장이 감탄하며 말했다.

"이 반 아이들은 선생님과 관계없이 진리를 아는군요!"

때문에 우리 유치원의 아이들은 선생님이 바뀌는 것을 두려워하지 않는 것이다.

그러나 아이는 선생님에게 손님이 왔을 때 자신의 일을 하러 가야 한다는 것을 알고, 진지하게 자신의 일을 한다. 이때 아이는 진심으로 선생님의 업무에 협조한다. 뤼츠는 한 시간 동안 산수 문제를 풀었는데, 이렇게 하는 것은 선생님을 위해서다. 선생님은 뤼츠가 하기 싫어한다는 것을 잘 알고 있다. 선생님은 순간적으로 아이에게 감격한다.

아이의 순종은 거의 무한하다. 이것은 사람을 한없이 감동시킨다. 아이에게 순종적인 상태가 나타났을 때 당신은 어떤 일을 시켜도 좋다. 물건 가져오기, 접시 나르기, 어린아이 돌보기 등등의 일을 시키면 아이는 갖은 방법을 생각해 임무를 완성해낸다. 게다가 한 가지 일을 할 수 있다는 것에 기뻐할 것이다. 의지력도 순종에서 나온다.

리슈보^{李淑波}는 닝샤 몬테소리 유치원에 다니는 아이의 학부모다. 그녀를 감동시킨 것은 저녁 수업을 듣던 그녀가 아들 동동^{東東}을 맡길 곳이 없어 수업에 데리고 갔을 때였다. 리슈보가 말했다.

"동동, 지금 수업하고 있어. 소리치거나 돌아다니면 안 돼. 그림 그리고 있어! 할 수 있겠니?"

아이는 고개를 끄덕였다. 이제 겨우 두 살이 조금 넘은 아이였다. 아이는 두 시간 동안 크게 움직이지도 않았고 소리도 내지 않았다. 리슈보는 아이가 너무 고마웠다.

여기에 순종과 굳센 의지가 있다. 아이는 이성적으로 행위를 결정하지 못하는 경우가 있다. 아이는 사랑으로 순종을 결정하고, 의지로써 순종을 실행한다. 아이는 자신의 손이 마비될 정도로 당신에게 물건을 가져다준다. 아이는 발이 닳도록 당신과 함께 길을 걷는다. 이런 의지로 못할 것은 없다.

옛 교육은 어른에게 절대적으로 순종할 것을 요구한다. 순종하는 아이는 철이 들었고, 어른의 말을 잘 듣는다고 여긴다. 어른들이 아이를 대할 때 할 수 있는 일은 설교와 모범을 보이는 것뿐이다. 우리는 이 방식으로 아이를 우리에게 순종하도록 만드는데, 실제로 이런 방법은 효과가 없다. 아이가 겉으로 당신에게 순종해도 마음으로는 당신에게 순종하고 싶어하지 않는다. 몬테소리에 따르면, 전통교육은 상당부분 아이를 억압하고 제한한다. 시간이 오래 지나면 아이는 갑자기 자신이 어떤 사람 혹은 어떤 선생님에게 복종하지 않으면 안 된다는 것을 발견하게 되고, 큰 스트레스를 받는다. 이런 스트레스는 선생님이 없거나 누구도 통제하지 않을 때 폭발해 아이가 소란을 피우기 시작할 수도 있다. 압박하면 반항한다는 것은 이를 두고 하는 말이다.

정말로 이렇다. 일반 유치원에 다니던 아이들을 받은 적이 있다. 이 아이들은 며칠 동안은 아주 고분고분했다. 앉아서 허리를 곧게 펴고 뒷짐을 졌다. 며칠 지나자 그들은 새 유치원이 자유로운 곳이고 선생님들도 자신들을 매우 존중한다는 사실을 알았다. 난리가 났다! 그 아이들은 소리를 질러댔고, 장난감과 교구들을 천장으로 마구 던졌다. 또 교구를 놓는 받침대를 바닥에 넘어뜨린 후 그 위에 올라가서 춤을 추었다. 며칠 동안 이런 소란을 피웠다. 아이들을 순종적인 상태로 만들기 위해 얼마나 많은 노력이 필요하겠는가! 사랑과 자유 그리고 해맑은 웃음만이 유효하다. 다른 유치원에서 아이가 전학 왔다는 말을 들으면 선생님들은 머리가 아프다.

지금까지도 나에게 몬테소리 유치원을 졸업한 아이들이 어떻게 사회에 적응할 수 있는지 묻는 사람이 있다. 그들이 의심하는 이유는 아이들이 너무 자유롭다는 것이다. 이런 사람들은 몬테소리 유치원 출신 아이들이 규칙을 지킬 줄 모른다고 여긴다. 실제는 이와 반대로, 몬테소리 교육을 받은 아이들이 사회의 규칙을 가장 잘 지킬 뿐만 아니라 말한 것을 행동으로 실천한다. 그들은 자신이 굳센 의지로 어떤 규칙을 지켜야 할지 잘 안다. 우리 아이들은 운동회를 할 때 군인처럼 한 시간 동안 가만히 앉아 있다. 절대로 마음대로 어딜 가거나 움직이지 않는데, 사람들은 이를 보고 놀라워한다. 우리 아이들은 어디를 가더라도 이렇게 한다. 그들의 규칙이 선생님의 명령이나 강압으로 만들어진 것이 아니기 때문이다.

몬테소리 교육을 받은 아이는 평소에 자신을 통제하는 힘이 있다. 아이는 장소에 따라 어떻게 할지 알고 있다. 우리 유치원의 교사는 아이들을 데리고 공항·기차역·도서관에 자주 간다. 아이들은 어떤 환경에서 조용히 해야 할지를 안다. 아이를 방해하는 사람이 없다면 아이는 자유로운 마음으로 환경을 관찰하고 자아를 조절할 것이다.

이런 아이는 정신이 자유로운 사람으로 존재하며, 환경에 따른 규칙을 안다. 제약을 받고 자란 아이들은 환경을 감지하지 못하고 주위에 자신을 제약하는 사람이 없다는 것을 알면 소란을 피우고 불만을 발설한다.

자유로운 아이의 모든 행동과 동작은 자신의 자유로운 판단을 따르기 때문에 규칙을 지키지 않는 것은 우연한 현상이 된다.

중국의 부모들은 아이에게 줄 수 있는 두 가지 절대적인 것이 지식과 도덕이라고 생각한다. 이런 생각 때문에 우리는 자연이 인류에게 부여한 가장 위대하고 고상한 정신적 역량을 믿지 않게 되었다. 몬테소리는 아이의 인품과 지능은 아이 자신에게 전적으로 달려 있고, 어른과는 관계가 없다고 말했다. 아이는 작업을 통해 자신의 모든 것을 만든다. 그러나 이런 능력은 6세 때 사라진다. 6세 이후 아이는 6세 이전에 만든 기초에서 지식을 흡수한다. 다시 말해, 인생이라는 집의 기초는 6세 이전에 다져지는 것이다. 이 과정은 아이 개인에게 달려 있다.

여기서 한 가지 더 말해두자. 우리는 10여 년의 교육경험으로 몬테소리의 주장을 좀 더 연구해볼 필요가 있음을 느꼈다. 6세 이후라도 아이의 흡수 능력이 전부 사라지는 것은 아니고, 어떤 아이들에게는 8세까지 이어진다. 더 늦게까지인 경우도 있다.

일반적인 의미의 의지는 목적을 가지고 어려움을 극복하는 것을 말한다. 어떤 아이가 어려움을 만났을 때 극복할 수 있다면 우리는 아이에게 의지력이 있다고 판단한다. 실제로 어려움을 극복하거나 과제를 완수하는 것은 아이들이 대단히 좋아하는 일들이다. 어려움을 극복하기를 두려워하는 것은 아이가 아니라 어른들이다. 몬테소리는 아이가 어른의 명령과 끝까지 투쟁하는 정신을 의지력이라고 여겼다. 의지력이 상실되면 아이는 어른에게 복종하고 어른의 안색을 살핀다. 어른의 안색을 살피는 아이는 의지력이 완전히 박탈당한 상태다.

천재성을 가진 아이는 어떤 아이일까? 아이들은 추진력을 갖고 있다. 앞서 말했듯이 아이가 일단 자신의 자질을 형성하면 자질은 아이에게 끊임없이 '이 일을 하라고' 알려준다. 그러면 아이는 '이 일'을 하지 못하는 상황을 매우 고통스럽게 느낀다. 이러한 역량의 다그침을 받는 아이는 일을 매우 잘 하는데, 이런 아이를 천재성을 가진 아이라고 한다. 천재성을 가진 아이는 어른들의 강제에 영향 받지 않고, 도움에 의지하지 않는다.

의지력의 형성도 마찬가지다. 아이는 자아발전과정에서 의지력을 형성한다. 몬테소리는 하나의 관점을 제기했다.

"과거에도 사람들이 말해왔듯이, 우리는 지배의지나 파괴의지의 필요성을 느낀다. 우리는 필요하다고 생각하기 때문에 필연적으로 우리의 의지대로 아이를 강제로 복종시켜왔다."

이런 현상은 매우 흔하다. 우리는 아이를 너무 귀여워해서는 안 된다고 생각한다. 또 아이는 해야 할 일은 해도 되고, 하지 말아야 할 일은 하면 안 된다고 생각한다.

아이의 정상화는 아이가 긍정적인 행위를 하도록 이끈다. 0세에서 6세까지는 정상화가 발전하고, 정상화를 실체화하는 과정은 긍정적이다. 이 긍정적인 행위가 정상적으로 발전되면 몬테소리가 말한 것처럼 아이의 모든 행위는 올바르게 될 것이다. 아이의 일생의 목적은 연애와 이상을 포함해서 끊임없이 자신을 완성하는 것이다.

사람이 큰 뜻을 품고 이를 실현하는 과정이 의지의 표현이다. 30세 이전은 자아를 준비하는 과정이다. 그 이후는 끊임없이 완성해가는 과정으로, 죽을 때까지 끊임없이 마음을 정화해야 한다. 앞서 말한 정상적인 사람이라면, 그에게 의지는 매우 중요하다.

실제로 사람의 정상적인 발전과정은 곧 의지력이 형성되는 과정이다. 아이는 자신이 흥미를 느끼는 일을 하고 언제나 그 속으로 깊이 들어갈 수 있다. 이렇게 깊이 들어가는 것이 몰입으로 변하면서 의지가 생겨난다.

사람들은 아이를 자리에 앉혀놓고 선생님은 수업을 하는 일반 유치원의 방식이 나쁠 것 없다고 여긴다. 하지만 21세기 초, 국제적으로 유아교육에 큰 변화가 생겼다. 사람들은 더 이상 말로 아이를 '교육'하지 않는다. 아이는 끊임없이 행동으로 자신을 만들어가는데 왜 우리는 한 세기나 낙후된 교육관을 답습할까? 우리가 답습하는 것은 우리 부모 세대의 교육관이며, 이 교육은 새로운 관념을 받아들이지 않는다. 아프리카의 일부 국가를 포함해서 다른 나라에 가보면 그들은 말로 교육하지 않는다. 중국에서 아이는 자신의 행위로 내재된 정상화를 실현할 수 없다. 아이는 한곳에 얌전하게 앉아 '수업을 들어야' 한다. 아이가 매일 어른을 올려다보아야 하는 것이다. 몬테소리는 우리가 늘 아이의 의지를 통제하고 있다고 말했다. 아이는 너무 어리고 약해서 우리는 아이의 의지를 지배하거나 박탈시킬 수 있다. 말로 하는 교육은 아이의 의지력을 박탈하는 과정이다.

"아이는 생활의 자립으로 신체의 독립을 얻어야 한다. 자유로운 선택으로 의지의 독립을 얻어야 한다. 방해 받지 않는 일로 생각의 독립을 얻어야 한다."

이 세 가지에서 독립한 사람은 인격이 완전하다고 볼 수 있다. 아이의 모든 자발적인 활동은 존중받아야 한다. 아이가 어떤 일을 할 때 스스로 의지를 사용해 선택해야 한다. 선택의 과정에서 아이는 끊임없이 의지를 사용한다. 마치 보지 않는 책을 책꽂이에 정리해두듯이 아이의 의지를 한가롭게 방치해서는 안 된다. 의지를 사용하지 않으면 의지력은 고정되지 않고, 아이는 자신을 발달시킬 능력을 상실한다.

아이는 끊임없이 선택한다. 당신이 아이에게 하지 말라고 하면, 아이는 당신에게 저항할 수 있다. 아이의 의지력은 이런 방식으로도 만들어진다. 몬테소리는 말했다.

"사실 의지는 혼란이나 폭행과 무관하다. 혼란과 폭행은 정서의 산만과 고통스런 상태의 표현이다."

몬테소리는 아이가 0~6세에 제대로 성장하지 못하면, 담에 둘러싸인 것처럼 자질구레한 일과 물질적인 이익 사이에서 한평생 이 울타리를 벗어날 수 없을 것이라고 여겼다. 담은 겉보기에 아름답고 과학적이지만 안에 있는 사람이 넘어갈 수 없는 구조다. 사람의 모든 노력은 물욕을 넘어 정신적인 상태에 도달하기 위한 것이다. 우리는 이미 정상적인 발전궤도를 벗어났고, 사람의 가장 바람직한 상태를 모른다. 정상적인 사람을 거의 볼 수 없어서 비정상적인 사람을 정상적인 사람으로

간주하게 되었다. 사람이 정상이 아니라면, 사람과 사람 사이의 관계
는 필연적으로 투쟁의 관계가 될 것이다.

몬테소리는 예를 하나 들었다. 한 부인이 아이에게 물었다.

"너희가 좋아하는 일을 하고 싶니?"

이 질문은 그녀가 아이의 모든 행위를 임의적이라고 생각하고 있음
을 의미한다.

아이는 대답한다.

"아뇨, 우리는 하고 싶은 일을 하는 것이 아니라 우리가 하는 일을
좋아해요."

이렇게 되면 의식 있는 일로 변한다. 다시 말해 아이들은 자신이 좋
아하는 일을 할 뿐이다. 몬테소리는 의식과 의지는 활동에 따라 발전
하는 능력이라고 말했다.

능력은 어떻게 발전하는 것일까? 아이가 걷는 것을 보자. 한 살 때
모든 아이들은 걷기 시작한다. 당신이 아이에게 걸어서는 안 된다고 알
려줘도 아이를 당신의 마음대로 할 수 없으며, 1분마다 당신을 벗어나
걸으려 들 것이다. 걸어서 뭘 하려는 것일까? 아이의 다리가 아이에게
"걸어야 해"라고 알려주고, 아이는 그에 복종한다. 끊임없는 연습으로
걷기에 능숙해지고, 걷는 능력이 완전해졌을 때 아이는 변하기 시작한
다. 이때 아이는 "엄마, 안아주세요"라고 말할 것이다. 아이에게 바람
이 생겼을 때 아이는 끊임없이 이 바람을 실현하고자 하고, 실현된 다

음에는 이 바람이 고정된다. 아이는 의식 있는 활동을 통해 자신의 다리를 단련한다. 걷기 능력이 갖춰진 다음에 아이는 다시 부모에게 안아달라고 한다.

핵심은 의지의 발전이 매우 느린 과정인 데다 환경과 유관한 지속적인 활동을 통해서 발전하기 때문에 쉽게 좌절당한다는 것이다. 몬테소리도 언급했듯이 의지의 형성과정에서 사람의 정신은 스스로 쌓아올리는 건축물이다. 건축자는 부모도 아니고 선생님도 아닌 아이 자신이다. 부모나 선생님이 유일하게 할 수 있는 것은 아이의 일을 돕는 것이다. '도움'은 그들의 임무고, 목적이다.

일반적으로 우리는 모범을 가르치길 원한다. 이야기를 들려주며 누군가를 본받게 하고, 옳고 그름을 판단하는 재판관으로 만들며, 아이의 상상력과 의지는 방치해버린다. 이는 교육에서 흔한 편견이다. 의지는 개인의 역량에 의해서만 발전될 수 있다. 아이의 상상력·창의성·의지력은 자발적인 활동으로 만들어지는 것으로, 결코 우리의 끊임없는 설교로 만들지 못한다. 우리는 아이의 의지와 상상을 방치하면 안 된다. 의지를 방치당한 개인은 성공에 필요한 자질을 잃게 된다.

몬테소리는 말했다.
"과거의 교육에서 선생님은 논리적인 방식으로 추리한다. 선생님은

'사람을 교육하기 위해서 나는 우수하고 완벽해야 한다. 나는 무엇을 해야 하고 무엇을 하지 말아야 할지 잘 안다. 아이가 나를 모방하고 나에게 복종한다면, 사람들은 모든 것에 만족할 것이다'라고 말한다. 사물의 근본과 오묘한 비밀은 복종에 있다. 이는 교사의 업무를 쉽게 만들고 사람에게 자부심을 갖게 한다. 그는 '내 앞의 이 사람은 무지하니, 비정상적인 사람이다. 나는 그를 개조하여 나 같은 사람으로 만들려고 한다'고 변론한다. 그는 '하느님은 자신의 형상에 따라 사람을 만들었다'는 『성경』의 구절을 따라 하느님의 역할을 하려 하고 있다."

몬테소리는 또 말했다.

"어른들은 자신을 하느님의 위치에 두고 있음을 깨닫지 못한다. 『성경』에서 마귀가 어떻게 마귀가 되었는지를 잊어버린 채 자부심에 차서 아이의 신이 되려고 든다."

실제로 과거의 교육관을 답습하는 선생님은 아이의 창의성과 의지력을 파괴하는 일을 하고 있다.

아이의 정신 내부에서는 교사나 부모들이 생각하는 것보다 훨씬 숭고한 일들이 일어나고 있다. 0세에서 6세까지의 아이는 자신의 정신을 세우기 위해 줄곧 한 가지 일만 한다. 부모와 선생님은 아이를 돕기만 하면 된다.

제18장

아이가
순종하는
세 가지 단계

아이에게 순종은 영광이자 즐거움이다. 사랑의 베일이 아직 걷히지 않은, 열애하는 연인들을 생각해보자. 여성이 남성에게 뭘 해달라고 부탁하면 남성에게 큰 영광이 되지 않는가! 순종하는 사람은 자아를 실현하는 사람이다. 아이가 순종할 때도 있고 그렇지 않을 때도 있다면 아직 아이에게 순종하는 능력이 없는 것이다. 순종하는 능력이 생기면 아이는 어른의 지시를 따르며, 생활에서 자신을 반성할 것이다. 결국 아이는 순종을 갈망할 것이다. 이때 아이가 순종하는 대상은 진리이기 때문이다.

●

몬테소리는 복종과 순종이 정상적인 사람의 상태라고 여겼다. 아이에게 복종은 영광이자 즐거움이다. 어른의 연애 초기가 가장 전형적인 예다. 특히 사랑이라는 면사포가 걷히기 전에 당신이 흠모하는 대상이 당신에게 도움을 청한다면 진정 영광스럽지 않은가.

순종은 즐겁고도 영광스러운 느낌이다. 의지는 순종의 기초다. 의지가 있어야 복종이 있다. 이는 무슨 의미일까? 앞서 말했듯이, 아이가 걷는 연습을 할 때(1세 정도), 당신의 말(걷지 말아라 혹은 빨리 걸어라 등)을 따를까? 따르지 않을 것이다. 아이의 다리가 완전히 발육되어 걷는 능력이 갖춰졌을 때 아이는 복종한다. 어른들이 아이에게 어떤 말을 하면 아이는 복종할 수 있을지를 생각한다. 복종은 부모를 기쁘게 할 수 있을까? 아이는 자신의 능력에 따라서 복종한다.

초등학교에 다니는 아이들은 움직이고 말하는 것을 좋아한다. 선생님은 아이들에게 수업할 때 말하지 않도록 주의를 준다. 아이들이 그렇게 할 수 있을까? 할 수 없다. 선생님은 아이에게 '일어서는' 벌을 준다. 조금 뒤 아이는 선 상태로 또 떠든다. 이 아이는 자신의 말을 통제할 능력이 없다. 아이가 자신이 말하는 것을 인지하지 못하기 때문에 생각이 행위와 분열되는 것이다. 이는 성장과정에서 의지가 큰 상처를 받아 자신을 통제할 능력을 상실했기 때문이다. 우리는 『아이의 감성지수(EQ) 개발과 교육』으로 일곱 살 반이 된 아이를 테스트한 적이 있다. 우리가 물었다.

"규칙을 지킬 수 있겠니?"

아이가 잠시 생각하더니 대답했다.

"반은 지킬 수 있고, 반은 지킬 수 없어요."

내가 물었다.

"왜지?"

아이가 대답했다.

"음악수업 같은 것은 너무 어려워요, 저는 지킬 수 없어요."

순간 나는 크게 깨달았다. 규칙의 난이도가 아이가 지키지 못할 만큼 지나치게 높을 때 아이를 강압하면 부작용을 불러올 수 있다. 유아기는 의지를 형성하는 중요한 시기다. 아이들은 자신의 능력에 따라 규칙을 지키는 법을 배워 진심으로 순종하는데, 너무 어려우면 생각하지 못한 부작용이 생기는 것이다.

순종이야말로 정상적인 아이의 상태다. 아이에게 순종할 능력이 없는 것은 아이의 의지력이 갖춰지지 않았기 때문이다.

아이의 자발적인 활동이 방해를 받고 아이에게 발전할 목표가 없을 때, 그 아이는 정신없이 움직인다. 몬테소리는 말했다.

"여기서 말하는 복종은 통상적으로 말하는 복종보다 더 깊은 의미가 있다. 이 복종이 가리키는 것은 의지의 승화다. 복종은 개인의지의 승화다."

예전에 내가 외조카에게 물은 적이 있다.

"링링玲玲, 링링 주위에서 누가 가장 순종적이니?"

링링이 말했다.

"제 생각에는 왕 선생님이요."

왕 선생님은 정말 순종적이셨다. 왕 선생님에게 물건을 가져다달라고 하면 가지러 가고, 요리해달라고 하면 요리한다. 외부인의 눈에는 왕 선생님이 온화하고 순종적이며 인내심이 있는 좋은 남편으로 보일 것이다. 누군가 다른 생각을 말하면 그는 조용히 앉아 듣는다. 그의 뛰어남, 조용함, 깊이를 일반 사람은 알 길이 없다. 그는 세속의 사물에 관여하는 일이 없다. 그를 자세히 관찰해보면, 다른 사람보다 상태가 훨씬 좋기 때문에 타인과 쉽게 융화된다는 것을 알 수 있다. 그는 과학자이지만 과학자의 범주에만 머물지 않는다. 그는 중요한 순간에 늘 성현 같은 말을 한마디 한다. 평소의 그는 다른 사람의 공간과 시간을 차지하는 법이 없다. 그는 내가 본 사람 중에 가장 정상적인 인격을 갖춘 사람이다.

6년 교육

미국의 심리학자 매슬로우(1908~1970)는 순종적인 사람은 자아를 실현하는 사람이라고 말했다. 이 사람은 자신을 실현하고, 다른 사람들이 자신을 실현할 수 있도록 보살피고 돕는다.

한 아이가 어떤 민감기에 있을 때, 예를 들면 촉감을 발전시키는 민감기에 있을 때, 아이는 계속해서 아무 물건이나 잡고 만지려 할 것이다. 당신이 아이에게 조용히 앉아서 움직이지 말라고 해도 아이는 당신의 말에 순종하지 않는다. 몬테소리는 인류의 영혼이 이런 자질을 갖추지 못한다면, 또 인류가 어떤 심화과정을 통해 복종의 능력을 얻지 못한다면, 사회생활은 있을 수 없다고 했다. 먼저 아이가 자아를 실현해야 자아를 초월할 수 있고 사회와 조화를 이룰 수 있다.

전통적인 의미의 순종은 교사나 부모가 아이에게 지시하는 대로 아이가 따르는 것이다. 몬테소리 교육에서 순종은 세 단계로 나뉜다.

첫 번째 단계에서 아이는 순종하는 경우도 있지만 매번 순종하는 것은 아니다. 이것은 당신에게 '제멋대로' 한다는 인상을 준다. 부모들은 아이들이 귀가한 후의 모습을 보고 골치 아파한다.

"어휴! 몬테소리 교육은 안 되겠어, 유치원 다닌 지 겨우 한두 달 되었는데 벌써 제멋대로 해."

아이가 어떻게 제멋대로 하게 되는지를 살펴보자. 아이가 어떤 체계나 관념을 발전시킬 때, 이를테면 '완벽함'이라는 관념을 발전시킬 때, 어른은 아이의 '완벽한' 느낌을 파괴한다. 아이는 '끝까지 투쟁할' 것이다. 앞서 예로 들었듯, 아이는 당신이 과자를 두 조각으로 자르는 것을 절대 용납하지 않는다. 아빠가 과자를 사서 두 조각을 낸 다음 작은 쪽은 아이에게 주고 큰 쪽은 아빠 자신이 가져가면, 아이는 작은 과자를 들고 크게 울며 과자를 던져버린다. 아빠는 매우 난처하고 화가 나며, 아이가 욕심이 너무 많다고 생각한다. 그러나 사실 이 아이는 '완벽함'이라는 개념을 세우는 중인데 아빠가 아이의 '완벽한' 느낌을 깨뜨린 데 반응한 것이다. 아이는 고통스러우면서도 완벽을 추구하는 마음을 지키기 위해 어른과 '투쟁할' 것이다. 대부분의 어른들은 이 상황을 '제멋대로 한다'고 말한다.

그렇다면, 아이는 언제 복종할까? 아이는 이 말의 의미를 깨닫고 이를 받아들일 능력이 생겼을 때, 순종하기 시작한다. 예를 들어 아이가 걸을 줄 알면서도 안아달라고 할 때 당신이 아이에게 "엄마랑 아빠가 널 안아줄게, 한번 걸어볼래?"라고 말하면, 아이는 생각해보고 "좋아요"라고 말할 것이다. 걸을 줄 몰라서가 아니라 걸어야 엄마와 아빠가 자신을 안아주기 때문에, 아이는 스스로 걷게 되는 것이다. 이런 상태는 순종 내지 반 순종적인 상태로, 순종의 첫 번째 단계다.

아이의 순종은 아이가 가지고 있는 능력과 관련되어 있다. 그래서 아이가 순종적인가를 판단할 때 우리는 반드시 아이가 지금 가지고 있는 능력과 연계해서 판단해야 한다. 몬테소리는 0세에서 3세 이전의 아이가 순종하는 것은 불가능하다고 여겼다. 이 시기의 아이를 어떻게 순종적으로 만들까? 아이가 물장난을 치고 싶어한다. 당신이 아이에게 "좋아, 물장난하렴"이라고 말한다. 이때 아이의 본능적 충동과 당신의 명령이 일치하면 아이는 순종한다. 반대의 경우, 아이는 절대로 순종하지 않을 것이다. 근본적으로 아이는 당신이 무슨 말을 하는지 알지 못한다. 별로 아이를 공포에 떨게 한다면 아이는 당신에게 순종할 것이다. 그러나 몬테소리는 아이의 발달단계를 알아야 한다고 말했다. 사람에게 코로 음식을 먹게 하거나 글자를 모르는 사람에게 글을 쓰라는 것은 말이 안 되는 이야기다. 왜냐하면 이런 능력을 갖추지 못했기 때문이다. 아이가 받아들인 명령과 아이의 충동이 일치하지 않는 이상 세 살 이전의 아이가 어른에게 순종한다는 것은 불가능하다.

전통적 유치원에서는 선생님이 가져온 교구에 아이들이 벌떼처럼 모여들어 달라고 하는 모습을 흔히 볼 수 있다. 몬테소리는 이것이 개성이 형성되지 않은 비정상적인 모습이라고 말했다. 어른처럼 한 두 아이만이 물건을 가지러 가는 것이 정상적이다. 우리 교실의 상황이 이렇다. 새로운 교구를 하나 갖다놓으면 처음에는 누구도 발견하지 못하다가 우연히 한 아이가 이를 발견하고 가지고 와서 조작한다. 조금 후, 또 다른 아이가 발견하고 "어! 처음 보는 거네!"라며 교구를 조작한다. 그런 다음 이 아이는 "우리 반에 새로운 교구가 왔어"라고 말한다. 가지고 놀고 싶은 아이들은 기다리다가 그 아이가 교구를 내려놓은 다음 가지러 갈 것이다.

아들이 한 아이가 숫자판을 가지고 노는 것을 보았다. 아들은 그 아이 옆에 꼬박 30분 동안(나는 손목시계를 봤다) 앉아 있었다. 아이가 교구를 더 이상 가지고 놀지 않고 받침대에 올려놓자 아들은 얼른 그 교구를 가지고 와서 조작하기 시작했다. 아들은 이 교구를 가지고 놀려면 자신을 통제해야 하는 것을 알고 있고, 이는 아이 마음에 자리잡은 규칙이다. 아이는 이 능력을 충분히 가지고 있기 때문에 이를 지키고 순종할 수 있었다.

두 살 아이는 말을 할 수 있다. 그때 어른들은 아이를 복종시키려고 한다. 그러나 이때 어른들은 폭력이나 강압적인 수단을 사용하지 않고 말로 끊임없이 "이건 안 돼, 저것도 안 돼"라며 설득한다. 이는 아이의 대뇌를 혼란스럽게 만든다. 한 엄마가 아이가 물장난 치는 것을 보고 말했다.

"얘야, 이건 마시는 물이야, 장난치면 안 돼. 장난칠 물을 가지고 와."

아이가 마실 물을 컵에 따르면 엄마가 또 말했다.

"얘야, 이 컵은 물을 마시는 컵이 아니라 장난치는 컵이야."

이 말들은 아이의 대뇌를 혼란스럽게 만들어 지능발달에 장애가 된다. 이때 아이가 엄마에게 순종한다면, 아이의 의지와 개성은 이미 상실된 것이다.

3세 이전은 아이의 개성이 발달하는 중요한 시기로, 몬테소리는 유아가 3세 이후에 어른에게 순종하지만 그 전에 이미 어떤 자질을 발전시킨다고 말했다. 아이가 갑자기 다른 사람의 의지에 따라 행동하는 것은 불가능하고, 하룻밤 사이에 어른의 요구를 이해할 수도 없다. 이 3년 동안, 아이는 활동을 통해 천천히 자질을 만들어간다. 자질이 확고해지면 아이의 의지대로 운용할 수 있다. 많은 아이는 특정 상황에서 공공질서를 지키지 않는다. 아이는 의자를 사용할 줄 모른다. 의자로 높은 곳에 올라갔다가 내려오는 연습을 할 수도 있고, 서서 어떤 곳을 구경할 수도 있다. 이때 아이를 하지 못하게 막으면 안 된다. 아이는 해를 거듭하는 동안 관찰을 통해, 공식적이고 조용한 곳에서는 이렇게 하면 안 된다는 질서감을 세운다. 당신이 아이를 야단치는 대신 아이를 일깨워주고 아이에게 관찰로 자아를 조정할 시간을 준다면, 아이는 규칙을 발견한 다음 자기 나름대로 실천해볼 것이다. 성공해도 되고 실패해도 된다. 아이는 경험을 자기의 것으로 만드는데, 이는 몬테소리가 말하는 습득이다. 습관이 일단 굳어진 다음에는 아이의 의지에 따라 쓰인다.

몬테소리 유치원에서 선생님은 아이를 야단치지 않고 계속 일깨워준다. 이렇게 하면 아이는 어디에서든 상황을 파악할 수 있다. 아들이 우리 유치원에 온 적이 있다. 당시 아들은 두 살이 조금 넘었고 체격이 작았다. 동료 한 분이 아이에게 과자 한 봉지를 사주고 의자에 앉아 먹게 했다. 아이는 다 먹은 뒤 의자를 제자리에 갖다놓으려고 했는데, 아이가 의자 뒤에 서니 의자가 너무 컸다. 아이의 키는 의자 반 정도의 높이밖에 되지 않았다. 손으로 밀어봐도 의자가 꿈쩍도 하지 않자, 아이는 어깨로 의자를 힘껏 밀어 넣었다. 나는 문 밖에서 이 광경을 보았다. 주위에 아무도 없었다. 아이의 이 행동은 누구에게 보여주기 위함이 아니었다. 아이는 자신이 마땅히 해야 할 일이라고 여기는 일을 하는 의지력을 갖게 되었다. 아이는 장소에 따른 행동을 알고 있었다.

또 한번은 아들과 레스토랑에 갔다. 나는 아들에게 여기 앉아 있으라고 말하고 식기를 가지러 갔다. 아들은 내가 보이지 않자 의자 위에 올라가서 큰 소리로 "엄마, 엄마!"라고 외쳤다. 나는 급히 와서 "쉿, 공공장소에서 큰 소리로 떠들면 안 돼"라고 말했다. 아이는 듣고는 얼른 의자에 앉고 더 이상 큰 소리를 내지 않았다. 이때 아이는 순종했다. 아이가 자신을 통제할 수 있는 능력을 갖게 된 것이다.

이를 이해하는 것은 중요하다. 아이의 순종은 앞서 발전된 능력에 따라 결정된다. 처음의 명령을 실행에 옮길 때 아이는 성공할 것이다. 그러나 다음번에도 반드시 성공한다는 보장은 없다. 아이의 활동은 늘 이렇다. 아이가 병에 물을 붓는다. 처음에는 한 번에 부을 수 있을 것이다. 그러나 두 번째에는 그렇게 못 할 수도 있다. 이때 아이를 도와주지 않는 것이 좋다. 아이는 물 붓기를 통해 손을 통제하는 연습을 한다. 모든 성공의 전 단계에는 필연적으로 실패가 있다. 계속되는 실패는 아이가 다시 할 수 있는 자극이 되고, 이 반복이 아이의 능력을 단련한다. 우리 유치원의 리리ㅍㅍ가 못에 줄을 걸려고 한다. 아이는 매번 줄이 걸리지 않는 것에 자극받아 줄을 걸 방법을 생각했다. 이런 반복적인 자극이 줄을 걸 때까지 시도하도록 만든다. 아이는 자발적인 반복연습을 통해 능력을 기른다. 아이는 모든 것을 이렇게 습득한다. 그러나 어른들은 "어휴! 정말 둔하네" 또는 "자, 아빠 엄마가 대신 해줄게"라고 말한다. 어른들은 아이가 실수하는 것을 허락하지 않으며 아이에게 실수할 기회도 주지 않는다.

실수했다는 사실은 아이에게 별 의미가 없다. 아이는 실수의 개념도 모른다. 아이는 이번에 못했으니 다음에 다시 해야 한다고 생각한다. 끝없이 반복해서 결국 완성하고, 성취감을 느낀다. 이 과정을 통해 아이는 자신의 능력을 만든다. 우리는 아이를 쉽게 원망하는데, 특히 아이가 부모의 뜻대로 하지 않으면 아이들을 질책한다.

"왜 이렇게 멍청하지! 이렇게 멍청한 아이가 어디 있어? 엄마가 하는 거 봐봐."

어른들에게는 오래된 잠재의식이 하나 있다. 바로 아이에게 '너는 대단하다'는 생각을 주입하는 것이다. 스위스의 교육자인 페스탈로치(1746~1827) 역시 가장 용인할 수 없는 것이 제멋대로 하는 것이라고 여겼다. 그는 말을 들었다 안 들었다는 하는 아이를 용서하지 않았다. 몬테소리는 페스탈로치조차 이렇게 생각하는데 다른 교사들이 이런 잘못을 범하는 것은 이상한 일이 아니라고 했다.

우리 몬테소리 유치원의 가장 큰 문제는 부모들이다. 유치원에 온 지

두세 달 된 아이가 있었다. 아이의 모든 것이 변했는데, 과거와 달리 제멋대로가 되었다. 칭칭靑靑은 처음에 그야말로 아빠의 보배였다. 아이의 아빠는 아이의 말이라면 무엇이든 들어주었다. 칭칭은 유아원에 온 첫 달에 교구를 조작했다. 선생님은 '잘하는 아이'라고 했다. 그러나 둘째 달이 되자 아이는 집에 가서 '소란을 피우기' 시작했다. 아래층에 내려올 때 "엄마, 안아줘!"라고 했으나 칭칭의 엄마는 "벌써 이만큼 컸는데, 엄마가 왜 널 안아야 하니?"라며 안아주지 않았다. 칭칭은 뒤로 드러누워 울기 시작했다. 아이의 아빠가 말했다.

"몬테소리 교육 좀 봐봐, 애가 전에는 얼마나 말을 잘 들었는데 지금은 완전 제멋대로야."

예전에 이 아이는 아빠에게 함부로 저항하지 못했다. 왜냐하면 야단을 맞고 컸기 때문이다. 정상적인 아이라면 사랑에 빠진 연인들이 포옹하듯 사람에게 안기고 싶어한다. 내가 아들을 안고 아래층으로 내려가면 아들은 그 작은 얼굴을 내 목에 묻으며 끊임없이 웃는다. 그때 그 기분이란 정말 말로 설명할 길이 없다. 아이가 안아달라고 하는 것은 완전히 심리적인 요구다. 어른들은 이 강력한 심리요구를 결과적으로 '자기 멋대로 한다'고 치부한다.

또 한 번은 어떤 엄마가 아이에게 주려고 사탕을 사서 포장지를 뜯고 꺼내 아이에게 주었다. 그런데 아이가 사탕을 던져버리고 바닥에 드러누워 울기 시작했다. 아이 엄마가 말했다.

"고집부리는 거 보세요! 유치원에 오고 나서 이렇게 되었어요."

내가 말했다.

"아이는 직접 포장지를 뜯어서 먹고 싶어해요. 어머님이 그 과정을 깨뜨린 거예요. 그러니 화가 나지 않겠어요?"

이때 아이가 당신에게 순종할까? 순종하지 않는다. 아이는 사탕 포장지를 뜯는 동작을 통해 자질을 향상시키려고 했다. 아이는 '뜯기' 위해 다른 것을 요구할 것이다. 앞에서 말한 고구마를 사고 싶어했던 어린 소녀와 마찬가지다. 아이가 고구마를 사려고 한 목적은 껍질을 벗기고 싶어서인데, 엄마는 끝내 아이가 껍질을 벗기지 못하게 하고 자신이 껍질을 벗겼다. 결국 아이는 화가 나서 고구마를 먹지 않았다. 그러나 아이 엄마는 아이가 왜 이러는지 몰랐다. 아이들이 화를 내고 성질을 부리는 데는 이유가 있다. 이 모두가 어떤 요구나 어떤 발전의 염원이 자기 뜻대로 이루어지지 않았기 때문이다.

이런 상황에서 한번 생각해보자. 만일 이 어린아이에게 굳센 의지가 있어 '완강하게 저항하며' 울고 난리를 피운다면 어떻게 될까? 아마 한바탕 '전쟁'이 일어날 테고, 어른들은 완력으로 '이유 없이 소란을 피운' 아이를 '진압'할 것이다.

나는 사랑만 있다면 이런 황당한 일은 일어나지 않을 것이라 믿는다. 사랑이 있으면, 아이가 "제멋대로 한다"라는 무지한 말은 나오지 않을 것이다. 그러나 사람이 헌신적인 사랑을 베풀기는 지극히 어려운 일이다.

아이에게 여유로운 환경을 주고 야단도 치지 않지만 설교(잔소리)로 아이의 자신감을 죽이는 부모들이 있다. 몬테소리는 자신감을 완전히 상실하게 만드는 것이 가장 나쁘다고 했다. 자신감은 어떻게 상실될까? 예를 들면 일을 다 하지 못했을 때 옆에 있던 사람이 "틀렸어. 봐봐, 이렇게 하는 거야"라고 말하면서 시범을 보여주면 당신은 허탈해질 것이다. 오랫동안 이렇게 누군가가 옆에서 늘 참견한다면 어른인 당신도 자신감을 잃게 된다. 아이도 마찬가지다. 몬테소리는 아이가 자신의 의지를 따르지 못한다면 다른 사람에게는 더더욱 순종하지 않을 것이라고 했다.

아이의 자발적 행동은 자신의 의지를 따른 것일까? 그렇다고 해야 할 것이다. 이 능력이 만들어져야 아이는 다른 사람의 의지에도 순종할 수 있다.

그래서, 순종의 첫 단계는 아이가 순종하기는 하지만 늘 순종하지 않는 것이다. 이 단계는 순종과 순종하지 않음이 함께 나타난다.

순종의 두 번째 단계는 아이의 통제력 부재로 인한 문제를 넘어서는 단계다. 아이가 물을 들고 걷는다고 하자. 아이는 걸으면서 물을 계속 흘린다. 이때 엄마가 "물 흘리지 마"라고 강조하면, 이 말이 아이에게 물을 흘리지 않게 할 수 있을까? 불가능하다. 아이는 계속 물을 흘릴 것이다. 왜냐하면 아이는 아직 물을 통제할 수 있는 능력을 갖지 못했기 때문이다. 우리 유치원에 잉잉迎迎이라는 소녀가 있다. 그 아이 엄마가 말했다.

"아, 저 지금 너무 힘들어요. 딸은 물을 들고 올 때 한 방울이라도 흘리면 울어요. 그리고는 흘린 컵의 물은 모두 따라버리고 다시 한 컵을 가져오죠. 딸은 컵의 물을 한 방울도 흘리지 않고 가지고 와야 그만둬요."

지금 이 아이는 자신의 평형능력을 단련하고 있다. 이 아이는 물 가져오기를 완벽하게 수행하려고 노력하는 중이다. 일을 할 때 완벽함을 추구하는 것은 사람의 본성이다. 정상적인 환경에서 아이는 조심스럽게, 느릿느릿 부들부들 떨며 가득 찬 물을 이쪽에서 저쪽으로 어렵게 들고 갈 것이다. 아이는 큰 상자나 화분, 컵 같은 다른 물건들도 이렇게 옮긴다. 아이가 이를 실현하고 발전시키면 어른이 되어서 예술가 수준의 심미관을 갖게 될 것이다.

두 번째 단계에서 아이가 이런 능력을 갖춘 다음에는 어떤 문제도 일어나지 않을 것이다. 물을 옮기는 것을 예로 들어보자. 아이는 자신의 손과 몸을 통제할 수 있기 때문에 컵의 물을 쏟지 않는다. 이 능력이 생기면, 교사나 부모가 아이에게 도움을 청할 때 아이는 즐겁고 기꺼운 마음으로 달려가 돕는다. 이때 아이는 순종을 통해 실생활에서 자신의 능력을 검증하게 된다. 이렇게 되면서 아이의 능력은 더욱 발전한다. 이는 아이가 순종으로 가는 큰 걸음을 내디디는 것이다. 영어를 잘하는 사람이 있다. 누군가가 그에게 통역해달라고 부탁하면 그는 아주 즐거워할 것이다. 영어를 잘 못하는 사람이라면 통역할 때 심리문제가 나타날 수 있다. 그는 자신의 수준이 통역을 할 정도로 높지 않다는 것을 알기 때문이다. 우리 유치원의 외국인 선생님 루시가 생각난다. 당시 나는 그녀가 중국어 단어를 얼마나 알고 있는지 몰랐다.

"미국에 얼마나 계셨습니까?"

그녀는 알아듣지 못했다. 내가 다시 이렇게 물었다.

"미국에 얼마나 있었나요?"

그녀가 알아들었다. 내가 물었다.

"유치원은 좋습니까?"

그녀는 알아들었다. "우리 유치원이 당신의 유치원과 다른 점은 뭐라고 생각하세요?"라고 물었다면, 그녀는 알아듣지 못했을 것이다. 내가 또 무슨 말을 하려고 하면, 이 외국인은 얼른 피해버렸다.

한번은 아들이 옥수수를 먹고 싶어했다. 루시가 물었다.

"옥수수가 뭐죠?"

내가 말했다.

"옥수수는 한 알 한 알로 된 음식인데, 이렇게 긴 식물의 열매예요."

그녀는 '식물'을 알아듣지 못했다. 그녀가 또 물었다.

"식물이 뭐예요?"

결국 나는 그녀에게 '옥수수'가 어떤 물건인지 확실하게 말해주지 못했다. 그녀는 자신의 친구에 가서 물었다.

"옥수수가 뭐지?"

그녀의 친구가 말했다.

"옥수수는 가지처럼 생겼어. 먹을 수 있지."

그때서야 그녀는 알아들었다.

"아하, 알겠어요."

그 친구는 비슷한 사물을 예로 들어 이 단어의 의미를 알려주었다. 이 일로 나는 아이가 단어를 배운 다음 말을 배우는 것이 떠올랐다. 어른들은 아이에게 많은 이야기를 해준다. 이야기가 많고 복잡해질수록 아이는 혼란스럽다. 아이는 실물을 통해 단어를 익혀야 한다. 이런 단어들이 일정량 습득되어야 문장의 의미를 파악하고, 그림이나 대비 등의 방법으로 의미를 이해할 수 있다.

사람의 인지발달은 독특한 면이 있다. 친구가 물었다.

"너희 아이들은 외국인을 좋아하니?"

내가 물었다.

"왜?"

그녀가 말했다.

"세 살 된 아이가 이 외국인을 보더니 울던데."

내가 말했다.

"좋아하지 않는 것이 아니라 아이의 상태가 아직 그 단계까지 오지 않았어. 자신에게 익숙한 사람들과 같이 있다가 갑자기 낯선 사람이 들어오니 놀라서 운 거지. 아이가 세워놓은 질서와 관념이 깨진 거야.”

외국인이 아이들에게 가까이 다가가면 아이들은 두려워서 멀리서 관찰할 것이다. 그러나 큰 아이들은 다르게 생긴 외국인들을 받아들일 수 있을 정도로 성장했다. 그들은 이미 세상에 백인과 흑인 등의 민족이 있음을 알고 있다. 그래서 외국인이 오면 큰 아이들은 가만히 관찰하면서 좋아한다.

세 살 정도의 아이는 외국인과 외국어 수업을 제대로 할 수 없다. 이때 아이들은 외국인 선생님의 얼굴만 알아본다. 이 아이들에게 의지력이 없는 것일까? 그렇지 않다. 아이의 능력이 자신을 통제할 수준에 이르지 않아서다. 아이는 이 세계를 겨우 인식하고 있는데 갑자기 이 세계에 황인종의 눈·코와 다른 사람이 있다는 것을 알게 된 것이다. 이 단계에서 인지는 아이에게 아주 중요하다. 외국인의 수업시간 내내 아이들은 이 사람을 끊임없이 관찰하여 장래에 변별능력을 갖게 된다. 그 이전에 영어를 배운다는 것은 불가능하다. 이런 인지과정이 완성되어야 아이들은 지식을 배울 수 있다.

세 번째 단계는 아이가 순종을 갈망하는 것이다. 이때 순종은 아이가 우수하다고 생각하는 사람에게로만 향한다. 아이는 이 우수한 사람에게서 도움과 지도를 받을 수 있다고 여긴다. 이때 새로운 열정이 생기는데 이는 순종을 갈망하는 형태로 나타난다. 사람이 어떤 상태에 이르렀을 때 순종은 갈망이 된다. 자신이 할 수 없는 일을 선생님은 할 수 있다고 의식했을 때, 아이는 자신에게 말한다.

"선생님은 나보다 훨씬 뛰어나. 선생님은 나를 총명하게 만들어줄 거야."

어느날, 성인의 능력이 자신보다 뛰어나다는 생각을 아이가 하면 아이는 그 어른에게 기꺼이 순종한다. 이것이 바로 생활이다. 몬테소리는 "순종은 인류사회에 유익함을 주었다. 순종이 없었다면 사회생활은 혼란스러울 것이다"라고 했다.

몬테소리는 자리에 가만히 앉아 있는 것을 예로 들었다.

"설령 한 사람이 조용함을 깬다 해도, 자리에 있는 모든 사람들이 즐겁다면 완전히 조용해질 수 있다."

우리 유치원이 전통 유치원보다 못하다고 말하는 사람이 있다. 이유는 우리 유치원에 단체의 명예감이 없다는 것이다. 이어달리기를 예로 들어보자. 우리 아이들은 반쯤 달리다가도 경찰관이 어떤 사람과 이야기 하는 것을 보면 바로 멈춘다. 그리고 릴레이 봉을 쥐고 경찰관이 말하는 모습을 관찰한다. 경찰관이 말을 다하고 가면 아이는 그때서야 다시 달리기 시작해 릴레이 봉을 다른 아이에게 전해준다. 이때 우리 선생님들은 마음이 급해서 "빨리 달려, 달려!"라고 크게 소리친다. 그러나 아이들은 급해하지 않는다. 그 자리에 서서 가만히 있는다. 새로 오신 선생님은 아이들에게 단체의 명예감이 없다고 말한다. 몬테소리는 이는 아이의 주의력이 달리기 경주에 있지 않기 때문이라고 여겼다. 설사 그 경찰관이 나타나지 않았더라도 그 아이는 달리기에 몰두하는 모습을 보이지 않았을 것이다. 아이가 순종상태에 있을 때 어떤 사람이 이 상태를 깨뜨린다면, 전체 분위기와 환경은 그 영향을 받을 것이다.

그날 나는 천사반에 들어갔다. 선생님은 마침 아이들과 조용히 하기 놀이를 하고 있었다. 당시 치치琪琪라는 아이가 꼭지원기둥을 들었던 것으로 기억한다. 치치가 꼭지원기둥을 선생님에게 건네주자, 선생님이 말했다.

"잘 했어요, 제자리에 갖다놓으세요."

치치는 신이 나서 가지고 돌아갔다. 그런데 꼭지원기둥은 무거웠고 치치는 어렸기에, 꼭지원기둥의 한쪽 끝을 교구함에 놓을 때 둔탁한 소리가 났다. 결국 다른 한쪽에서도 소리가 나고 말았다. 치치가 얼른 자리에 앉자, 한 친구가 "시끄러워"라고 말했다. 나중에 다른 친구가 긴 막대를 가지고 왔는데, 그 막대는 아이에게 너무 길었다. 가장 긴 막대는 아이의 손이 끝 부분에 닿지 않았다. 아이가 긴 막대를 들고 옷장을 지나다가 '꽝'하며 옷장에 부딪쳤다. 모든 아이들이 움찔했고, 한 아이가 "듣기 싫다"라고 말했다. 이때 우리 아이들은 한 사람이 낸 소리가 교실 전체의 분위기를 깨뜨린다는 것을 알았다. 이것이 진정한 단체의 명예감이다.

아이들은 단체의 명예감을 깨뜨려서는 안 된다고 생각한다. 그것은 미적 감각에 어긋나기 때문이다. 아이가 이를 깨뜨려서는 안 된다는 것을 안 다음에 아이는 자신을 통제할 수 있는 능력을 갖게 된다. 당신은 무엇이 두려운가? 중학교 때 줄을 지어 움직인 기억이 있을 것이다. 선생님이 감독하지 않으면 앞쪽 줄은 그럭저럭 유지되지만 뒤쪽 줄은 엉망이 된다. 그러나 우리 아이들은 밖에 나가면 이러지 않는다. 아이들을 데리고 공룡전시회를 보러 간 적이 있다. 해설사가 꼬박 40분간 설명했다. 마지막에 해설사가 놀라서 말했다.

"여태까지 어른, 중학생, 초등학생들에게 수차례 설명을 했지만 이 아이들처럼 진지하게 듣는 경우는 보지 못했어요!"

이때 아이들은 공공장소에서 자신을 통제하는 능력을 이미 갖고 있었다. 다시 말해, 순종상태에 이른 것이다. 큰 아이들이 순종하자 작은 아이들도 영향을 받았다.

아이는 생애 첫 6년간 끊임없이 자신의 지능에 따라 발전하고 그에 상응하는 능력을 갖춘다. 그 뒤에 아이는 사물의 본질과 규칙을 습득하기 시작하고 동시에 이 규칙에 순종하기 시작한다. 그러면 이윽고 순종의 제3단계에 이르러, 진리에 순종하게 된다. 우리 아이들은 "저는 선생님을 사랑해요. 저는 진리를 더욱 사랑해요"라는 말을 실천한다. 아이들은 이제 사람을 보지 않고도 사물의 규칙을 지킨다.

몬테소리는 다음과 같이 말했다.

"순종은 의지발전의 마지막 단계다. 아이는 이렇게 높은 수준의 순종에 이르기 때문에 최종적으로 어른들의 모범이 된다."

제19장

아이의
우수한 자질은
어떻게 만들어지나?

많은 어른이 진선미를 추구한다. 그러나 이 과정은 매우 어렵다. 그들은 대부분의 시간을 자아와의 투쟁으로 보내며, 평생 동안 생활의 고행자가 된다. 그러나 아이가 0~6세까지 완전한 자질을 가꾼다면 올바름을 추구하는 마음이 아이의 자연스런 추진력이 된다. 아이는 평생 자신을 끊임없이 가꾸어나간다.

●

사람에게 자질보다 중요한 것이 있을까? 사람의 자질은 그 사람 자체다. 민족은 민족의 자질로 살아가고, 사람은 자신의 자질로 사회 속에서 살아간다.

사람의 자질은 아동기에 발전한다. 자질은 아이가 스스로 세우고 발전시키는 것이다. 몬테소리는 "아이는 어른들의 아버지다"라고 했다. 이는 과장된 말이 아니다. 몬테소리는 아이가 3세에서 6세까지 진행되는 장기적이고 느린 활동으로 자신의 자질을 만든다고 생각했다.

몬테소리는 그림 하나를 예로 제시했다. 정중앙에 완전한 중심을 나타내는 짙은 원(a)이 있다. 이 원을 흐린색 원(b)이 둘러싸고 있다. 이 원은 뛰어난 자질과 굳센 의지를 가지고 있는 정상적인 사람을 의미한다. 다시 이 원을 둘러싸고 있는 흰색 원(c)은 정상적인 상태에 이르지 못한 대다수 사람들을 의미한다. 마지막으로 가장 바깥쪽 좁은 원 테

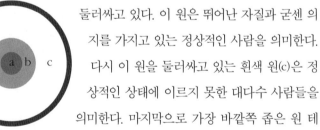

두리는 정상범위를 벗어난 정신병자나 범죄자 같은 사람을 의미한다.

현대 교육과 옛 교육의 차이는 무엇일까? 몬테소리에 의하면 주위세계에 대한 사람의 적응력은 아이가 출생한 후 6년 이내에 발생하며, 이 6년 동안 아이가 내재적 지도指導를 따라 정상적으로 자란다면 아이는 자연스럽게 b영역 안에 있는 사람이 될 것이라고 했다. 그렇게 되면 누구도 아이를 교육할 필요가 없다. 설령 아이를 때리고 욕을 해가며 완벽함을 추구하지 못하게 막아도 아이는 완벽함을 추구할 것이다.

사람들은 진·선·미를 갖춘 사람을 존경한다. 잔 다르크, 링컨, 간디 등의 위대한 과학자·예술가·정치가·장인·교육자·전사 등, 정직하게 사회를 위해 큰 공헌을 한 사람들이 진·선·미를 갖춘 사람들이다.

많은 사람이 완벽해지기 위해 분투하고 희생한다. 이탈리아의 여류 작가 오리아나 팔라치(1929~2006)가 쓴『한 남자』라는 소설을 읽은 적이 있다. 주인공은 그리스의 유명한 정치가였다. 그는 한평생 감옥을 전전하며 죽을 고비를 여러 번 넘기면서도 자신의 꿈을 포기하지 않았다. 많은 고통과 좌절을 겪지만 그는 여전히 당시의 정치시스템을 바꾸려는 자신의 목표를 향해 노력했다. 좌절과 고통은 그의 투지를 무너뜨리지 못했다. 남아프리카의 넬슨 만델라(1918~2013)도 마찬가지다. 그는 타고난 완벽주의자로, 죽음도 그의 마음을 꺾지 못했다. 그래서 몬테소리가 말한 첫 번째 인류는 강인한 의지를 가진 사람이고, 흰색 부분에 있는 사람들을 포함한 그 나머지 사람들은 자질이 나약한 사람들로 여겨진다.

우리 주위에는 정의로운 일을 하는 사람이 있다. 나의 한 학우는 곧 넘어질 것 같은 나무가 행인들에게 위험하다고 하소연하며 반나절이나 정부의 각 부서들을 쫓아다녔다. 사실 이것은 그녀와 상관없는 일이지만 그녀는 여기저기 뛰어다녔다. 왜냐하면 그녀의 자질이 이렇게 하라고 그녀를 끊임없이 추동했기 때문이다. 반면 이에 아랑곳하지 않는 사람들도 있다. 그들은 매일 무엇을 할까? 자질구레한 일과 현실의 물질적 이익에 사로잡혀 있다. 또 결혼생활을 힘들어하는 남자를 보자. 그는 아내에게 짜증이 났으며 마음이 굳건하지 않고, 아이를 사랑할 능력도 없다. 그는 또 다른 사람을 사랑한다. 그는 어떻게 해야 할까? 그는 이런 갈등 속에 끊임없이 자신을 소진시키며 몸부림친다. 그가 더 나쁜 일을 하지 않는 것은 사회의 도덕 때문이다. 그가 어떤 일을 저지른다면, 양심의 가책과 죄책감으로 끊임없이 자책할 것이다.

의도적으로 악인이 되려고 하는 사람은 없다. 사람들은 악인이 되지 않기 위해 열심히 자신을 통제한다. 몬테소리는 이런 사람들을 고행자라고 했다. 이런 사람은 평생 동안 끊임없이 외부적인 힘의 속박을 받으며 진보와 퇴보를 거듭한다. 반면 b영역에 있는 사람들은 완전히 자유로운 상태에 있다. 그의 전 생명이 착함과 아름다움으로 향해 있어 세속의 도덕적인 설교를 포함해 어떤 것도 그를 제약할 수 없다. 그는 세속의 도덕을 완전히 초월했기 때문이다. 이런 사람은 완전히 자유로운 상태에 도달한 사람이다. 그는 일생 동안 자신을 완전하게 가꾸면서 이 사회를 완전하게 만드는 일을 한다.

그러나 c영역에 있는 사람은 이와 다르다. 여기에는 두 종류의 사람이 있다. 하나는 무감각한 사람이다. 이 사람은 에너지를 자아의 몸부림 속에서 소모한다. 우리가 말하는 평범한 사람이다.

다른 한 종류의 사람은 바깥쪽으로 나가려는 경향을 보인다. 이런 사람들은 유혹을 쉽게 받는다. 열심히 노력하지 않으면 더 저열한 사람이 될 수도 있다. 이들은 도덕의 구속으로 자신이 받는 유혹에서 벗어나야 한다. 생활에서 나는 이런 사람을 자주 본다. 물건을 훔치는 것을 예로 들어보자. 남의 물건을 훔치는 것이 습관이 된 사람이 있다. 이런 사람들도 잘 해보고자 하는 마음이 있는데, 그 마음은 매우 미약하다. 그는 늘 분노, 보복심, 어두운 심리의 조종을 받는다. 몬테소리는 이런 사람들을 정신병자 혹은 범죄자라 불렀다. 몬테소리는 다음과 같이 말했다.

"부도덕은 도덕 그 자체에서 오는 것이 아니라 사람의 의지에서 나온다. 이런 사람은 자신을 통제하지 못한다."

이탈리아의 소설가 지오반니 보카치오의 『데카메론』(1353)은 전염병이 발생한 후의 사람들의 심리를 그리고 있다. 당시 대부분의 사람들은 곧 죽을 목숨이라 여겨 윤리도덕에 개의치 않았다. 이들은 사회 규칙·법률·종교의 제약으로 나쁜 짓을 하지 않고 살아왔다. 이들은 매일 자신과 싸움을 하느라 매우 피곤했으며, 자신들의 생명의 에너지를 여기에 소모했다. 이들의 가장 큰 특징은 한쪽으로 경도된다는 것이다.

아돌프 히틀러(1889~1945)를 보자. 그는 하룻밤 사이에 국민들을 동원해 이웃 나라를 침범하고 무고한 사람들을 살상했다. 그의 추종자들도 그와 같은 사람들이었다. 이런 사람들에게 선과 악은 같다. 그렇기 때문에 그들은 보통사람이고, 끊임없이 세속의 도덕으로 사람들을 제약한다. 그들의 마음은 분별능력이 없는 갈대와 같다. 왜냐하면 도덕관념이 분명치 않고, 사물에 대한 생각도 명확하지 않기 때문이다. 이런 모호한 상태에서 어떤 사람이 자신보다 조금이라도 강하면 그는 이 사람을 추종할 것이다.

심리상태가 잘 발달된 0~6세의 아이들은 절대 무리를 따르지 않는다. 프랑스의 문학가 로맹 롤랑(1866~1944)의 소설 『장 크리스토프』에서는 "위대한 사람은 '벽의 이쪽 면'에 있다"고 했다. 당신이 이쪽 면을 선택한다면 당신은 반드시 '고독과 적막'을 견뎌내야 한다. 벽의 저쪽 면은 시끄러움으로 가득 차있다. 당신은 이쪽 면에서 그 소리를 들을 수 있다. 당연히 '고독과 적막'은 일종의 아름다움이다. 그는 위대한 영혼과 대화를 할 수 있고 대중을 인도할 수도 있다.

훌륭한 몬테소리 교사는 절대로 아이들에게 자신을 떠날 수 없을 정도로 '사랑하라'고 하지 않으며, 아이를 자연스럽게 성장시키는 데 모든 것을 집중한다. 아이가 내심의 발전에 충실하다면, 자신의 성장과 관계없는 외부의 사물에 대해서는 흥미를 느끼지 않는다. 자신의 일에 충실한 부모도 마찬가지로, 아이에게 세상에서 엄마가 가장 좋다는 생각을 심어주지 않는다. 아이가 엄마에게서만 안정을 느끼면 남는 것은 온통 위험뿐이다. 많은 아이들은 엄마가 없어지면 두려움을 느낀다. 그러나 정상적인 아이는 엄마를 사랑하고 함께 있다가도 언제든지 엄마에게서 떨어질 수 있어야 하며, 떨어졌을 때는 자신을 계속 발전시킬 수 있어야 한다.

정상적으로 성장한 아이는 '고독'한 것처럼 보인다. 아이는 외부세계를 의식하지 않고 자신의 세계에 빠진다. 많은 부모가 아이가 밖에서 자신들이 생각하는 것만큼 '무리와 어울리지' 않는다고 말한다. 아이가 친구를 사귀고 재미있게 노는 것은 아주 정상적인 것이다. 그렇다면 어떤 사람이 비정상적일까? 집착과 예속된 마음이 가득 찬 사람이다. 정상적인 아이는 함부로 어떤 사람과 접촉하지 않는다. 왜냐하면 사람들이 그를 이해하지 못하기 때문이다. 끊임없이 올바름을 추구하고 자신을 완전하게 하는 성인은 한평생 진리를 찾고 사람들을 위해 헌신할 것이다. 이런 목표를 가지고 있는 사람이라면 사소한 일은 돌보지 않을 것이다.

환경의 제약으로 생존조건이 나빠질수록 사람은 나쁜 쪽으로 간다. 생존조건이 열악해서 아이가 성장궤도를 벗어나기 때문이다. 아이는 자신의 인생목표를 세우지 못했을 때 상처를 받기 때문에 다른 비인성적인 자질을 만든다.

어른들이 진·선·미로 자신을 치장하는 것은 일종의 즐거움이자 위로다. 그러나 이 '치장'은 오히려 생활을 힘들게 하고 그 자체로 고행이 된다. 고행은 즐거움이 될 수 없다. 그래서 그들은 자신보다 강한 사람에게 달라붙어 유혹을 억제한다. 그러나 우리가 0~6세일 때 우리의 자질을 만든다면, 더 이상 고행을 하지 않아도 된다. 선을 추구하는 자질이 자연스런 추진력이 되기 때문이다. 이렇게 하지 않을 때 우리는 도리어 고통스러울 수 있다.

몬테소리는 교육자는 늘 자신을 모범으로 삼아야 한다고 했다. 교사는 수시로 두려움을 느끼기 때문이다. 그래서 교사는 말한다.

"나는 모범을 보여야 한다. 그렇지 않으면 학생들이 장래 어떻게 되겠는가?"

이 말은 학생이 나쁜 사람이 될 수 있기 때문에 교육자로서 이를 매우 걱정한다는 의미다. 우리는 자연스레 아이에 대해 이렇게 생각한다. 왜냐하면 어른인 교육자 자신이 유혹을 견디지 못하고 매일 고민하기 때문이다. 우리 주위를 보자. 대다수의 어른이 "이렇게 하다 아이를 망칠 수 있어"라며 걱정한다. 그러나 성장을 정상적으로 한 사람은 이렇게 생각하지 않는다. 우리가 끊임없이 아이를 일깨우는 것은 자신을 믿지 못하는 두려운 마음 때문이다.

몬테소리는 "c영역에 있는 사람이 b영역에 있는 사람들을 교육한다는 사실이 인류의 비애다"라고 말했다. b영역의 아이들이 자아를 완성하려고 할 때, c영역의 사람들이 이 궤도를 이탈시킨다. 아이는 성장기 동안 무엇이 옳고 그른지를 분별하지 못하며 아이의 모든 것은 내부 발전에 순응한다. 아이가 완전함을 추구하는 것은 자연스러운 일이다. 아이들은 자연스럽게 완전함으로 나아간다. 아이들에게 완전함의 추구는 희생이 아니라 생활 그 자체다.

부와 권력과 여자를 추구하는 사람에게 이를 금지하면 대단히 고통스러워할 것이다. 자신의 욕구를 견디지 못하기 때문이다. 그에게 평생 이런 것들을 생각하지 못하게 하면 그보다 더한 고행은 없을 것이다. 그래서 그들은 타인이 제정한 법을 엄수하거나 그들의 정신적 지도자가 정한 신조를 지키면서 유혹을 이긴다. 그러나 b영역의 사람들에게는 다른 누군가의 신조가 필요 없다. 그들은 타고난 내심의 신조를 충실히 지키기 때문이다. 그들에게는 지도자도 필요 없고 교리의 규제도 필요 없다. 그들은 내심의 규칙만 지킨다. 이 내심이 바로 0~6세의 성장에서 이루어진다. 이는 매우 중요한 문제다. 그래서 c영역의 사람들과 가장 바깥쪽 테두리에 있는 사람들은 평생 결코 b영역에 있는 사람들이 얼마나 즐거운지를 알지 못한다.

아이는 어른에게 고차원적인 존재다. 몬테소리는 사고범위가 넓은 사람이 사회를 변화시키는 원동력이 된다고 여겼다. 우리가 말하는 세상을 변화시킨 사람은 사회를 변화시키는 데 원동력이 된 사람, 즐거운 사람, 자아를 완전하게 하는 사람을 의미한다. b영역 안쪽에 있는 사람이 c영역에 있는 사람 수보다 적지만 b영역에 있는 사람들이 창조한 정신적 역량은 인류의 발전에 커다란 영향을 끼친다.

세계 역사를 보자. 각 시기마다 자신의 이상을 위해 공헌한 사람들을 찾아볼 수 있다. 링컨은 노예를 해방시켰고, 만델라는 인종차별문제를 해결했다. b영역의 사람은 유혹과 투쟁하는 데 자신의 에너지를 낭비할 필요가 없다. 전 인류의 목표는 무엇일까? 나는 자신을 완전하게 하는 것이라고 생각한다.

당신이 1억 달러 혹은 세상 전부를 가졌다고 해도 당신은 여전히 당신이고, 제자리에 그대로 있을 것이다. 그렇다면 무엇을 가지든 아무런 의미가 없다. 그러나 당신이 끊임없이 자신을 완전하게 할 때 당신은 하나의 비밀, 즉 당신이 속한 이 사회를 완전하게 하고 있다는 사실을 발견할 것이다.

미국 소설 『누이동생 캐리』(1900)에 이런 이야기가 있다. 어떤 사람은 선천적으로 담 안에 있고, 어떤 사람은 노력으로 담 안으로 들어올 수 있다. 어떤 사람은 담 위에 있고, 어떤 사람은 평생 동안 노력해도 담 안으로 들어올 수 없다. 이는 몬테소리가 한 말과 완전히 일치한다. 어떤 일을 할 때 많은 사람이 "이 일은 불가능해"라고 말한다. 왜일까? 그들은 언제나 자아와 투쟁해야 하기 때문이다. 자아와 투쟁할 필요가 없는 사람들은 모든 역량을 한 가지 일에 쏟는다. 그는 각종 어려움을 극복하고 일을 성공시킨다.

b영역의 사람은 c영역의 사람과 완전히 다르다. b영역의 사람은 모든 주의력을 자아를 완성하는 데 두고, c영역의 사람은 주의력을 자아와의 투쟁에 둔다.

몬테소리에 의하면 자질 면에서 c영역의 사람이 매우 많다. 그들은 지팡이로 자신을 지탱해야하는 사람들이다. 옛날 같은 교육을 한다면 결국 인류의 수준은 떨어질 것이다. 어떤 민족에서 0~6세의 아이들이 제대로 성장하지 않으면, 이 민족의 소질이 빠르게 악화될 것이다. c영역에 있는 사람은 b영역에 있는 아이에게 "돈과 권세와 여인을 탐하지 마라, 이는 죄를 저지르는 길이다"라고 말한다. 아이는 "우리는 권세와 돈을 좋아하지 않습니다, 우리는 진·선·미를 좋아합니다"라고 대답할 것이다. c영역에 있는 교사는 아이의 수준을 떨어뜨려 아이들이 자신을 완전하게 하는 길로 인도하지 못한다. 이것이 몬테소리가 말한 새로운 교육과 옛날 교육의 차이다.

지금 우리가 하는 교육은 새로운 교육이다. 어쩌면 평범한 사람은 어려서 좋은 교육을 받지 못한 사람일지도 모른다. 지능이 낮은 사람은 어렸을 때 어른들에게 많은 제약을 받고 자랐을 가능성이 높다.

몬테소리는 우리가 새로운 교육을 한다면 아동에 대한 인위적 제약은 사라질 것이라고 말했다. 사람들은 '큰일'을 하고 '큰 구호'를 외치는 것보다 가장 현실적인 일을 중요시해야 한다. 아이는 완전히 자유로운 상태에서 내심의 요구를 따라 자신의 일을 할 수 있어야 한다. 이렇게 할 수 있다면 우리의 아이들은 매우 잘 성장할 것이다.

역사와 철학을 아무리 공부해도 사람의 능력은 여전히 부족하다. 이 점은 나 역시 크게 깨달은 바 있다. 나의 친한 친구는 결혼해 십 몇 년을 살았다. 첫 5년 동안 그녀는 많은 책을 읽었지만 여전히 능력의 부족을 느꼈고, 밖에 나가서 어떻게 일을 처리해야 할지 몰랐다. 그러나 10년 동안 진정한 사랑과 여태껏 누려보지 못한 자유를 누리면서 그녀는 부쩍 성숙했다. 그녀는 자신의 능력이 만개했음을 깨달았고, 그녀의 사업은 크게 번창했다. 한 사람의 능력은 독서를 얼마나 했느냐에 따라 결정되는 것이 아니라 인격의 완전함에 따라 결정된다. 이런 사람은 심리적으로 장애가 없다.

장애가 없는 사람에게는 일종의 힘이 있다. 이 힘이 그에게 모든 주의력을 한가지에 집중하도록 하여 훌륭하게 일을 처리하도록 만든다.

교육을 받지 않았는데도 잘 자라는 사람이 있고, 좋은 교육을 받았음에도 엉망인 사람도 있다. 이는 책을 많이 읽었어도 여전히 능력이 부족할 수 있다는 것을 말한다. 당신이 적극적인 자세로 사람과 세상을 본다면 마음이 한층 편안해질 것이다. 당신이 하는 일마다 잘 되지 않는다고 불평한다면, 여기에 얽매여 가장 중요한 문제에 집중할 수 없게 될 것이다. 이렇게 자질구레한 것이 우리를 얽어매고, 인생의 목표에서 멀어지게 한다.

제20장

아이에게
좋은 환경이란
무엇인가

"환경에는 생명이 있어야 한다. 선생님은 자신을 성장시킬 수 있어야 한다. (…) 선생님이 변하지 않으면 아이에게 생명 있는 환경을 만들어줄 수 없다." 이 말은 부모들에게도 그대로 적용된다. 어른이 경직되고 닫힌 상태라면, 그가 만든 가정환경은 생명력이 결핍되어 아이의 성장을 제약할 것이다. 개방적이고 활발한 어른만이 아이의 성장을 느끼고 도울 수 있다.

●

대자연은 사람을 창조했다. 모든 생명은 다르다. 사람은 자발적으로 생존과 발전의 체계를 세울 수 있다. 이는 대자연이 사람에게 부여한 본능이다. 이 때문에 세계는 흥미롭고 창조적이면서 생기발랄하게 된다.

개성이 창의성과 분명한 연관이 있다고 말하는 심리학자들도 있다.

아이는 자신의 개성을 따라 사고와 감정을 만들 것이다. 언어를 보자. 어떤 아이에게는 언어의 민감기가 매우 늦게 와서 두 살이 넘어서야 말을 배운다. 또 어떤 아이는 한 살이 조금 넘었는데도 말을 아주 잘한다. 말이 늦은 아이는 논리적인 사유능력이 뛰어난 반면, 말을 일찍부터 한 아이들은 상대적으로 순간대처능력이 뛰어나다. 어느 쪽이 좋거나 나쁘다고 말하기 어렵다.

몬테소리 교육은 아이들에게 성장조건을 제공한다. 자유는 아이에게 가장 좋은 성장조건이다. 자유 속에서 아이는 이미 알고 있는 것을 반복적으로 연습하며 이를 실체화(육체화)한다. 이런 활동을 안 하는 아이는 없다. 지식을 능력으로 바꾸는 활동이 창의력이다. 흡수하는 자질은 여섯 살이 지나면 일단 사라진다. 이때부터 아이는 언어로 전해지는 외부의 지식을 받아들이기 시작한다. 창의력과 지식을 능력으로 바꾸는 메커니즘이 이미 아이의 몸에 있어 아이는 평생 이 메커니즘을 사용한다. 이 새로운 교육의 목적과 방법은 과거의 교육과는 확연히 다르다.

언어를 보자. 아이들은 상당한 언어적 창의력을 갖고 있다. 아이들은 아무도 없는 곳, 즉 구석, 책상 아래, 붙박이 장롱 속, 숲속 같은 곳에 숨어 작은 소리로 이야기하길 좋아한다. 몬테소리 유치원에 다니는 한 어린아이가 엄마를 따라 식당에 밥을 먹으러 갔다. 그 아이는 입을 벌려 하, 하고 입김을 불었다. 그때는 겨울이었다. 그 아이가 말했다.

"엄마, 이게 뭐게요?"

아이 엄마가 말했다.

"수증기지."

그 아이가 말했다.

"아니에요, 이것은 불과 같은 열정이에요."

모든 사람들이 웃었다. 아이 엄마는 아이에게 왜 그런지 물었다. 그 아이가 말했다.

"며칠 전 음악수업 때 〈즐거운 여신〉이라는 노래를 불렀어요. 노래 속에 '우리는 불같은 열정을 품고 당신의 성전에 옵니다'라는 말이 있었어요. 보세요, '품는' 거잖아요. 그래서 제가 '하' 하고 입김을 분 거예요."

반면 어른들을 보자. 우리 유치원 선생님 한 분이 어느 유치원의 입구를 지나가다가 아이와 선생님이 공을 주고받는 광경을 봤다. 선생님이 공을 던지자, 아이가 받지 못했다. 선생님은 "정말 둔하네! 공도 못 받아"라고 말했다. 아이가 공을 주우러 갔다. 이번에는 아이가 공을 선생님에게 던졌다. 그런데 선생님이 공을 받지 못했다. 우리 선생님은 아이가 "선생님, 너무 둔하세요"라고 말할 줄 알았다. 그러나 우리 선생님의 귀에 "진짜 둔하네, 던지지도 못해!"라는 말이 들렸다. 우리 선생님은 아연실색했다. 그녀는 돌아와서 말했다. "그 아이가 이렇게 말했어야 했는데!"

어른들이 말하는 방식은 이런 식이다. 우리가 아이를 대할 때 과거의 경험과 습관이 남김없이 드러난다. 우리는 설교를 지나치게 좋아한다. 이것은 우리가 과도한 억압을 받은 결과로, 어른들에게 어쩔 도리가 없기 때문에 약한 아이들을 이렇게 다룬다. 어른들은 자신의 부족함을 깨닫지 못한다. 이런 환경에서 성장한 아이들은 근본적으로 창의력이 부족하다. 이런 아이들은 남의 눈치를 잘 살피고 상황을 봐가며 일하는 법만 배운다. 이런 아이들은 그런 방법으로 자신의 부족한 생존조건을 메꿔간다. 그러나 어른들은 "오! 아주 총명한 아이구나!" "이렇게 똑똑하니 안 배우려고 하지"라고 말한다.

총명함이란 무엇인가?

몬테소리 이론에 따라 상상력과 창의성을 말해보자. 몬테소리는 상상력과 창의성은 아이가 환경과의 상호작용으로 발전시키는 천부적인 능력이라고 했다. 아이는 곧잘 환경에서 얻는 지각들을 서로 연결하기 때문에 환경은 사실적이어야 한다. 아이는 사물의 주요 특징을 추상화하고, 그것들의 형상을 성공적으로 연결지어 의식의 가장 앞에 보존한다. 몬테소리는 이 추상능력이 세 가지 특징을 갖추어야 한다고 했다. 첫째, 놀라울 정도의 주의력과 완전히 몰두할 수 있는 능력이 있어야 한다. 이는 깊은 생각에 빠져 있을 때 나타나는 첫 번째 상태다. 둘째, 상당한 자립심과 독립적인 판단능력이 있어야 한다. 셋째, 항상 진리와 사실을 구하며 이를 자신의 것으로 만들고자 하는 자신감이 있어야 한다.

어떤 사람은 이렇게 묻는다. 몬테소리 교육은 유치원에서는 가능하겠지만, 과연 가정과 사회에서도 제대로 적용될 수 있는가? 가정에서 받은 교육과 유치원에서 받은 교육이 일치될 수 있는가? 또 어떤 사람은 이렇게 묻는다. 유치원을 마치고 초등학교, 중학교에 들어가면 그때 아이가 받는 교육은 몬테소리 교육과 완전히 다른데, 어떻게 연결될 수 있는가?

이는 많은 부모의 공통된 의문이다. 어떤 아이는 할아버지, 할머니 혹은 보모와 함께 살아서 집에서는 유치원의 교육대로 할 수 없다. 몬테소리 유치원에 오면 우리는 먼저 아이의 가정에 잘 협조해줄 것을 요청한다. 협조를 약속받지 못하면 아이를 받지 않는다. 우리의 경험상 부모들이 협조를 잘해줄수록 아이는 잘 성장하기 때문이다.

사실 아이를 몬테소리 유치원에 보낼 정도의 부모라면 수준이 높고 안목이 있다고 할 수 있다. 교육비가 상대적으로 높은 편이지만 대부분의 부모는 이를 기꺼이 감수한다. 그렇다 해도 새로운 교육은 옛날 교육과 큰 차이가 있다. 때문에 이 교육을 하는 사람에게 엄청난 스트레스를 주면서도 사명과 책임을 느끼게 한다. 부모의 생각을 바꾸고, 부모와 아이가 함께 성장해가는 데는 선생님과 부모가 함께 책임이 있다. 성장은 사람들에게 큰 희열을 준다.

몬테소리 유치원은 선생님의 소질을 중시할 뿐만 아니라 반마다 20~25명의 아이를 편성한다. 아이들은 충분한 공간과 시간을 갖고 선생님과 교류할 수 있다. 또한 선생님이 아이들에게 제공하는 많은 교구를 충분히 향유할 수 있다. 몬테소리 교육을 받은 아이의 부모들은 아이에게 불가사의한 변화가 일어났다고 말한다.

어떤 부모는 아이가 초등학교에 들어간 이후를 걱정한다. 우리의 경험상 몬테소리 교육은 초등학교뿐만 아니라 아이의 전체 인생에 훌륭한 기초를 만들어준다. 우리는 구체적 지식을 중요하게 생각지 않는다. 초등학교에 가서도 지식을 능력으로 바꾸는 과정을 중시한다. 실제로 아이는 창조적으로 생각하고 생활의 규칙을 익혀서, 언제 무엇을 해야 할지를 알고 있다. 정확하게 개념을 습득한 아이는 1~2년이 지나면 몸이 건강해질 뿐만 아니라 의지도 강해진다. 아이는 당신과 깊이 있는 문제를 토론할 수도 있다. 당신이 놀라서 "언제 배운 거니?"라고 물으면, 아이는 모른다고 말한다. "누가 가르쳐준 거냐"고 물으면, 아이는 또다시 모른다고 말한다. 아이는 이렇게 지식을 익힌다. 즐거워하며 자신도 모르게 배울 뿐만 아니라 이런 소질과 능력을 자발적으로 일생 동안 생활에서 운용하게 된다.

가르치다보면 많은 아이들이 교사가 가르치는 방법대로 하지 않고 자기 나름대로의 '방법'을 생각해낸다. 이것이 가장 중요하고, 우리 선생님들이 가장 반기는 동시에 위로를 받는 부분이다.

'지식'은 언제 필요할까? 여섯 살이 지나면 아이의 '흡수성 자질'은 사실상 사라지고, '지식'을 받아들이기 시작한다. 다시 말해, '지식'의 형식으로 전해지는 것을 받아들이기 시작한다. 6세 이전의 아이는 추상적인 지식을 받아들이지 않는다. 아이는 스스로 몇 가지 사물을 골라 끊임없이 자신의 잠재능력과 창의력을 발전시킨다. 6세 이전의 아이에게 지식과 기능은 사진 속의 물건처럼 간접적인 것이다.

피아제는 아이가 끊임없는 활동으로 자신을 만들어간다고 했다. 컵 잡는 것을 예로 들어보자. 아이는 끊임없이 컵을 들었다 놓았다 한다. 이 과정에서 아이는 일종의 경험을 만든다. 아이의 지력과 지혜는 이런 경험에서 나온다. 이 경험이 아이에게 다음번에는 어떻게 하면 더 잘할 수 있는지를 알려주지, 어른들의 설교는 통하지 않는다. 어른들이 "얘야, 이 그릇은 이렇게 놓아야 깨지지 않아"라고 말하는 것은 소용없다. 아이는 다음번에도 똑같이 그릇을 깬다. 그러나 아이 자신은 그릇을 계속 사용하며 끊임없이 연습한다. 이 과정에서 경험이 만들어지고, 이 경험에서 지혜가 생긴다.

'주입식' 전통교육은 아이들의 흥미를 떠나 유인과 격려로 학생들의 열정을 부르고, 아이의 머리에 지식이라는 것을 힘껏 '채운다.' 이런 교육에서 아이의 창의력은 완전히 매장될 것이다. 여섯 살이 지나면 더 이상 개발할 기회가 오지 않는다. 반면 새로운 교육은 아이들에게 원리를 깨우치게 하면서 그 사실과 까닭도 알게 해주어, 사물에 내재된 규칙을 깨닫게 해준다.

그 까닭을 알게 되는 것도 최종 목적이 아니라 하나의 결과일 뿐이다. 아이는 흥미를 느끼기 때문에 반복적으로 연습하고, 되풀이하기 때문에 몰입하며, 몰입하기 때문에 자신을 통제하는 능력이 생긴다. 자신을 통제하는 능력이 생기면 의지가 생기고, 의지가 생기면 사물의 본질로 깊이 들어갈 수 있다. 까닭을 아는 것은 도구에 불과하다. 아이는 이 단계를 거치며 자아를 발전시킨다. 이것이 자연적인 과정이다. 이 과정에서 지식과 학습은 부차적이다. 그러나 우리가 이 모든 것을 뒤집어 학습과 지식을 최종 목적으로 삼을 때, 아이에게 재난이 온다. 많은 재난의 화근이 여기에 있다.

우리의 일은 아이에게 양호한 발전환경을 주는 것으로, 이는 매우 어려운 일이다. 원칙적으로 이런 환경은 자유·행복·진실·자연을 요구한다. 그중 가장 중요한 것이 선생님이다. 어떤 선생님이 아이들을 성장시킬 수 있을까? 몬테소리는 이렇게 강조했다.

"환경에는 생명이 있어야 한다. 선생님은 자신을 성장시킬 수 있어야 한다. 선생님이 변하지 않으면서 아이에게 생명이 있는 환경을 만들어 준다는 것은 불가능하다."

이 말은 매우 중요하다. 한 친구의 집은 늘 정리가 잘 되어 있고 깨끗하다. 이런 것들은 몬테소리의 말에 들어맞는다. 그러나 나는 그녀의 집에 갈 때마다 늘 불편했다. 그녀가 말했다.

"내 딸을 위해 네가 그 원인을 좀 찾아줘."

나중에 나는 순간적으로 느낀 것이 있어 말해주었다.

"너희 집엔 생명이 없는 것 같아."

"우리가 생명 아니니?"

"너는 자신을 성장시키고 있니?"

그녀는 한참 생각하더니 의아한 듯 나에게 물었다.

"우리가 성장해야 하니?"

이것은 몬테소리가 말한 그대로다. 어른이 변하지 않으면 개성은 경직될 것이다. 누구든 변하지 않는다면 그것은 자신을 성장시키는 과정이 아니다. 사람이 일단 변화하고 있다면, 강물처럼 역동적으로 바뀔 것이다. 당신은 역동하는 강이 되어야 한다. 그렇지 않으면 당신은 영원히 아이를 이해하지 못한다.

선생님은 이 환경에서 역동적으로 흐르는 강이다. 선생님이 끊임없이 자신을 발전시킨다면, 전체 환경이 역동적으로 변할 것이다. 『장 크리스토프』에는 선생님이 된 이웃이 나온다. 그 사람은 다람쥐 쳇바퀴 돌듯 하루하루를 살아간다. 늘 바쁘지만 변화가 없다. 영원히 그렇다. 이것은 사람을 슬프게 한다. 사람들에게 선생님이 되면 저렇게 된다는 느낌을 준다. 그러나 몬테소리 선생님은 절대로 저와 같아서는 안 된다. 우리 유치원의 선생님들은 끊임없이 자신을 개발하고, 모두가 우리 선생님들이 변했다고 말한다. 이런 변화가 없다면 아이들에게 좋은 환경을 만들어줄 수 없다.

몇십 년 동안 헤어졌던 친구들이 만나면 "이야, 그대로네!"라고 말한다. 이것이 칭찬인지 비난인지 모르겠다. 사람은 이렇게 되어서는 안 된다. 사람은 태어나 죽을 때까지 끊임없이 자아를 성장시키고 완성해가야 한다. 30세 이후라도(대부분의 사람들은 30세 이후에 더 이상 성장하지 않는다) 다른 사람 혹은 사회에 사랑을 나누어줄 때, 그의 인생도 변한다. 장 자크 루소(1712~1778)의 말대로, 사람은 갓 태어났을 때 하늘에 모여 있는 수증기와 같다. 이 수증기가 빗방울과 눈이 되어 고산과 대지에 스며든다. 그런 후 설산의 눈처럼 녹아 개울이 되어 점차 크게 흘러간다. 소년기가 되면 이 개울물은 점점 커지고 세차게 흐른다. 청년기가 되면, 강으로 포효하며 흐른다. 이윽고 중년이 되면 넓고 깊은 강이 되어 도도하게 흐르다가 노년이 되면 서서히 말없이, 많은 보물과 풍부한 경험을 간직한 채 대해로 흘러간다. 사람의 발전은 이러해야 한다. 이렇게 발전하는 인간이 만든 환경은 생기와 활력이 넘쳐흐를 것이다.

아이는 생명이 넘치는 환경에서 자신의 모든 잠재능력을 자유롭게 발휘할 수 있다. 당신이 만든 환경이 생명이 없는 환경이라면, 환경이 아이의 발전을 제약할 것이다. 이런 환경에서는 아이의 성장을 느낄 수 없기 때문이다. "선생님은 생명에 대해 개방적인 태도를 취해야 한다." 선생님이 성장하고 있다면, 자신뿐만 아니라 아이와 전체 생명의 상태에 대해 개방적인 태도를 취하고, 일종의 기다림으로 아이를 대할 것이다. 선생님이 가만히 멈추어 있다면, 아이의 변화를 볼 수 없을 것이다.

선생님이 변해야 아이가 변하는 것을 느낄 수 있다. 생명은 가장 큰 감화력과 흡인력을 갖고 있다. 녹음이 우거진 나무 아래를 걸을 때마다 날려 오는 숨결은 상큼한 느낌을 준다. 이것은 생명과 생명이 느끼는 것으로, 상통·조화·힘의 부여·에너지의 전달이다. 기분이 좋지 않을 때, 숲속이나 나무 그늘 아래 서 있으면 마음이 안정될 것이다. 당신은 나무에서 무엇을 얻는가? 에너지다. 사고가 고갈되었을 때 숲에 가면 새로운 영감을 얻을 수 있다. 당신이 끊임없이 발전하고 있다면, 아이에게도 생기 넘치는 환경을 만들어줄 수 있다. 이런 환경은 아이가 당신에게서 감지할 것이다.

아이는 어디에서 에너지를 얻을까? 아이는 우리의 사랑에서 안정감을 얻어 자신을 발전시킨다. 우리가 아이에게 충분한 사랑의 에너지를 주지 않는다면, 아이는 제대로 성장하지 못할 것이다.

아이는 자연의 일부분이다. 아이는 이미 자연에서 멀리 떨어진 어른들과 다르다. 예를 들어보자. 어린아이들은 강아지나 고양이와 친하게 장난치며 논다. 동물들은 보통 어린아이를 경계하고 공격하지 않는다. 우리 집도 고양이를 기른 적이 있다. 아들은 고양이와 사이좋게 지냈다. 아들이 한 살이 조금 넘었을 때, 고양이 꼬리를 들추거나 고양이를 타곤 했다. 아이에게 고양이는 말과 다를 바가 없었다. 고양이는 이미 아들에게 '신경과민증'에 걸릴 정도로 시달려서, 아들이 오는 것을 보면 "야옹" 하며 숨어버렸다. 아들이 가면 그제야 기어 나와 남편의 책상 위에 웅크리고 아들이 글 쓰는 것을 보거나 혼자서 놀았다. 방이 조용해지면 고양이의 움직임만 들리는데 더욱 고요한 느낌이 든다. 이상한 것은 고양이가 아이에게 화를 내거나 공격을 하지 않는 점이다. 고양이는 숨어 있을 뿐 아들을 물지 않았다. 간혹 우리는 침대 아래에서 고양이와 아들을 함께 찾아내곤 했다.

몬테소리는 "아동기는 자연의 일부분이다"라고 했다. 기억하자. 아이는 자연의 일부분으로 존재한다는 사실을. 아이는 어른의 정신에서 가장 뛰어난 부분을 얻어야 한다. 선생님이 성장해야만 자신이 뿜어내는 것으로 아이들에게 좋은 환경을 제공할 수 있다. 어른들은 흔히 마흔 살, 심지어 그 전에 이상과 희망을 포기한다. 이는 자아발전을 포기한 것이나 다름없다. 만물은 발전하는 것이 자연의 법칙인데, 왜 사람이 발전하지 않는 것을 정상적으로 보는가? 발전하지 않는 것은 정신의 타락이자, 우리가 세상에 더 이상 느낌이 없음을 보여주는 것이며, 우리에게 더 이상의 진정한 희열이 없음을 의미한다. 이런 본질적인 것이 없다면, 우리의 생활이 아이에게 무슨 의미가 있겠는가?

내 지인은 결혼할 때 시댁에서 담요를 사주지 않았다. 당시는 모두가 매우 가난해서 순모로 만든 담요가 무척 귀했다. 세월이 흘러 담요는 점차 그녀의 콤플렉스가 되었다. 남편과 말다툼만 하면 담요 문제를 거론했는데, 이렇게 몇 십 년이나 반복했다. 지금은 상황이 좋아졌으니 한 벌 사면 될 법도 한데 그녀는 오로지 당시의 그 담요를 원했다. 이것은 분명 세 살짜리 아이의 심리다. 이 여인은 영원히 좋은 엄마가 될 수 없고 좋은 아내도 될 수 없다. 그녀는 작은 일로 아이와 다투는데, 당연히 최후에는 어른이 승리할 것이다. 아이를 학대하는 경향이 있는 부모들은 기본적으로 어린 시절 불행하게 성장한 사람들이다. 그들은 아이가 왜 이렇게 하는지 모르고, 아이를 너그럽게 대할 줄도 모른다. 그들은 아이를 강압적으로 제지하는 것을 더 좋아한다. 그들은 아이나 세상에 대한 이해력을 이미 상실했다.

그래서 우리는 부모들이 몬테소리 교육에 반대하면 아이를 받지 않는다. 몬테소리 교육에 반대하는 부모는 집에서 이 교육을 비난할 것이다. 아이는 부모의 암시로 인해 새 환경에서 조화롭게 지낼 수 없을 것이다. 우리 유치원에는 다른 유치원에서 온 아이가 한 명 있다. 아이의 엄마는 이 교육의 취지를 잘 알고 아이를 보냈으나 아이의 아빠와 할아버지, 할머니는 반대했다. 전통 유치원에서 온 아이는 우리 유치원의 자유를 매우 좋아했다. 아이는 매일 즐겁게 논다. 아이는 매일 놀고 나면 먹고, 먹고 나면 놀며 교실에는 아예 들어가지 않는다. 이는 다른 유치원에서 몬테소리 유치원에 온 직후의 정상적인 반응이다. 그러나 아이는 집에 가면 할머니의 관심을 사려고 선생님이 밥과 우유를 먹지 못하게 하고 잠도 자지 못하게 했다고 말한다. 부모가 와서 묻는다. 선생님은 이상하게 생각하며 말했다.

"밥을 다 먹고 나면 한 그릇 더 줘요. 정말 잘 먹는걸요."

내가 선생님을 찾아가서 물었다. 선생님은 그 아이에게 거짓말하는 버릇이 있다고 말한다. 나중에 나는 아이의 할머니가 아이가 이 유치원에 가는 것을 반대하자 아이가 할머니의 관심을 사기 위해 이렇게 말했다는 사실을 알게 되었다. 이런 아이들은 가정적 요소가 복잡해서 시비를 판단할 방법이 없다. 아이는 가족의 태도에 따라 거짓말을 늘어놓으며 그들의 환심을 사려 하게 되었다. 이런 경우, 선생님이 아무리 노력해도 아이의 성장은 느릴 것이고 인격은 분열될 것이다. 아이의 성장은 가정의 영향을 대단히 많이 받는다. 그래서 우리는 이런 아이들도 받지 않는다. 어른들의 암시는 매우 심각한 문제다. 자유를 예로 들어보자. 어떤 부모는 우리 유치원이 너무 자유롭다고 말한다. 우리 유치원의 많은 아이들은 "엄마, 자유가 뭐예요?"라고 묻는다. 이것은 아이가 의문을 갖게 만든다.

사람이 성장하지 않으면, 무엇을 말해도 이야기가 통하지 않는다. 십몇 년 전의 생각이 지금까지도 그대로인 것이다. 한번은 내가 대학 때의 학우에게 아이를 돌볼 때는 규칙과 방법이 있다고 말했다. 그녀는 보모에게 아이를 돌보게 했다. 그녀가 말했다.

"보모가 돌보면 얼마나 좋아, 밥도 주고 아이를 돌봐주기도 하고."

내가 그녀에게 일러주었다.

"아이를 보모처럼 키우고 싶다면, 보모가 돌보도록 해. 아이를 더 나은 사람으로 키우고 싶다면 더 나은 사람이 돌보도록 하고."

이유는 무척 자명하다.

학교는 아이의 미래와 민족의 소질을 책임져야 한다. 우리에게는 가장 훌륭한 선생님이 있어야 하고, 아이들에게 가장 좋은 인문환경을 제공해야 한다. 이는 최고의 원칙이다. 사실 우리는 선생님을 초빙할 때 선생님이 정신적 수양이 잘 되어 있고 끊임없이 자신을 계발할 수 있는 분이기를 바란다. 하나의 사물이 당신에게 도움이 된다면, 당신은 즉각 이를 잡아야 한다. 당신을 바꿀 수 있기 때문이다. 끊임없이 잡고 잡으면, 10년 후에 당신의 모든 것이 변해 있을 것이다. 그러면 당신은 주위 사람들이 저 멀리 뒤처져 있음을 발견할 것이다. 이렇게 당신은 우수한 사람이 된다. 당신이 우수하면 성공할 수 있다. 당신은 이 점을 굳게 믿어야 한다. 이 사회는 가장 우수한 사람을 쓴다. 사회가 당신을 쓰지 않는 것은 당신에게 치명적인 약점이 있기 때문이다. 재주가 뛰어나지만 중용되지 못하는 사람들에게는 다른 치명적인 약점이 있다. 자신을 믿고 향상시켜가야 자신에게 맞는 위치를 찾을 수 있고, 자신이 있고 싶어하는 위치에 올라갈 수 있다.

어른들이 이렇게 끊임없이 자신을 발전시킨다면, 아이들의 많은 우수한 점을 받아들일 수 있을 것이다. 여기에는 의심의 여지가 없다. 두 아이가 모자 때문에 싸움이 붙었다. 잠시 후 한 아이가 몰래 다른 한 아이의 뒤쪽으로 갔다. 선생님이 이를 보고 생각한다.

'큰일 났군! 뭘로 앞의 아이를 치려고 하는 거지?'

그러나 아무 일도 없었다. 아이는 모자를 꺼내 앞에 있는 아이에게 씌워주고 잠깐 감상하더니 가버렸다. 그러나 어른은 이 아이가 다른 아이에게 보복을 하려 한다고 생각했다. 이는 대수롭지 않은 일이지만 어른의 생각이 어떠하며, 그 생각들이 이미 단단하게 굳어졌음을 보여준다. 사실 당신이 줄곧 적극적인 태도로 사람을 대한다면, 당신은 이 세계가 희망으로 충만해 있음을 발견할 것이다.

자신을 발전시킬 수 있다는 것은 이 교육에서 아주 핵심적인 부분이다. 당신이 끊임없이 자신을 발전시킨다면, 당신은 일정한 수준에 도달할 수 있다. 그래서 몬테소리는 "교사가 끊임없이 변화하는 아이들의 생활에 참여할 수 있는지가 핵심이다"라고 했다.

제21장

'먹는 것'에 대한 욕구와 심리문제

먹는 것은 아이가 이른 시기에 지능을 발달시키는 데 중요한 부분이다. 먹는 것은 지능을 발달시키고 자존심과 의지를 세운다. 아이를 데리고 물건을 사러 간다. 당신이 '선택권'을 아이에게 준다면, 아이는 사람을 유혹하는 많은 물건을 배제하고 자신에게 가장 필요한 것을 고를 것이다. 이는 의지력이 세워지는 과정이다. 그러나 실제로 부모들은 아이가 물건을 살 때에 간섭한다.

●

아이들이 이기적이라고 생각하는 부모들이 있다. 여기에 아이가 좋아하는 반찬이 있다. 다른 사람들도 그 반찬을 좋아하는데 아이는 이를 고려하지 않는다. 이런 현상을 어떻게 봐야 할까?

이 시기 아이들에게는 '도덕성'이 없다. 당연히 '이기적'이라는 관념도 없다. 몬테소리는 도덕성은 12세 이후에 생긴다고 했다. 먹는 것은 아이에게 중요한 일로, 거의 아이의 전부다. 아이는 미국의 소설가 잭 런던(1876~1916)의 『생에의 애착Love of life』에 나오는 사람처럼 자연스럽고 진지하게 자신의 타고난 본능을 사용한다. 이 이야기의 등장인물은 기아에서 벗어난 후 놀랄 정도로 '뚱뚱해진다.' 사방에서 가져온 빵을 온 몸에 채워 넣는다. 기아의 경험이 본능을 드러나게 한 것이다.

그러나 아이는 두 살이 넘으면 '이 물건' '저 물건' '내 것' '남의 것' '사람들의 것'이라는 의식이 생긴다. 다시 말해, '사유'와 '공유' 관념이 생긴다. 아이는 자기 것과 다른 사람의 것을 구별한다. 이때 아이에게 다른 사람의 물건은 만져서는 안 되고 자기의 물건은 마음대로 만질 수 있다는 도덕심을 심어주어야 한다. 이런 질서(관념으로는 아직 되지 않았을 것이다)는 생활의 기본규칙에 대한 도덕의 맹아가 된다.

먹는 것은 아이가 이른 시기에 자질을 만드는 중요한 영역이다. 먹는 것으로 지능을 발달시키고 자존심과 의지를 세울 수 있다. 아이를 데리고 음식을 사러 간다. 당신이 '선택'의 권리를 아이에게 준다면, 아이는 많은 유혹적인 음식들 가운데서 자신이 가장 필요로 하는 것을 고를 것이다. 이는 의지력이 생기는 과정이다. 그러나 사실 많은 부모가 아이에게 간섭한다. 아이가 무언가를 사려고 하면, "사지 마, 그건 맛이 없어. 이게 맛있어"라고 아이를 달래며 자신이 좋아하는 것을 산다. 그 결과 음식은 샀지만 아이의 기분은 엉망이 된다. 아이는 자신이 고른 것을 대단히 좋아한다.

스스로 고른다는 것은 아이의 의식이 독립하는 기준이 된다. 이 독립의 출현·시도·응용은 아이를 몹시 즐겁게 한다. 이렇게 물건을 사는 과정은 아이에게 큰 도움이 된다. 그러나 아이들은 늘 이를 경험하는 데 제지를 받는다. 여기에는 '경제문제'가 개입하고 있다. 나는 늘 부모들에게 말한다.

"둘 중에 골라보세요. 돈을 조금 쓰더라도 아이의 마음을 만족시키고 아이를 성장시킬 건지, 아니면 돈 쓰기가 아까워 아이에게 딱 필요한 물건만 사줄 것인지를요."

경험상 부모들은 후자를 택한다.

'먹는 것'은 아이의 자질을 발달시키는 일, 입을 통해 사물을 인식하는 일이자, 자존심, 선택능력, 의지력을 만드는 일이다. 먹고 노는 것은 아이의 주요 임무다.

먹는 것에 만족스럽지 못하다면 자존심이 강한 아이로 성장하지 못한다. 아이는 늘 사람들이 먹는 것을 본다. 이는 배의 욕구를 만족시키기 위한 것이 아니라 입의 느낌을 만족시키기 위해서다. 갓 태어난 아기가 아무것이나 입으로 넣으려고 하는 것과 같다. 먹는 것은 아이가 성장하는 조건이다. 매우 이채롭게도, 어른들 역시 '시도'를 좋아한다. 조금 먹어보고 안 먹기도 하고, 사고 싶어 샀지만 다시 버리는 경우도 있다. 시간이 지나면 어른은 자연스럽게 그 물건이 어떤 것인지를 안다. 어른도 이런데 아이들은 더 말할 것도 없다. 아이의 시도를 막는 것은 지척에 있는 세상을 보지 못하게 막는 것과 같다. 0~6세 아이들의 요구는 만족시켜줘야 한다. 아이들은 무리한 요구를 하지 않는다. 기억하자. 아이들을 열심히 만족시켜주어야 한다는 것을.

가장 좋은 방법은 매주 아이에게 물건을 한 번 사주는 것이다. 시간을 정한다. 예를 들면, 일요일이 되면 아이를 데리고 마트에 간다. 우리는 서너 명의 부모들을 상대로 실험을 해봤다. 시간이 지나자 아이들은 5000원이 넘지 않는 물건을 골랐다. 아이에게 물건을 고를 자유를 주고, 간섭해서는 안 된다. 나는 아들에게 늘 이렇게 했는데, 아들은 3000원 정도의 물건만 사고 더 이상 사지 않았다. 당신이 아이에게 더 살 것인지 물으면, 아이는 "됐어요."라고 하며 가려고 할 것이다. 일주일에 한 번만 이렇게 해도 아이는 다른 사람에게 물건을 달라고 하지 않고, 다른 사람을 물건을 갖고 싶어하지도 않는다. 아이는 자신감이 넘친다. 물건을 고르고 살 때의 자신감이 넘치는 그 모습을 보면 정말 마음이 흐뭇해진다.

내가 보기에 경제상황은 아이의 성장에 큰 영향을 끼치지 않는다. 돈이 많고 적은 것은 관계가 없다. 각자의 상황에 따라 아이에게 사줄 물건의 금액을 정하면 된다. 문제는 선택의 자유를 아이에게 주는가의 여부다.

식탁에서 아이가 먹는 것은 어른들이 먹는 것과 큰 차이가 있다. 어른들은 식탁 위에 여러 가지 음식을 놓고 하나하나 맛보는 것을 좋아한다. 아이는 다르다. 하나만 먹고 다른 것은 먹지 않는 경우도 있고, 고기를 많이 먹고 하루나 이틀 동안 아무것도 먹지 않는 경우도 있다. 어른들은 걱정이 돼서 갖은 방법을 동원해 아이에게 밥을 먹이려고 한다. 아이는 어른들을 안심시키려고 먹기도 하고 그 결과 소화불량에 걸리기도 한다. 숲속의 호랑이를 생각해보라. 고기를 먹은 후 며칠 동안 다른 음식물을 먹지 않고 물만 먹는다. 배가 고파지면 그때 사냥하러 간다. 아이들의 위는 호랑이보다 좋지 않다. 왜 아이에게 고기를 소화시킬 시간을 주지 않는 것일까? 우리 아들도 마찬가지다. 고기를 한

접시 먹는 경우도 있고, 밥 한 공기만 먹는 경우도 있고, 반찬만 먹는 경우도 있다. 그러나 일주일이라는 시간으로 봤을 때는 영양적으로 균형을 맞춘다. 아이는 튼튼하고 즐거우며, 좀처럼 병에 걸리지 않는다.

오랜 경험상 아이는 배고플 때를 잘 알고 먹는 양을 조절할 줄 안다. 그래서 나는 늘 다양한 음식을 식탁에 놓고 아이 스스로 먹는 시간과 음식을 고르게 한다.

제22장

무엇이 몽상이고
무엇이 창의력인가

전통 유치원의 아이는 자유롭게 활동하지 못한다. 아이는 얌전하게 책상에 앉아 선생님의 수업을 들어야 한다. 이것은 아이의 자유와 자아발전의 기회를 잃게 만든다. 한 아이가 물장난을 치고 싶어하는데, 선생님은 아이에게 그림을 그리라고 한다. 바람과 행동이 일치하지 않을 때 아이는 그림 그리기에 몰두할 수 없다. 어떻게 할까? 아이는 상상하기 시작한다. 얻을 수 없는 활동을 상상으로 메우는 것이다. 아이는 물장난하는 것을 상상하거나 이야기를 만들어 자신을 위로한다. 이렇게 시간이 지나가면 아이의 마음과 활동은 분리된다. '인격이 분열되는' 것이다.

●

몬테소리는 "경험상 아이가 정상화되면 많은 유치한 자질들이 사라진다. 여기에는 부족한 자질로 여겨지는 것도 있고, 좋은 자질로 여겨지는 것도 있다"고 했다. 여기에서 '좋은 자질'이 사라지는 것이 지금 말하려는 '기변岐變'*이다. 몬테소리는 "사라지는 것 중에는 무질서·불복종·게으름·탐욕·이기심·호전성·불안정 같은 것도 있고, 창조적 상상·이야기 만들기·사람에 대한 집착·게임·순종 같은 것도 있다"고 했다.

사람들은 아이가 자유롭게 이야기를 만들어 그 속에서 기뻐하고 슬퍼하고 고통스러워하면, 아이의 상상력과 창의성이 뛰어나다고 여긴다. 그러나 몬테소리는 이것이 아이의 기변이라고 여겼다. 몬테소리는 "사람들은 아이의 본모습을 알지 못한다"고 했다.

몬테소리는 아이의 기변에 대해 8가지를 말했다. 그녀는 "기변이 일어나면, 아이를 바꿀 수 있는 방법은 외부현상과 연계된 신체활동에 몰입하게 하는 것이다"라고 했다.

* 좋지 않은 영향을 초래하는 변화

모든 기변은 아이의 활동이 정상적으로 이루어지지 않은 데서 일어난다. 앞서 말한 '육체화'(실체화)는 모든 아이들이 발전하는 목적이다. 그러나 아이의 정상화가 발전을 시도할 때 어른들은 이를 억제한다. 유아에게 의자에 앉아 선생님의 수업을 듣도록 강요한다. 또한 아이는 놀고 싶은데 각종 방법을 동원해 놀지 못하게 한다. 이런 상황이 오래 가면 아이에게 기변이 일어날 수 있다.

몬테소리는 "아이에게 일어나는 모든 기변에는 원인이 있다. 보통 그 원인은 아이가 발전하도록 예정되어 있는 원래 계획이 실현되지 않는 데 있다. 아이는 성장기에 적의가 있는 환경을 만난다. 아이의 잠재 에너지는 실체화의 과정을 통해 나타나야 한다"고 했다.

몬테소리는 『어린이의 비밀』에서 이렇게 설명한다.

아이의 내심에는 심리적 비밀번호가 있다. 이 심리비밀번호가 우리가 말하는 정상화다. 심리비밀번호는 아이 자신이 0세에서 6세까지 성장하는 과정 중에 풀어야 한다. 누구도 이를 풀 능력이 없다. 아이가 목표에 접근하면, 내재된 심리비밀번호는 아이에게 이 목표에 근접해 있으니 이 일을 위해 노력하라고 알려준다. 이때 아이는 계속 나아가야 한다. 그런데 이 과정이 어른들에 의해 제지된다. 목표를 실현하기 위해 아이는 어른들과 투쟁할 것이다. 그러나 아이의 힘은 미약하다. 아이는 하고 싶은 일을 할 수 없게 되었을 때, 상상으로 하고 싶었던 일을 하려 한다. 이때 마음과 활동이 분열된다.

전통적 유치원은 아이들이 자유롭게 활동할 수 있는 시간을 많이 주지 않는다. 아이는 책상 앞에 앉아 수업을 들어야 한다. 아이는 완전히 정지된 상태에 있고 이때 인격은 분열된다. 이런 상황이 오래가면 아이는 인격적으로 분열된 어른이 될 수 있다. 그러나 사람이란 아주 특이해서, 환경이 이렇다 해도 아이는 다른 방법을 찾아 이를 메우려 할 것이다. 물장난을 치고 싶어하는 아이에게 선생님이 그림을 그리라고 한다. 바람과 행동이 일치하지 않을 때 아이는 그림에 몰두할 수 없다. 어떻게 할까? 아이는 상상한다. 자신이 할 수 없는 활동인 물장난 치기를 상상하기 시작한다.

이런 현상은 일시적인 것이 아니다. 왜일까? 아이가 한 가지 일을 하고 싶을 때 그 일을 하지 못하게 하면 아이는 앉아 있는 것이 고통스러울 것이다. 그러나 이런 고통은 오랫동안 지속되지 않는다. 아이는 주의력을 다른 곳으로 옮기기 시작하고, 더 이상 고통스러워하지 않는다. 아이는 희망이 없는 일이라는 것을 알기 때문에 마음대로 생각하기 시작한다. 생각은 자유로운 것으로, 누구도 사람의 생각을 가둘 수 없다. 몬테소리에 의하면, 여기서 '일치'가 이루어지지 않으면 어른이 지배적 위치를 차지하든 아이에게 동력이 부족하든 간에 심리 에너지와 운동이라는 두 가지 구성요소가 각자 따로 발전해서 "사람은 분열된다."

아이는 두 살 전후로 움직이거나 소리 나는 물건을 끊임없이 찾아 가지고 논다. 어른들은 이를 위험하다고 여긴다. 어른들은 제지할 뿐, 아이에게 위험을 인지시키고 피할 수 있게 도와주지 않는다. 어른들은 종종 다른 물건으로 아이의 주의력을 빼앗으면서도, 정확한 동작으로 아이가 흥미 있어하는 물건을 대하는 법을 가르쳐주지 않는다. 아이는 움직일 때마다 어른들이 보여주는 물건에 주의력을 빼앗긴다. 끊임없는 유도는 아이의 정상화를 점차 은폐시켜, 아이 자신도 자신의 마음이 도대체 무엇을 하라고 하는지 알지 못하게 만드는 결과를 가져온다. 이 과정에서 아이에게 치명적인 문제, 끊임없이 움직이는 문제가 발생한다. 아이의 마음이 아이에게 어떤 일을 하라고 했을 때, 외부적인 힘이 그에게 자신의 내재적인 일과 맞지 않는 또 다른 일을 하라고 끊임없이 유도한다. 몬테소리는 "이런 현상은 심리에너지와 운동이 일체가 될 수 없게 만든다"고 했다.

마음은 자신이 어떤 일을 하러 가야 한다는 것을 알지만 정작 하는 일은 정반대다. 이런 현상은 어른들에게도 잘 나타난다. 실업자의 경우, 가장 먼저 해야 할 일은 무엇일까? 자신을 다시 '포장'해서 새로운 직업을 찾는 것이다. 그러나 현상은 이와 정반대로, 집에서 TV를 보고 불평을 한다. 일자리를 찾고 싶으나 실제로 하는 일은 일자리를 찾는 것과 거리가 멀다. 또 대학에 합격하지 못한 학생을 보자. 그는 어떻게 복습하고 어떻게 대학에 합격할 것인가에 대해 생각해야 한다. 그러나 보통은 책을 보며 온갖 잡생각을 한다. 그의 생각이 그를 방해하고, 그는 공부에 몰입할 수 없게 된다. 이 학생의 마음과 힘은 분열되었다. 몬테소리는 이처럼 마음과 힘이 분열된 것을 '몽상神遊'이라고 했다.

아이에게 왜 이런 현상이 나타날까? 몬테소리는 이렇게 설명한다.

"본질적으로 생기거나 사라지는 것은 없다. 그래서 아이의 심리 에너지는 원래 가지고 있던 방식대로 발전하는 것이 아니라 잘못된 방향으로 발전한다."

아이는 이처럼 잘못된 방향으로 발전하기도 한다. 정확한 궤도, 즉 정상화를 따라 활동으로 실체화하지 못할 때 아이는 억압당한다. 몬테소리는 "이런 심리 에너지가 최종 목적지를 잃고 목적 없이 떠돌 때 보통 기변이 생긴다"고 했다.

사람은 궁극적인 목표가 있어야 한다. 사람은 시종일관 목표를 향해 나아가야 한다. 아이는 더욱 그러하다. 목표는 아주 명확하며, 이 목표로 가는 길이 활동이다. 당신이 아이를 이렇게 발달하게 두지 않는다면 이 궁극적인 목표는 어른에게 제지당할 것이다. 어른은 아이에게 말한다.

"너 오늘 이거 할 생각하지 마!"

아이가 당신에게 말한다.

"엄마, 정말 하고 싶어요. 부탁이에요, 하게 해주세요!"

"안 돼, 오늘은 생각도 하지 마, 단념해!"

아이는 정말로 할 수 없을 때 상상을 한다. 어린아이든 다 큰 아이든 모두 마찬가지다. 몬테소리는 "영혼 자체는 자발적인 신체활동으로 만들어야 한다"고 했다. 이 말을 잘 새겨두자. 영혼은 자발적인 신체활동으로 실현되어야 한다. 누군가가 아이에게 어떻게 하라고 일러주는 것이 아니다. 3세 이전의 아이는 아무 곳이나 돌아다니며 만진다. 물건을 깨뜨릴 수도 있다. 이때 어른들은 아이가 하고 싶은 대로 하게 놔두어야 한다. 위험하지만 않다면 아이가 마음대로 만질 수 있도록 한다. 이렇게 해야 아이가 진정으로 발전하고 성숙한다. 그렇지 않으면 아이는 환상 속에 숨어서 숨 쉴 것이다. 아픈데 위로해줄 사람이 없다면, 사람은 스스로 위로할 것이다. 혀로 아픈 곳을 핥아가며 스스로 "불쌍해라!" "얼마나 마음이 아프니!"라고 말한다. 다른 사람의 위로를 받을 수 없기 때문인데, 아이도 이렇다. 아이는 자신의 최종목표가 깨졌을 때 환상에 빠진다.

어른들도 마찬가지다. 우리는 이제 다시 대학에 들어갈 수 없다는 것을 잘 알면서도 여전히 자신에게 "내가 만일 대학에 갈 수 있다면 어떨까? 많은 일을 할 텐데"라고 말한다. 또 몇 달 동안 이런 환상에 젖어 있으면서 자신을 위로할 것이다.

이런 환상은 아이에게 무서운 것이다. 어른에게는 더욱 무서운 것이다. 많은 사람이 아침에 일찍 일어나기 싫어한다. 이불에 숨어 갖은 생각을 한다. 사실 이런 생각들은 아무런 도움이 되지 않는다. 어떤 사람은 일찍 잠자리에 들지만 침대에 누우면 온갖 생각을 한다. 이는 어릴 때 심리 에너지와 운동이 분리되었기 때문이다. 이 분리는 오랜 시간이 지난 후에 습관이 되어, 이 상태로 어른이 되면 생각만 하고 행동에 옮길 줄 모르는 사람이 된다. 몬테소리의 말을 빌리자면, 이런 사람들은 매우 슬프고 낭만적이나 의지력이라고는 조금도 없다. 그는 "나는 문학을 좋아한다. 작가가 되고 싶다"라고 말한다. 그러나 의지력이 없다. 작가가 되려면 천부적인 재능뿐만 아니라 각고의 노력이 있어야 한다. 의지력이 없기 때문에 이 힘든 과정을 감당하지 못한다. 그래서 그는 잠깐 어떤 것을 좋아했다가 2년 후에는 또 다른 것을 좋아한다. 그는 아무것도 하지 못한다. 어린 시절을 몽상으로 보내면 이렇게 된다.

몬테소리는 "떠도는 영혼이 일할 대상을 찾지 못했을 때 그림과 부호에 매료된다"고 했다.

교육상의 잘못을 반성해보고 무엇이 잘못되었는지 말해보자. 아이의 떠도는 영혼이 일할 대상을 찾지 못했을 때 아이는 그림과 부호에 빠질 수 있다. 한번 생각해보자. 지금 우리가 하는 교육은 아이에게 활동할 기회를 주지 않는다. 또 아이들에게 그림을 부호와 함께 가르쳐 아이들을 몽상에 빠뜨린다. 교사들은 수업할 때 아이가 스스로 탐색할 수 있는 시간을 주지 않는다. 초등학교 3학년 학생의 작문수업을 예로 들어보자. 선생님은 '나무 심기'라는 주제를 주며 교실에서 나무 심기에 대해 설명하고 아이들에게 글을 쓰도록 한다. 아이들은 나무를 심어본 경험이 없고, 결국 선생님의 유도와 근거 없는 상상으로 글을 쓴다.

어린 시절에 의지력을 갖춘 사람이라면 장래에 어떤 일도 감당할 수 있을 것이다. 그렇지 않다면 그저 멀찍이 서서 생각만 할 것이다. 다른 사람이 성취한 것에 대해 "뭐가 대단해, 나도 할 수 있는데. 난 안 한 것뿐이야"라고 생각할 것이다. 이탈리아의 탐험가 콜럼버스(1451~1506)와 동시대의 귀공자들이 "신대륙을 발견했다고? 그건 우리도 할 수 있어"라고 하는 것과 다를 바 없다. 교구 조작도 마찬가지다. 볼 때는 동작이 매우 간단한 것 같지만 직접 해보면 쉽지 않다는 것을 알게 된다. 보는 것과 하는 것은 다르다. 몬테소리 교육에서는 활동이 아이의 자질을 발전시키는 과정이다. 아이는 직접 해보면서 자질을 발전시킨다. 아이의 활동을 막으면 그 영혼이 도처를 헤맬 것이다. 배울 것을 찾지 못해 아이는 매우 고통스러워할 것이다. 이런 고통 속에 있는 아이를 몬테소리는 이렇게 묘사했다.

"이런 좌절을 겪은 아이는 늘 불안해하며 한시도 가만히 앉거나 서 있지 못하고 움직인다. 그들은 활력이 넘쳐 제지할 수 없지만 목적이 조금도 없다."

그래서 주주珠珠가 갓 유치원에 왔을 때와 같은 상황이 일어난다. 주주는 물건을 하나 들면 다 쓰지 않고 던져버리고, 다시 다른 물건을 들고 또 쓰지 않고 던져버린다. 아이는 목표한 것을 보면 그쪽으로 가는데, 7~8개의 목표가 그의 눈길을 사로잡는다. 끊임없이 새로운 목표물이 생기고, 아이는 혼란스러워진다. 이런 혼란 속의 아이는 늘 불안해서, 움직이기를 좋아하고 초조해한다. 사람은 자신의 목표를 향해 매진할 때 초조해하지 않는다. 반대로, 어떻게 해야 할지 모를 때 사람은 허둥대고 초조해한다. 그렇다면 어른들의 이런 반응은 어디에서 기인할까? 바로 유년 시절이다. 사람이 유년 시절에 자신의 모든 활동을 실체화했다면, 인격이 형성되어 한 인간으로서 설 수 있게 될 것이다. 그러나 많은 사람이 이렇지 않다. 유년 시절에 실체화라는 과정을 완성하지 못해 몽상에 빠져 어른들이 해주기만 기다린다.

몬테소리는 말했다.

"어른들은 목표가 없고 규칙적이지 않은 이런 비정상적인 아이들을 벌하든 인내심을 갖고 용인하든, 아이의 환상을 지지하고 격려한다. 또 이를 아이의 상상력이 뛰어나다고 설명하는 경향이 있다."

내게는 이 점을 분명히 느낀 계기가 있다. 내 친구의 아이는 네 살이 조금 넘었다. 친구는 늘 아이를 자랑한다.

"우리 아이 정말 똑똑해!"

내가 물었다.

"어떻게 똑똑한데? 이야기 좀 해줘."

그녀가 말했다.

"애가 창의력이 있어. 봐, 늘 저기 앉아서 이야기를 만들어. 이야기를 만들다가 울기도 하고, 이야기를 다 만들고 나서 웃기도 해. 내가 아이에게 '얘야, 이야기는 만들어낸 거잖아, 울 필요 없어, 그건 사실이 아냐'라고 해주지. 그래도 아이는 이야기 속에 깊이 빠져 있다가 울기도 하고 웃기도 하지."

이어서 나에게 말했다.

"아이에게 창의력이 없다면 어떻게 이렇게 많은 이야기를 만들 수 있겠어!"

나는 아이가 몽상에 빠져 있는 것 같아 큰일이다 싶었으나 아이의 엄마는 모르고 있었다. 내가 그녀에게 "아이가 몽상에 빠져 있어"라고 하면, 그녀는 이를 받아들이지 않고 이렇게 말할 것이다.

"어떻게 그렇게 말할 수 있니. 이건 창의력이야!"

무서운 것은 부모가 아이에게 문제가 있는 것도 모르고 그 문제를 장점으로 여긴다는 것이다. 우리 유치원의 아이들이 교구로 '케이크 만들기'나 '소꿉놀이'하는 것을 자주 본다. 당시 많은 사람이 물었다.

"아이들에게 그런 놀이를 하게 해야 합니까, 아니면 하지 못하게 해야 합니까?"

나는 이 문제로 한 달 동안 생각한 끝에 이것이 몽상이라고 결론 내렸다. 많은 아이가 '소꿉놀이'를 한다. 그곳에 앉아 남자아이는 아빠가 되고 여자아이는 엄마가 된다. 다른 유치원에서도 남편 놀이, 채소 사기 놀이, 소꿉놀이 등의 활동을 하고, 이를 흥미수업 내지 역할게임이라고 한다. 한 번은 친구 집에서 몇 가지 물건을 가지고 의도적으로 아이 심리를 테스트해봤다. 친구의 아이는 두 살이 조금 넘었고, 언어구사력은 뛰어났다. 내가 아이에게 물었다.

"오늘 뭘 했는지, 아줌마에게 말해줄래?"

아이는 서서 잠깐 생각하더니 말했다.

"풀이 붕하고 일어섰어요. 하늘 위의 비행기가 붕하고 날아갔어요."

어른이라면 풀이 '붕'하고 자라는 것을 상상할 수 있을까? 풀이 비행기와 무슨 상관이 있을까? 아이의 엄마가 웃으며 말했다.

"아, 내가 오늘 아들하고 정원에서 제초작업을 하는데 마침 하늘 위로 비행기가 지나가고 있었거든."

이것은 정상적인 상태다. 아이가 모습을 설명했기 때문이다. 다른 아이를 보자. 이 아이 역시 유치원에 온 지 얼마 되지 않았다. 아이는 멍하니 창밖을 보고 있었다. 선생님이 지나가다 아이에게 물었다.

"뭘 보고 있니?"

그 아이가 말했다.

"한 쪽 팔이 날고 있어요!"

이것은 분명히 환상이자 몽상이다.

몽상을 하는 데도 교구나 교구를 이용한 활동을 빌리기도 한다. 가끔 아이들이 자유롭다고 느낄 때 교구를 조작하지 않고 끊임없이 '소꿉놀이'를 하며 논다. 이런 현상은 첫해에 가장 심각하다. 나는 약간 걱정이 되었지만 나중에 두 가지 의문이 생겼다. 하나는 아이의 몽상이 한동안 계속될 것인지에 관한 것이었다. 또 하나는 모방기에 아이가 충분한 만족을 받지 못한 것인가? 아이가 아직도 모방을 하고 있는 것인가? 모방기는 한 살 반쯤에 와서 두 살 때 최고조에 이른다. 아이에게 채소 사러 가자고 하면 아이는 장바구니를 든다. 당신이 코를 풀고 화장지를 쓰레기통에 넣으면, 아이도 계속해서 코를 풀고 화장지를 쓰레기통에 버린다. 화장지를 다 쓸 때까지 당신이 하는 일을 따라할 것이다.

나는 이 아이들이 모방기에 충분한 만족을 얻지 못한 것이라고 생각했다. 우리 유치원은 반마다 솥, 그릇, 국자, 대야, 가구를 세트로 구매했다. 처음에는 아이들이 벌떼처럼 몰려들었고 한 달도 지나지 않아 모두 잃어버렸다. 물론 몇 명의 아이들이 가지고 놀다가 잃어버린 것이다. 그러나 이후 3년 동안은 예전처럼 심하지 않았다. 그중 대부분의 아이들은 교구를 장난감으로 여기지 않았고 소꿉놀이도 사라졌다. 이는 분명 모방과 관계가 없다.

아이 자신이 하고 싶어하는 일을 하게 하는 것이 몽상을 치유하는 가장 좋은 방법이다.

몬테소리는 모든 것은 진실되어야 한다고 말했다. 몬테소리 교육에는 연극수업이 있다. 사람들은 몬테소리 교육의 연극수업에서 이쪽은 엄마가 되고 저쪽도 누군가가 되는 것이라고 생각하지만 그렇지 않다. 몬테소리의 연극수업은 상점·병원·우체국·기차역 등 실제 장소에서 진행된다. 오늘의 연극수업 주제가 '병원에 가기'라면, 선생님은 아이를 데리고 병원에 가서 접수도 하고 진찰도 받아본다. 모든 상황이 현실과 같다. 또 우리 유치원에는 진짜 청진기를 비치하여 아이들이 들을 수 있도록 했다.

어른들은 아이들이 참되더라도 거짓을 대상으로 활동할 수도 있다고 생각한다. 그래서 어른들은 아이에게 거짓으로 꾸미기 시작한다. 아이는 하는 수 없이 그것을 참된 것으로 상상한다. 몬테소리는 말했다.

"어른들은 아이에게 나무 블록으로 말馬이나 성城, 기차를 쌓아올리는 모습을 관찰하게 한다. 아이의 상상력은 어떤 물체에 일종의 상징적인 의미를 줄 수 있다. 그러나 이것은 아이의 마음에 일종의 환상적인 모습을 만든다. 돌리는 손잡이가 말로 변하고, 의자가 임금님이 앉는 의자가 되고, 돌이 비행기로 변한다. 아이는 장난감을 가지고 놀 수 있다. 그러나 이런 장난감들은 각종 환상을 불러와 실제적이면서 유익한 현실과 접촉할 수 없게 만든다."

아이가 사랑을 받지 못할 때 위기가 온다. 그 과정에서 아이에게 기변이 생긴다.

몬테소리는 "어른들은 마음대로 활동하는 아이에게 장난감이 에너지를 발산하는 유일한 루트라고 생각한다"고 했다. 그러나 몬테소리 유치원의 학부모들은 아이에게 장난감을 사주면 며칠 가지고 놀다가 거들떠보지도 않거나 몇 번 가지고 놀고는 버린다고 말했다. 물론 장난감이 한 시간만이라도 유용하게 쓰인다면 그 나름대로의 가치는 있다.

그런데 우리 아이들은 몬테소리 교구를 오래도록 좋아한다. 유치원에 3년이나 다닌 어떤 아이는 매일 이 교구들을 만진다. 몬테소리 교구에 아이가 조작할 때마다 새로운 사실을 찾도록 만드는 특징이 있기 때문이다. 아이는 계속 조작하면서 비밀을 알아간다. 긴 막대기를 예로 들어보자. 한 아이가 긴 막대기를 3개월 째 만지고 있다. 이 아이는 막대기를 세워보기도 하고, 세운 뒤에 하나씩 만지기도 한다. 선생님은 아이가 왜 이렇게 할까 생각한다. 다 만지고 나서 아이는 다시 긴 막대기 중에 가장 짧은 막대기를 잡고 하나씩 비교해본다. 비교한 후 막대기를 밀어본다. 긴 막대기들이 도미노처럼 넘어진다. 여기에는 분명히 아이들이 필요로 하는 것이 있다. 그렇지 않다면 한 아이가 어떻게 3개월 동안이나 같은 물건을 흥미로워하며 만질 수 있겠는가? 이 교구는 아이의 정상화를 실체화해줄 수 있었다. 교구로서의 역할을 다한 셈이다.

장난감의 수명은 아주 짧다. 나는 늘 몬테소리 교구의 전체적인 조작과정에 규칙이 있다고 생각했다. 아이는 천성적으로 규칙을 좋아하고, 규칙을 발견하면 희열을 느낀다. 이런 희열은 더 높은 지력활동을 자발적으로 하도록 아이를 다그친다. 아이는 지능이 발달하면서 교구를 조작하는 방식을 계속 바꿔나간다. 그런 뒤 조작의 숙련 정도에 따라 계속 그 내재된 비밀을 알아간다. 그러나 이 모든 과정은 아이가 원하는 상황에서 이루어져야 한다. 아이는 교구를 조작할 수도 있고 나가서 놀 수도 있다. 이렇게 할 수 없으면 아이의 발전은 장담하기 어렵다. 어른들은 아이의 마음을 추측한다. 몬테소리는 "아이들은 자신의 장난감에 싫증내고 망가뜨리기도 하지만 어른들의 장난감에 대한 신념은 여전히 존재한다"고 했다. 어른들은 아이들이 가지고 놀 수 있도록 장난감을 사주면서 장난감이야말로 아이에게 지혜를 줄 수 있는 유일한 물건이라고 여기는 것이다. 몬테소리는 "장난감은 이 세상이 아이에게 준 유일한 자유지만, 아이는 이 귀중한 시기에 미래의 완전한 생활을 위한 기초를 다져야 한다"고 했다. 이 기초란 아이의 자질이 온전하게 발전하는 것을 뜻한다. 장난감은 아이들에게 단순한 장난감으로 간주되지 않을 때만 유용하다. 그러나 어른들은 이 사실을 알지 못하고, 많은 선생님과 부모님들이 아이의 이런 '분열'을 창의성과 상상력이라고 여기게 된다. 아이가 장난감을 '진짜처럼 가지고 놀고' 있는 것을 봤을 때, 아이가 꾸며낸 이야기를 들었을 때, 우리는 아이의 상상력이 뛰어나다고 생각한다.

정상적인 아이는 이렇지 않다. 태어난 후 몇 년 동안, 아이의 에너지와 마음은 끊임없이 아이에게 "세상을 인식하고 자신을 발전시키라"고 일러준다. 시간은 아이에게 움직이고 또 움직이라고 하는데 오히려 앉아서 이야기를 꾸며내는 것. 이것은 노인이나 하는 일이다.

하루는 선생님 한 분이 나에게 말했다.

"우리 반에 새로 온 아이가 있는데, 아무것에도 흥미가 없어요. 차를 탈 때는 얌전한 것 같은데, 아무 생각도 없이 꼼짝도 하지 않고 앉아 있습니다."

내가 말했다.

"그 아이는 할아버지 할머니와 함께 자란 것 같습니다."

"맞아요."

아이가 한자리에서 꼼짝도 하지 않는 것은 불가능하다. 이는 노인의 모습이다. 아이는 이제 막 떠오르기 시작한 태양이고, 노인은 지고 있는 태양이다. 세상을 완전히 다르게 느끼는 두 부류의 사람이 함께 어울려 있다. 한 사람은 생명이 이제 막 시작되어 세상에 대한 호기심으로 가득 차 있고, 한 사람은 생명이 곧 끝날 무렵에서 기억으로 세월을 보내고 있다. 그런데 이 두 사람을 함께 놓고서 무슨 교육을 말할 수 있겠는가. 이런 마음을 가진 아이는 이 세상에 흥미를 느끼지 못할 수 있다.

우리 유치원에 처음 왔을 때 좋아하는 것도 없고 모든 것에 흥미를 보이지 않는 아이가 한 명 있었다. 그 아이는 어떤 활동에도 참가하지 않았다. 운동회에 오지 않았고, 공원에도 가기 싫어했다. 늘 대문을 지키시는 할아버지의 건너편에 앉아 있었다. 한 번 앉았다 하면 두 시간이었다. 선생님이 안타까워하며 말했다.

"무슨 안 좋은 일이 있었기에, 한시도 가만히 있지 않아야 할 아이가 저렇게 된 걸까?"

왜 이럴까? 아이의 할머니가 아이의 일을 '도맡아' 처리했기 때문이다. 아이가 길 건너편의 작은 벌레 한 마리를 발견하고 호기심에 그 벌레 쪽으로 다가간다. 이때 할머니가 가차 없이 아이의 손을 잡고 가지 못하게 한다. 할머니는 문제가 생길까 두려워한다. 이런 태도가 아이의 정신을 분열시키고 아이의 실체화과정을 깨뜨렸다.

그러나 유치원에서 아이에게 좋은 환경을 만들어주고 아이들이 그 환경에 녹아들 때, 아이들의 이런 격동과 환상, 불안과 초조는 사라질 것이다. 베이징에는 주의력결핍장애ADHD를 전문적으로 치료하는 학교가 있다. 이 학교에서는 아이들이 놀면서 마음껏 물건들을 만지게 하고 한 회의 수업에 많은 돈을 받는다. 아이가 움직이기 좋아하는 것은 오랜 시간에 걸쳐 형성된 것이다. 치료하려면 아이를 오랫동안 자유롭게 놔둬서 마음의 소리를 듣게 하고 끊임없이 활동하도록 해야 한다. 한 번의 수업으로는 아이를 바꿀 수 없다. 그래서 나는 이 학교를 소개한 친구에게 말했다.

"몬테소리 유치원에는 움직이기 좋아하는 아이는 없어. 정상적인 아이로 만들고 싶으면 이 교육을 한번 해봐."

우리 유치원의 꼬꼬狗狗라는 아이는 처음에는 움직이는 것을 굉장히 좋아했다. 선생님이 잠깐이라도 한눈을 팔면 아이는 2층에서 컵들을 밖으로 던졌다. 꼬꼬의 동작은 매우 빨라서, 선생님이 아이의 외투를 벗겨 옷걸이에 걸고 다른 아이의 옷을 벗겨주러 간 틈에 자신의 옷을 세숫대야에 쑤셔 넣어버렸다. 아이는 선생님이 고개만 돌렸다 하면 도망갔다. 선생님이 잡으러 온다는 것을 알기 때문이다. 이 아이에게는 선생님을 보면 더 빨리 달아나려는 심리가 있다. 꼬꼬는 빠르게 이것저것 아무거나 마구 잡고 장난쳤고 선생님을 걱정스럽게 했다. 내가 아이의 부모에게 말했다.

"양쪽이 협조해야 됩니다. 오늘부터 아이가 하는 일에 뭐라고 하지 마세요. 물건을 깨뜨려도 아무런 말도 하지 마세요. 아이 자신이 조정할 수 있게요."

3개월 뒤 아이가 변했다. 아이의 엄마가 데리러 왔을 때 아이는 마침 모래밭에서 놀고 있었다. 그날 아이의 엄마가 나에게 말했다.

"유치원에 정말 감사해요. 전 정말로 만족합니다. 겨우 3개월이 되었는데 아이가 두 시간이나 모래밭에서 놀고 있어요."

나는 많은 사람에게 말한다.

"몬테소리 유치원에는 다동증多動症 환자도 없고, 움직이기 좋아하는 아이도 없어요. 아이들은 늘 오랫동안 자리에 앉아 자신이 좋아하는 것을 하지요."

몬테소리에 의하면, 아이들이 몬테소리 유치원에 들어올 때는 어느 정도 심리적 장애를 가지고 오는데, 이런 장애는 집에서 형성된 것이라고 한다. 그래서 외국에서는 아이가 몬테소리 유치원에 들어오면 두 달 반 동안 조정한다. 두 달 반이 지나도 아이가 조용해지지 않거나 자신이 하는 일에 몰입하지 않는다면, 선생님이 아이를 사랑하지 않았거나 자유를 충분히 주지 않았다고 판단한다. 3개월 후에도 이런 상태가 계속 된다면, 선생님은 스스로 그 원인을 찾아야 한다. 이를테면 아이에게 자유를 충분히 주었는가? 무엇이 잘못되었을까? 아이를 충분히 사랑하지 않은 것일까? 부모는 어떤 상태일까? 같은 것이다. 이런 과정을 거치면 문제를 알 수 있다.

어떤 아이는 일주일 만에, 조금 늦으면 한 달 안에 몰입한다. 일반적으로 두 달 반에서 세 달이면 몰입상태에 들어갈 수 있다. 5세 이상의 아이나 다른 유치원에 오래 있었던 아이들은 반년에서 일 년의 시간이 필요하다. 당신이 끊임없이 아이를 조정해주어야 한다. 아이는 이미 오랫동안 억제되어왔고, 흡수성의 자질은 곧 사라질 것이기 때문에 아이를 되돌리려면 힘이 들 것이다. 우리 선생님들은 이런 아이들을 대하는 데 약간 두려움이 있다.

우리가 아이들에게 제공하는 환경은 목적성이 없고, 움직이기 좋아하는 행동들을 좋은 방향으로 바꿀 수 있다. 몬테소리는 말했다.

"아이의 손과 머리는 그들 주위의 현실적인 영혼을 알아주기를 바라는 도구가 되었다. 지금 지식의 탐구는 목적 없는 호기심으로 대체되었다."

큰 아이들의 심리기변은 더욱 심각하다. 일찍부터 억압을 받기 시작했다면 자유로운 환경에 있다고 해도 이를 발설하기까지 긴 시간을 거쳐야 한다. 몽상은 도피이기 때문에 게임에 몰입하거나 환상의 세계에 숨어 이미 분열된 마음을 가릴 수 있다. 몽상은 자아의 무의식적인 방어다. 이런 자아는 고난이나 위험으로부터 벗어나려고 가면 뒤에 자신을 숨기는데, 이것이 몽상이다. 어른들도 마찬가지로, 어떤 문제를 해결할 방법이 없을 때 일련의 환상 속에서 숨을 몰아쉬거나 자신을 위로한다. 어른이 이렇게 한다면 그 내재적 자아의 모순은 정말로 클 것이다. 심리문제는 벽과 같다. 그는 이 벽을 뚫고 나오지 못하고 줄곧 그 안에서 게임을 한다. 바깥 세계는 광활하다. 나가고 싶지만 뚫고 나올 수 없다. 그는 끊임없이 벽에 부딪치고 발버둥 치며 자신을 위로한다. 삶이 어려운데도 위로해주는 사람이 없어 자신을 위로한다. 심지어 자신에게 거짓말을 하기도 한다. 연애를 예로 들어보자. 어떤 여성들은 남자에게 문제, 그것도 치명적인 문제가 있음에도 자신에게 "그럴 리 없어"라고 말한다. 그녀는 곧바로 그 남자에게서 적당한 하나의 이유를 찾아 그가 이 문제에서 '빗겨나도록' 돕는다. 이 환상은 결혼하고서 철저하게 깨지고, 그녀는 고통스러워하며 "당신은 사기꾼이야"라고 말한다.

얼마 전 읽은 미국의 연구보고서에 따르면 여자아이의 첫 번째 남자는 아빠고, 남자아이의 첫 번째 여자는 엄마라고 한다. 여자아이가 아빠의 사랑을 받지 못하면, 커서 자신의 배우자에게 심하게 집착한다. 그녀의 배우자는 절대로 혼인을 '중단'할 수 없다. '중단'하는 순간 그녀는 극심한 고통에 시달린다. 그녀는 배우자에게 인정받아야 한다. 어떤 여자가 남자에게 이별을 통보한다. 남자는 그녀가 새로운 사랑과 행복을 찾으러 가게 완전히 놓아줄 수 있다. 그러나 어떤 사람은 그렇게 하지 못한다. 당신이 나를 사랑하지 않으면 나는 당신을 죽이겠으니, 당신은 나를 사랑해야 한다며 집착한다. 이런 방식이 사랑일까? 아니다. 과도한 집착을 하는 것일 뿐이다. 그는 무엇을 찾는 것일까? 그는 부모로부터 자신을 인정받길 원한다. 슬프게도, 그(그녀)는 유아기에 이미 이렇게 되어버렸다.

아이는 엄마가 자신을 아무리 때려도 엄마를 사랑하고, 엄마에게서 인정을 받고 싶어한다. 아이에게 당신의 사랑이 필요한데 당신은 왜 아이에게 사랑을 주지 않는가? 아이가 만족하면 당신도 만족할 것이며 이것이야말로 아주 이상적인 일이다. 그러나 우리는 이렇게 하지 않는다. 아이들이 말한다.

"엄마, 안아주세요. 엄마, 안아주세요."

그러나 엄마는 말한다.

"안 돼. 너 이미 컸잖아. 스스로 걷는 법을 배워야 해."

아이가 엄마 뒤로 와서 말한다.

"엄마, 안아줘요. 힘들어요. 엄마, 배가 아파요."

아이는 갖은 방법을 생각해서 엄마에게 안아달라고 한다. 아이의 엄마는 안아주어서는 안 되며 스스로 걷는 법을 배워야 한다고 생각한다.

다섯 살이 넘은 아이에게는 일종의 공포감이 있다. 이 공포감은 아이의 성장에서 유래한다. 다섯 살 반이 된 아이는 여섯 살이 되면 변화가 생길 것이라고 느낀다. 이 변화가 아이를 두렵게 만들고, 아이는 옛날로 돌아가 엄마에게 집착한다. 11~12세의 아이들도 다가올 어떤 변화를 감지한다. 변화가 그들을 두렵게 하지만 사실 이런 변화는 독립으로 가는 변화다. 엄마에게서 멀어질수록, 이 안전한 부두에서 멀어질수록 아이는 외부세계와 부딪치려 할 것이다. 이 잠재적인 의식은 매우 강렬하다. 8~9세의 아이들이 부모에게 집착하는 경향이 가장 강하다. 걸핏하면 부모 옆에 달라붙거나 의지하는데, 이는 분리 전의 집착이다. 아이는 3세에서 6세까지 또 9세까지 간헐적으로 독립하려고 한다. 아이에게는 약간의 긴장과 두려움이 있다. 아이는 독립을 향한 여정을 시작할 때 힘이 필요하고, 이때 엄마의 사랑이 필요하다.

우리 아들은 다섯 살 때 매일 건물을 오르고 내릴 때마다 안아달라고 했다. 차를 탈 때도 내 뒤에 앉지 않고 내 뒤로 기어 올라와 두 손으로 내 목을 끌어안았다. 나는 차에서 내려 아이를 내려줬다. 많은 사람이 너무 귀여워해주면 아이를 망친다고 말했다. 하지만 나는 아이에게 이런 느낌이 있으면 충족시켜줘야 한다고 생각한다. 나는 이것이 아이를 망친다고 생각하지 않는다. 사랑이 어떻게 아이를 망칠 수 있는가? 사랑은 아이의 성장을 돕는 것이다. 아이는 달리 도움 받을 곳이 없다. 우리는 아이가 가질 수 있는 전부다. 엄마가 아이의 성장과정을 지켜주지 못한다면 이 세상의 누가 그렇게 할 수 있겠는가?

『리더스 다이제스트』에 나오는 이야기 한 편을 보자. 사냥꾼에게 쫓기는 사슴 떼가 있다. 결국 산꼭대기까지 몰렸는데, 아래는 절벽이다. 이 절벽과 건너편 절벽의 거리는 매우 멀다. 사냥꾼이 왔을 때 사슴들은 갑자기 회의를 여는 듯 조용해졌다. 회의가 끝난 후 늙은 사슴 하나가 절벽 맞은편으로 뛰었다. 늙은 사슴이 도약하는 그 순간, 뒤에 있던 또 다른 늙은 사슴도 도약했다. 이 절벽을 뛰어넘을 수 있는 사슴은 없다. 때문에 먼저 뛴 사슴이 필사적으로 도약하고 뒤의 사슴이 이와 동시에 뛰면서 뒤 발굽으로 앞 사슴의 몸을 디디고 넘어갔다. 두 늙은 사슴이 성공하자 뒤이어 사슴들은 두 열로 줄을 지었다. 늙은 사슴이 먼저 뛰면 어린 사슴이 뒤를 바짝 따랐다. 이렇게 늙은 사슴과 어린 사슴이 짝을 이뤄 결국 사슴 무리는 절벽을 건너갔다. 어린 사슴들은 살고, 늙은 사슴들은 희생되었다. 마지막에 두목 사슴은 용감하게 뛰었으나 떨어져 죽고 말았다. 이 이야기에 감동하지 않는 사람은 없을 것이다. 이것이 실화라면 우리는 사람으로서 부끄럽게 느껴야 하지 않을까?

에리히 프롬은 『사랑의 기술』에서 부모의 진정한 아이 사랑은 아이의 성장에 관심을 기울이는 것이라고 했다. 이는 당신이 할 수 있는 최선의 일이다. 사람의 성장은 매우 복잡하면서도 어려운 과정이기 때문이다. 어머니가 아이의 성장에 관심을 기울이는 것은 가정의 희망이고, 사회의 희망이다.

위에서 몽상에 대해 많은 이야기를 했지만, 나는 우리 어른들도 몽상가라고 생각한다. 이제는 몽상이 어른에게 가져오는 문제들을 이야기해볼까 한다. 몬테소리에 의하면, 상상력이 풍부한, 다시 말해 몽상을 하는 아이는 학교에서 보통 훌륭한 아이로 간주된다. 이런 학생들은 학교에서 공부를 잘 하지 못하지만, 이런 아이들이 문제 있다고 생각하는 어른은 없을 것이다. 몬테소리는 "사람들은 지능이 뛰어나서 실제적인 일을 제대로 하지 못하는 것이라고 여긴다"고 했다. 대부분의 어른들이 환상을 가진 아이에 대해 '창의력'이 뛰어나서 생활에서 일을 제대로 하지 못한다고 여긴다는 것이다.

지능의 정상적 발달은 사랑을 받았는지의 여부와 연관이 있다. 우리 유치원에는 위엔위엔圓圓이라는 여자아이가 있다. 아이의 부모는 아이를 낳고 2년이 안 돼 남동생을 낳았다. 부모는 아이를 돌볼 시간이 없어 다른 집에 맡겼다가 나중에는 '완전히 맡기기' 위해 우리 유치원에 보냈다. 이 아이의 태도는 아주 비정상적이었다. 어느 날, 나는 아들 신신에게 새 신발 한 켤레를 사주었다. 아들은 매우 좋아했고, 사람을 보면 말했다.

"우리 엄마가 새 신발 사주었어! 우리 엄마가 새 신발 사주었어!"

위엔위엔은 아들이 주의하지 않는 틈을 타 새 신발을 밟아버렸다. 신신이 심하게 우는데도 위엔위엔은 흡족한 듯 미소를 지었다. 매일 오후, 나나 남편이 유치원에 오면 그 아이는 "안아주세요" 혹은 "자전거 태워주세요"라고 말한다. 남편은 그 아이를 자전거에 올려준다. 그 아이는 그때 우리 유치원에 완전히 맡겨져 있었기 때문에 우리는 그 아이에게 많은 관심을 쏟았다. 나는 남편에게 아버지의 사랑을 느낄 수 있도록 그 아이를 안아주게 했다. 하루도 거르지 않았다. 그 결과 오랫동안 신신이 매우 고통스러워했다. 이 때문에 선생님들과 남편은 말다툼을 했다.

"어떻게 이럴 수 있어요? 이러시면 안 된다는 거 아시잖아요? 아드님도 위엔위엔처럼 될 거에요."

위엔위엔은 우리 부부가 없을 때마다 아들에게 이렇게 말했다.

"나는 너희 아빠를 네 아빠가 되지 못하게 할 거야, 우리 아빠가 되게 할 거야. 나는 너희 아빠가 너를 안지 못하게 할 거야, 나는 오늘 아빠가 너를 안지 못하게 할 거야."

신신은 위엔위엔에게 시달린 끝에 울고 말았다. 나중에 내가 위엔위엔에게 말했다.

"이러면 안 돼. 원장 엄마는 널 사랑해. 신신 아빠도 널 사랑해. 하지만 너는 신신에게 그렇게 대하면 안 돼."

유치원에 손님이 오면 위엔위엔은 곧장 손님을 맞이하러 달려 나갔다.

"아주머니, 안녕하세요, 제가 안내해드릴게요."

그런 후 방문자에게 유치원을 안내한다.

"아주머니, 이쪽은 음악실이고, 이건 피아노예요."

"아주머니, 여긴 뮤직홀……"

모든 사람이 아이가 총명하다고 말했다. 그러나 진짜 총명한 아이는 사람이 와도 보지 않고 자신의 작업에 몰두한다. 이 아이의 태도는 매우 비정상적이다. 보통 우리 유치원에 온 사람 중에 몬테소리 교육을 모르는 사람들이 이 아이를 총명하다고 말한다. 왜냐하면 위엔위엔은 당신의 말과 행동을 보고 의미를 짚을 수 있을 정도로 눈치가 빠르고, 어른들이 자신에게 호감을 나타내는 것을 좋아하기 때문이다. 아이의 주의력은 두 가지에 집중되어 있다. 도처에서 사랑을 구하고 발설할 기회를 찾는 것이다. 이런 아이가 자질을 발전시킬 기운이 어디에 있겠는가!

몽상의 두 번째 특징은 사람을 발전목표에서 멀어지게 한다는 것이다.

우리 유치원에 영어를 가르치러 오겠다고 하신 선생님이 있다. 이 선생님은 전국적으로 유행하고 있던 영어교수법을 우리 유치원에 적용하려고 했다. 춤 같은 동작으로 앉았다 일어섰다 하며 영어를 말하는 방법이었다. 내가 말했다.

"이 방법은 우리 아이들에겐 통하지 않을 겁니다."

그가 말했다.

"수많은 유치원에서 시도해보았는데 아이들이 대단히 좋아했습니다. 왜 이쪽 아이들만 좋아하지 않는다는 거죠?"

"우리의 교육과 맞지 않거든요."

"그러면 오후에 한번 해보게 해주세요. 반응이 없으면 그만두겠습니다."

오후에 그 선생님은 아이들을 불러 모아놓고, 일어서는 것은 뭐고, 앉는 것은 뭐고, 손을 흔드는 것은 뭐고, 머리를 흔드는 것은 뭐라고 일러주었다. 그 선생님은 신명나게 가르쳤다. 그런데 우리 아이들은 아무런 표정 없이 멍하니 바라보거나 입을 막고 몰래 웃기만 했다. 어떤 아이는 "너 원숭이 같아"라고 했다. 나중에 그 선생님이 말했다.

"진행이 잘 안 되네요, 이 유치원 아이들은 따라하지 않아요."

게임은 게임일 뿐이다. 지식을 게임에 넣으면 시간이 지난 뒤에 학습 장애가 나타난다. 그런데 우리 유치원에서 한 아이만은 잘 따라했다. 이 아이가 바로 위엔위엔이다. 그 아이는 서서 말한다.

"서는 것은 업up, 앉는 것은 다운down······"

이 아이는 선생님의 동작을 똑같이 따라했다. 나머지 아이들은 입을 막고 웃는다. 나는 이 방법은 위엔위엔 같은 아이에게 맞고, 또 의외로 수많은 보통 유치원의 아이들에게 맞는다고 생각했다. 교육을 모른다면 아이를 정말 그릇된 길로 유도할 수 있다.

선생님이 몽상을 하면 더 말할 필요도 없다. 선생님은 우리가 로마자를 배우는 것처럼 아이들에게 1은 막대기, 2는 오리, 3은 귀로 가르친다. 중국어의 모음에는 '아ª·오ᵒ·어ᵉ·이ⁱ·우ᵘ·위ü' 외에 '느어ⁿ'도 있지 않은가? 전통 교과서는 한가운데에 탑이 그려진 아치형 문을 놓고 '느어ⁿ'를 설명한다.* '모어ᵐ'는 사람이 '만지는' 것으로 설명한다. 아이들에게 '느어ⁿ'를 설명하면 모든 아이들이 중간의 그 탑을 가리키며 "탑!"이라고 말한다. '오ᵒ'는 수탉 그림인데 '꼬꼬댁'하고 우는 모습이다. '오ᵒ'를 가리킬 때마다 아이들은 "닭!"이라고 말한다.

이 그림을 만든 사람은 아이들이 쉽게 기억하는 걸 도우려고 했을 것이다. 그러나 아이의 기억력은 고장나지 않았다. 이 방법은 아이들의 주의력을 분산시켜 아이의 기억력을 망칠 수도 있다.

심리상태가 좋아야 도전을 받아들인다. 도전을 받아들이는 데는 용기가 필요하다. 우리는 사람에게 지력과 용기가 아주 중요함을 알고 있다. 지력과 용기가 없으면 못난 사람이 되고 만다. 몬테소리는 아이들의 지력은 대개 비슷해서 큰 차이가 없다고 했다. 그러나 아이의 심리 발전에 문제가 생기면, 아이의 전체 상태에서 큰 차이가 난다. 몬테소

---

* n의 모양이 아치형의 문과 비슷한 것에 착안함

리는 골절된 사람과 골절된 적이 없는 사람을 예로 들었다. 골절된 사람은 뼈를 잇지 않으면 성장할 수 없고 부담도 커진다. 당신이 뼈를 이어주지 않으면 팔을 자유자재로 사용할 수 없다.

심리상태가 좋으면 스트레스와 좌절을 잘 견딘다. 일과 생활 속에서 스트레스를 받는 것은 흔한 일이다. 일반적으로 어른이 자신을 정상적으로 조절한다면 스트레스가 커질수록 감당능력이 커진다. 그렇지만 아닌 경우도 많다. 어떤 사람은 스트레스를 견뎌내지 못한다. 이는 어린 시절에 자연적이고 정상적인 성장을 하지 못해 의지력이나 자신을 반성할 지능이 없기 때문이다. 몬테소리는 "기변한 영혼이 강한 압박을 견디는 것은 불가능하다"라고 했다. 사람이 사회생활을 하면서 스트레스를 받지 않는다는 것은 불가능하다. 때문에 사람은 스트레스를 감당할 수 있는 능력을 갖춰야 한다. 그러나 심리장애를 가진 사람은 이 감당 능력이 매우 떨어진다.

심리장애를 가지고 있는 아이는 사물의 법칙과 생활의 비밀을 찾아내지 못한다. 수학을 예로 들자. 수학은 본디 논리적인 과정이다. 수학에는 내재된 비밀이 많다. 긴 막대기를 만지다보면 가장 긴 것이 그다음으로 긴 것보다 지휘봉校正棒 하나의 길이만큼 길다는 사실을 발견할 수 있다. 여기에 수학의 논리와 규칙이 숨어 있다. 그리고 이 비밀은 아이 자신이 발견하며, 아이는 이 비밀 찾기 과정에서 희열을 맛본다. 아이가 비밀을 찾고 나면 자각적 지력활동을 한다. 0~99까지의 숫자를 보자. 아이는 10~19, 20~29, 30~39는 전부 0~9까지라는 사실을 알고, 그 나머지도 모두 이렇다는 것을 발견한다. 그러나 심리장애가 있는 아이는 이를 발견해내지 못하고, 사실을 이해하기 어려워한다. 선생님이 가르쳐줘야 한다. 그 자신은 찾지 못한다.

이렇게 어른이 되면 그는 외부 세계를 배척한다. 하는 일마다 불평하고, 공평하지 않다고 여기는 것이 이런 사람의 특징이다. 이는 지력이 발전되지 않은 상태에서 표출되는 아주 유치한 자질이다. 탕허唐河라는 학부모가 나에게 해준 이야기가 있다. 한 번은 탕허가 경찰서에 근무하는 친구와 이런 저런 이야기를 하다가 몬테소리 교육에 관한 이야기가 나왔다. 그 경찰관 친구가 말했다.

"그 교육이 중국 현실에 맞아? 내가 보기에는 안 맞아. 조만간 없어질 거야."

그가 또 말했다.

"내가 보기에 이 교육으로 길러낸 사람들은 모두 범죄자들이야. 자유롭게 자란 사람들은 범죄자가 되지!"

탕허가 그에게 말했다.

"사람이 심리적으로 오랫동안 억압을 받으면 폭발해서 범죄를 저지르죠. 그런 마음이 없는데 어떻게 범죄를 저지를 수 있겠어요?"

"잘 모르겠지만 아무튼 이런 교육은 범죄자를 양성할 수 있다고. 국가가 조만간 금지할 거야."

탕허가 나에게 말했다.

"그는 전혀 알지 못하는 사람입니다. 이해하려고도 하지 않고요. 그는 선생님을 배척해요."

이 사람은 심리장애가 심각한 사람이나 스스로는 잘 이해하고 있다고 생각한다. 이는 자신을 가두는 일인데, 이렇게 생각하는 사람이 매우 많다. 어떤 부모는 말한다.

"아이를 때리지 않으면 아이가 인재가 될 수 있나요?"

탕허의 경찰관 친구는 이런 말도 했다.

"나는 우리 어머니가 나를 죽도록 때려서 키우신 것에 감사해. 봐! 맞으면서 컸어도 지금 이렇게 경찰관이 되었잖아."

그가 또 말했다.

"교육에서 벌주지 않는 것은 마음껏 떠들라고 하는 것 아니니?"

다수의 어른들이 여전히 이런 생각을 갖고 있지 않을까? 그들은 새로운 것을 쉽게 받아들이지 않는다. 사실 바깥세상은 아주 흥미로운데 이런 어른들은 자신의 세계에 갇혀 있다. 우리의 신념은 무엇인가? 우리는 몬테소리가 설명한 많은 것이 신념이라고 생각할 것이다. 그러나 아동기는 그렇지 않다. 작은 일에서 많은 일들이 생겨난다. 예를 들면, 내가 아들을 데리고 물건을 사러 가서 돈이 부족할 때면 말한다.

"엄마에게 딱 만 원이 있는데 이 물건들은 만 원이 넘어. 그러니 너는 두 개만 고를 수 있어."

우리 아들은 재빨리 물건 중에서 두 개만 고르고 나머지 것들은 물리고 깨끗하게 자리를 떠난다. 그러나 내 친구의 아이는 이렇지 않다. 그 아이는 신신이 물건을 사기만 하면 말한다.

"엄마, 나도 살래요."

그러면 아이의 엄마는 말한다.

"그럼 사러 가자."

그러나 좋은 물건들로 가득한 진열대 앞에 설 때마다 아이의 마음은 혼란스러워진다. 엄마가 아이에게 묻는다.

"이거 살래?"

아이는 말한다.

"아뇨."

그래도 아이는 진열대 앞에서 계속 머뭇거린다. 아이와 한 시간 동안 같이 서 있자니 화가 부글부글 치밀어오른다.

"왜 아직도 고르지 못했니? 도대체 뭘 사고 싶은 거니?"

아이는 여전히 못 고른다. 아이는 물건을 하나 쥐었다가 곧 말한다.

"응, 이거 싫어요. 다른 걸로 바꿀래요."

이 아이는 자신을 통제할 수 없다.

이 일로 나는 많은 것을 느꼈다. 한 번으로 끝났다면 우연으로 생각했을 것이다. 그러나 다음, 또 그다음에도 똑같은 현상이 반복되자 황당하여 어떻게 해야 할지 몰랐다. 아이는 이미 몬테소리의 말처럼 "자신의 생각을 통제할" 수 없게 되었다. 이런 아이들은 정상적으로 지능을 발달시킬 수 없다.

아이는 정상화의 지도에 따른 활동을 통해 성장한다. 아이가 억압으로 인한 몽상에 빠진다면, 절대로 지능을 정상적으로 발달시킬 수 없으며 정상적인 발전궤도를 이탈할 것이다.

한번은 퇴근하는 길에 이웃에 사는 아이의 손이 찢어진 것을 봤다. 내가 말했다.

"리리黎黎, 손이 찢어졌구나. 지금은 겨울이라서 파상풍을 입기 쉬워."

그때 그 아이는 세 살이었다. 내가 말했다.

"집에 가서 엄마에게 붕대 감아달라고 해."

그 아이가 말했다.

"괜찮아요."

그 아이는 여자아이로 말을 아주 잘했다. 내가 말했다.

"위험하단 말야. 지금 더러운 물건을 만졌으니 감염되기 쉬워. 엄마에게 붕대로 감아달라고 해."

나는 그 아이를 한참 동안 설득했다. 아이가 말했다.

"알겠어요. 갈게요, 같이 가요."

나는 그 아이의 뒤에서 걸었다. 아이는 집에 도착하자 "앙!" 하며 울기 시작했다.

"손이 찢어졌어요!"

엄마가 말했다.

"오냐. 자, 엄마가 안 아프게 해줄게."

아이의 엄마는 붕대를 찾아 한 바퀴 감아주었지만 어떤 응급조치도 하지 않았다. 반창고도 쓰지 않았다. 아이 엄마가 말했다.

"리리, 대단하구나."

그리고 아이 엄마는 볼일을 보러갔다. 그러자 리리는 다친 손가락을 치켜세우고 "야, 대단하대. 나는 대단해!"라고 말하며 가버렸다.

맙소사! 나는 그때 사람은 정말 거칠고, 인간의 성장에는 정말 고난이 많다고 느꼈다. 독자들은 이 아이의 심리변화를 보았는가? 이 아이는 왜 엄마를 찾으러 가지 않았을까? 왜 같이 가자고 했을까? 왜 엄마를 보고 운 것일까? 왜 자신을 대단하다고 말했을까? 사람이 이렇게 커가야 한다면 이것은 너무 잔혹하다.

대학 때의 친구가 있다. 그녀는 성적이 늘 88점 아니면 89점이었다. 그녀는 성적이 왜 이렇게 나오는지 몰랐다. 한번은 그녀가 나의 또 다른 친구 양핑楊苹과 함께 있다가 말했다.

"너는 시험만 치면 90점 이상이고, 나는 90점을 넘기지 못해. 이건 분명히 교수님께서 점수를 매길 때 일부 학생에게만 90점 이상을 주고, 일부 학생에게는 90점 이하로 주었기 때문이야."

나는 그녀를 안 지 1년 정도 지났었고, 그녀가 양핑과 큰 차이가 있다는 것을 알고 있었다. 그녀는 어떤 일을 할 때 한 번에 핵심을 잡지만 분명하지 않다. 이 때문에 누군가 문제를 조금 어렵게 질문하면 제대로 설명하지 못했다. 그러나 양핑은 달랐다. 양핑은 사물을 보는 날카로운 감각이 있었고, 빠르고 정확하게 문제들을 파악했다. 또 작은 문제에 관한 어떤 질문을 해도 즉각 알려주었다. 양핑의 지식은 체계적이었다.

반면 다른 친구는 기억으로 공부했다. 그녀는 90점 이상을 받지 못했다. 누군가 그녀에게 세세한 지식을 물으면 대답하지 못했다. 또 물을 때마다 당황했다. 이 문제를 왜 생각하지 못했지? 하고. 여기서 문제의 본질은 아동기의 지능발달에 있다. 이것은 사유의 문제다. 세세한 곳에서 큰 곳으로 생각한 다음에는 다시 세세한 부분으로 돌아와야 한다. 감각에서 개념을 얻고 다시 감각으로 돌아와야 하는 것이다. 그러나 많은 사람이 중간에 멈춰버린다. 공부를 못하는 아이들은 어려서 부모들로부터 심한 억압을 받은 경우가 많다. 반면 공부를 잘하는 아이들의 가정은 상대적으로 민주적이다. 이런 가정의 아이들은 사고가 체계적이다.

이 모든 것이 어린 시절에 오고, 아이는 제대로 성장하지 못한다. 내 사촌 여동생의 아이는 아빠에게 자주 야단맞는다. 『백과사전』의 내용을 설명하면 이 아이는 언제나 내 아들보다 빠르게 습득했지만 대략적이고, 체계적이지 않았다. 그 아이는 지식을 응용하지 못한다. 지능이 높지 않은 원인은 아이의 영혼이 몽상을 통해 환상의 세계로 달아났기 때문이다. 이런 사람은 어려움을 만나면 자신감을 잃는다. 정상적인 사람이라면 어려움을 만나도 극복하려 할 것이다.

그러나 대다수의 사람들은 어려움에 직면하면 물러선다. 많은 사람이 어려움을 불안해하고 두려워한다.

"이제 어떻게 하나?"

아이도 마찬가지다. 어린이날이 되면 유치원에서는 패션쇼를 한다. 일부 아이들은 패션쇼를 한다고 하면 기분이 좋아서 곧장 무대 위로 올라간다. 또 어떤 아이는 연습할 때는 잘하다가도 무대에 올라가기만 하면 '벌벌 떨기도' 한다. 이는 어려움에서 물러서며, 자신감이 흔들리는 좋은 예다. 우리 유치원의 지우지우ㅅㅅ라는 아이가 엄마와 이모 집에서 지낸 적이 있다. 이모에게는 싱싱行이라는 딸이 있었다. 싱싱은 지우지우보다 컸다. 예전부터 싱싱의 엄마는 자신의 딸이 동생의 아이보다 낫다는 생각에 우쭐해했다. 그들은 3개월을 함께 보냈다. 3개월 동안, 싱싱은 어른들에게 시를 외우거나 춤을 추어 보였다. 아주 기민하게 잘했다. 지우지우가 먼저 우리 유치원을 1년 정도 다닌 후, 싱싱도 같이 다니게 되었다. 한번은 두 아이가 놀다가 다퉜는데, 싱싱이 지우지우를 때렸다. 지우지우가 상대하지 않자 싱싱이 또 한 대 때렸다. 이번에는 참지 못한 지우지우가 싱싱의 따귀를 때렸다. 싱싱은 그 자리에서 울었다. 지우지우는 자기 엄마를 찾지 않고 싱싱의 엄마에게 와서 말했다.

"쟤가 처음 절 때릴 때 저는 아무 대응도 안 했어요. 두 번째 절 때릴 때 제가 반격했어요."

'반격'이라는 말을 사용하자 아이의 말에 힘이 실리고 설득력이 강해졌다. 이 아이의 용기는 대단했다.

학창 시절의 친구 아이 중에 아주 못생긴 아이가 있다. 어른들은 자주 그 아이를 놀렸다.

"정말 못생겼네."

지우지우가 일어서서 말했다.

"그렇게 말하면 안 돼요."

어른이 말한다.

"너한테 얘기한 거 아니야."

내 친구는 지우지우의 말을 듣고 놀라워했다. 왜냐하면 여태까지 이렇게 분명하게 말한 사람이 아무도 없었기 때문이었다. 나는 이것이 시비를 변별하는 능력이며, 개념을 분명하게 파악하고 대단한 용기를 보여준 행동이라고 여겼다. 아이의 영혼이 정상적으로 발전한다면, 아이는 매 걸음마다 문제의 본질을 볼 수 있을 것이다. 그런 아이는 자신의 견해를 말할 수 있다. 아이에게 용기가 있기 때문이다. 이런 아이가 말을 하지 않는다면 그것은 용기의 문제가 아니라 책략이다. 물론 이는 정상적인 아이의 경우에 한해서다. 아이에게 용기가 부족할 때 자기 나름의 다른 생각이 있더라도 아이는 말을 하지 않으려고 한다. 그러나 실제로 대다수의 아이들에게는 이런 생각조차 없다. 생각은 지력이고, 감히 나서는 것은 용기이며, 책략을 가지고 행동한다.

한번은 어떤 일로 우리 가족이 토론을 벌였다. 논의중에 우리 아들이 일어서서 말했다.

"그만하세요, 엄마 말씀이 일리 있으니, 모두 엄마 말을 들어요!"

중요한 일은 아니었지만 나는 복잡한 얘기들을 쭉 들으면서 아들 나름대로의 주관을 만들었다고 생각했다. 양고기 샤브샤브를 먹고 싶어하는 아이가 있다. 아이가 말한다.

"아빠, 사실 저 오후에 밥 먹었는데, 그래도 배고파요. 배고파서 집으로 갈 수가 없어요."

아이의 아빠가 말했다.

"우리 집에 가서 밥 먹자."

아이가 뒤에서 계속 징징대자, 아이 아빠가 물었다.

"왜 울어?"

"양고기 샤브샤브가 먹고 싶단 말이에요!"

얼마 후 아이의 아빠가 나에게 물었다.

"왜 나에게 바로 말하지 않았을까요?"

내가 말했다.

"아버님을 두려워하기 때문이에요."

아이는 있는 그대로 당신에게 말할 수 있는데, 왜 그렇게 하지 않는 것일까? 아이의 말과 행동이 아이의 내재된 발전을 따르면 아이에게는 문제가 없을 것이다. 그러나 아이는 매번 용기를 내서 에둘러 말하려고 한다. 이런 상황이 오래가면 문제가 생긴다. 그러나 생은 길고 복잡하다. 우리의 심리와 습관도 오랫동안 복잡하게 작용할 것이다.

제23장

몬테소리교육은
우리 아이들에게
적합한가?

몬테소리의 방법·사상·이론은 그 과학성과 보편성 때문에 국제적이고 세계적이다. 과학에는 국경이 없다. 우리가 관심을 우리 아이들에게 둔다면 사실 이미 중국화된 것이다.

•

"외국 이론인 몬테소리 교육이 중국의 아이들에게 적합합니까?"라고 묻는 사람이 있다. 사람들은 몬테소리 교육을 이해하지 못한다. 또 아이들을 주의깊게 관찰하지도 않는다. 열에 아홉은 "몬테소리 교육은 과연 중국에 적합한가?"라는 문제를 제기한다.

교육은 과학이다. 초창기 인류의 교육은 기본적으로 상통하는 데가 있다. 왜 그럴까? 몬테소리의 이론에 의하면, 6세 이전에 다진 모든 것은 특정한 문화, 학교, 직업을 위한 것이 아니라, 한 사람의 평생 기초가 된다. 이는 인류의 보편적인 특징이다.

몬테소리 교육은 인류의 소질과 사람의 기본 자질을 중시한다. 또 "몬테소리 교육을 받아 너무 뛰어나서 사회에 적응하지 못하면 어떻게 하나요?"라고 묻는 사람이 있다. 우수한 자질을 갖춘 사람은 어떤 사회에서도 적응을 잘한다. 몬테소리도 "나는 모든 민족에게 맞는 과학적 방법을 만들었을 뿐이다"라고 했다. 그녀는 또 이 교육의 목적은 아이의 성장 잠재력과 환경에 적응하고 이를 이용하는 능력을 기르는 것이라고 말했다. 새로운 교육도 인성을 잘 발전시켜야 미래의 새로운 사람을 만들어낼 수 있음을 강조한다.

우리는 우리 아이들을 교육하기 위한 방법과 이론으로 몬테소리를 찾았다. 우리는 이를 그대로 따라하지 않고 장점만 취했고, 다른 우수한 학부모, 교사, 교육자, 사상가, 심리학자들을 함께 연구했다. 우리는 유럽의 방식을 완전히 그대로 따르지는 않는다. 이는 우리가 서양인이 아니기 때문이기도 하고, 우리는 우리의 사유방식과 문화로 몬테소리를 인식할 수밖에 없기 때문이기도 하다. 그러나 우리가 진리와 과학을 탐구하는 것만큼은 세계와 상통한다. 이를 우리 아이들에게 맞춰 받아들일 때 우리의 고유한 문화대로 그것을 소화한 것이 된다.

핵심은 문제의 출발과 교육의 목표에 있다. 아이에게 주의를 두면 우리는 진리에 다가갈 수 있다. 우리가 아이를 대하면서 "왜일까?"라고 수없이 질문할 때 우리는 아이에게 다가가고 진리에도 다가간다. 이는 유명한 교육 방법을 실시하기 위함이 아니고, '교육에서 새로운 반향을 불러일으키기' 위함도 아니며, 교육의 '종류'나 '형식'을 더하기 위함도, '경제적 이익'을 위함도 아니다. 오로지 아이의 성장을 위한 것이다.

사실 중국의 몬테소리 유치원이 몬테소리 교육을 실시하는 과정은 유럽과 같을 수 없다. 그들의 문화가 중국과 다르기 때문이다. 우리는 아이를 대할 때 스스로의 많은 약점을 극복해야 하고, 자신을 계속 일깨워야 한다. 우리는 아이에게 간섭하지 않고, 기회와 권리를 주어야 한다. 또 우리가 몇 십 년 동안 받아온 교육적 한계를 극복해야 한다.

선진국과 비교해서, 중국의 교육이론은 100년 정도 뒤떨어져 있다. 우리는 줄곧 아이는 어른이 교육하는 것이라고 생각했다. 그러나 20세기 초부터 교육은 변하기 시작했다. 아이는 자신의 정신으로 자신을 발전시킨다. 그러나 우리는 지금까지도 교육의 역할이 아이의 지능을 계발하고 지식을 습득시키는 것이라고 생각한다. 사람들은 20세기 초에 이미 전통 교육과 현대 교육의 차이를 지적했다. 현대 교육의 목적은 생명을 발전시키고 인성을 최대한 계발하며 사람의 잠재력을 높이는 데 있다. 이 생각이 사람들의 마음에 자리를 잡으려면 앞으로도 몇 십 년이 걸릴 것이다.

몬테소리 이론의 중국화는 위험을 안고 있다. 그것은 몬테소리 교육의 통속화, 매일 한 시간 혹은 몇 시간씩 교구를 만지는 것, 교육 이론을 포기하고 교육 방법만 중시하는 것으로 귀결될 수도 있다. 관념과 방법은 함께 가야 한다. 관념은 방법보다 중요하며, 교육 방향을 결정하기 때문이다.

부록

●

아이들은 정상화를 가지고 태어난다.

정상화는 성장의 모든 비밀을 담고 있다.

새로운 교육은 아이에게 주입하는 것이 아니라,

아이 스스로 끊임없이 생명의 비밀번호를 풀고 자아를 창조하는 과정이다.

어른들은 '사랑과 자유, 규칙과 평등'의 환경을 만들어

아이가 성장법칙을 따라 생명의 비밀번호를 풀도록 해야 한다.

이 시기에 각종 민감기를 잘 발전시키고 0~6세 아이들의 특징인

흡수성 자질을 잘 이용해야 한다.

이것이 신체·감각·정서·인지·심리·정신·영혼을 포함하는 완전한 성장이다.

이는 자아를 만들어 완전한 사람이 되는 것으로,

이전의 교육이 지식만 중시한 것과는 다르다.

'사랑과 자유'는 교육 환경이고,

완전한 사람을 만드는 것은 교육 목적이다.

이것은 교육의 신기원이다.

• 사랑과 자유, 규칙과 평등 •

사랑은 아이를 적극적으로 만든다.
자유로운 공간은 창조적인 열정을 일으키고 자의식을 세운다.
규칙의 정립은 사회적 질서를 깨치고 마음의 지혜를 쌓게 한다.
평등은 미래 사회와 조화를 이루고 문명을 인도한다.

아이를 어떻게 사랑할 것인가?

우리의 생명은 아주 신비롭다. 태어나는 순간부터 마음 속 깊은 곳을 통해 외부세계를 인식한다. 우리는 늘 마음과 연결되어야 한다. 연결이 잘 되어 있을수록 이 세계를 두려워하지 않으며 고독을 느끼지 않는다. 영아가 이 세상에 올 때 그 큰 에너지와 갈라지지만 정신적으로는 완전히 개방된다. 아이는 모친에게 내재된 사랑의 본능을 일깨운다. 이는 자연이 정한 과정이다. 영아는 부모와의 애착관계에 따라 안정감을 갖게 된다. 이것은 우리가 사랑이라고 하는 것에 의해 살아난다.

사랑은 머릿속의 생각이 아니다. 자신의 아이를 사랑하지 않는 부모는 없다. 모든 부모는 아이를 사랑한다고 말한다. 부모들은 '아이를 사랑해서 그랬다'라는 말로 자신을 합리화한다. 그러나 아이는 사랑을 느끼지 못한다.

왜 그럴까? 무슨 일이 일어난 것일까?

어른과 아이의 거리가 너무 멀기 때문이다. 아이는 처음에 생명 속에 있다. 아이가 생명에서 나올 때 생명 안의 특징을 갖고 나온다. 그러나 어른들은 생명을 떠난 지 오래되었다. 곁에 많은 사람이 있어도 서로 교류하기 어려운 것은 이 때문이다. 나는 나이고 당신은 당신인 채 살아가는 두 어른이 서로 이해하려면 말로 소통해야 한다. 말은 생기가 없어 어쩔 수 없이 사용해야 하는 수단이다.

그러나 아이는 이렇지 않다. 아이는 처음에 말을 할 줄 모른다. 나중에도 말을 많이 하지 않는다. 아이는 자신의 생각을 표현할 만큼의 사유능력과 언어능력이 없다. 그렇다면 아이는 도대체 무엇으로 부모와 소통할까?

아이는 생명으로, 특히 생명의 정서, 감각, 영혼으로 어른들과 교감한다. 모친은 이 귀한 생명을 움직여야 하며, 어른의 생각과 교류방식은 버려야 한다. 엄마라면 결국에는 비밀을 하나 알아챌 것이다. 아이는 당신의 말을 들을 필요 없이 곧바로 그 숨은 의미를 느낄 수 있다는 사실이다. 이는 당신이 미처 관찰하지 못한 잠재의식이다. 이를테면 당신이 초초해할 때, 아이는 더욱 심하게 울고 보챈다. 이것은 당신의 초초한 마음에 대한 반응이다. 아이가 이렇게 울수록 부모도 초초해진다. 냉정한 척해봐야 소용없다. 무슨 말을 해도 듣지 않을 것이다. 아이는 사실을 감지하는 탁월한 능력이 있다. 당신이 한 말을 아이가 그대로 듣는다면, 이 세계는 매우 단조롭게 변할 것이다.

부모들은 아이에게 이렇게 말한다.

"네가 커서 좋은 성적을 받고, 훌륭한 사람이 되었으면 좋겠어."

아이들은 왜 이렇게 하지 못할까? 당신의 말에 다른 의도가 있음을 잘 알기 때문이다. 아이들은 그 의도를 곧장 알아차린다. 당신은 미혹과 혼란에 빠져 아이가 왜 이러는지 알지 못하고, 결국 아이까지 혼란스럽게 만든다.

요즘 많은 부모가 나에게 말한다.

"우리 아이는 열네 살인데, 매일 인터넷과 게임을 해요. 돈만 생기면 그림자조차 보이지 않아요. 공부 같은 건 하지도 않고요."

그런 다음 아이를 도와달라고 한다. 나는 도와줄 수 없다. 아이를 그렇게 만든 사람은 당신이다. 정말 아이를 바꾸고 싶다면 당신 자신부터 변해야 한다. 그러므로 내가 도움을 줄 사람은 당신이다. 당신의 현재 방식을 바꾼다면 아이도 바로 변할 것이다.

부모들은 자신이 아이를 사랑하고 있다고 생각한다. 아이가 시험을 못보면 이렇게 말한다.

"겨우 60점 맞았어? 너 왜 이렇게 못하니! 매일 게임만 하니 시험을 잘 볼 리가 있니?"

"부끄러워서 고개를 들고다닐 수가 있어야지……."

당신은 아이에게 "어디가 틀렸는지 엄마와 함께 볼까?"라고 물으며, 아이가 개념을 분명하게 이해하지 못한 것은 아닌지, 생각이 분명하지 않은 것은 아닌지, 아이의 인지 연령이 이것들을 배우기에 약간 이른 것은 아닌지, 선생님의 문제는 아닌지, 아이가 추상적인 사고를 하기에 이른 것은 아닌지, 정신연령이 미치지 못한 것은 아닌지 등을 생각해 보았는가.

당신은 아이가 잘못한 것만 보고 다른 것은 알고 싶어하지 않는다. 많은 말을 한 후 당신은 다른 사람에게 말한다.

"내가 아이를 이렇게 나무라는 것은 사랑하기 때문이야. 아이를 생각하기 때문에 이렇게 말할 수 있는 거야. 아이 때문에 걱정되서 죽겠어."

이게 타당한 말일까? 적어도 당신의 입장에서 보면 맞는 말이다. 그러나 아이는 당신의 말을 듣지 않을 것이다. 아이는 당신을 탓하고 원망할 것이다. 아이의 마음은 이렇다.

"저보고 놀라고 하셨죠? 끝까지 노는 거 보여드릴게요. 저보고 공부하라고 하셨죠? 끝까지 공부하지 않을 거예요."

심지어 아이는 자신의 잠재의식이 이렇게 모순된다는 것을 모른다. 어쨌든 이렇게 절대 다수의 부모가 아이의 문제를 스스로 야기시킨다.

왜 우리가 아이들과의 대화를 이렇게 이끄는지 많은 사람이 의아해 할 것이다. 왜일까? 바로 우리 자신이 어려서 야단맞으며 컸기 때문이다. 우리는 어려서 권위와 투쟁하며 자랐고, 어른이 된 다음에는 자연스럽게 그 방식을 따랐다. 우리는 아이들과 대화할 줄 모른다.

며칠 전, 베이징에 있을 때 한 엄마가 나를 찾아왔다. 그녀의 아이는 9살이었다. 아이는 소파에 앉아 있고, 엄마는 속사포처럼 끊임없이 말했다. 아이의 선생님이 왜 수시로 자신을 찾는지, 아이의 이런 저런 문제들, 집에 와서 아이를 어떻게 야단치는지에 관한 것이었다. 이 어머니는 고등교육을 받으신 분이었다. 그녀가 아이를 야단치는 방식은 이랬다.

"너 왜 수업시간에 떠드니? 왜 수업시간에 말했는지 말해봐!"

아이가 대답하기 전에 그녀는 또 계속 말했다. '떠든' 것이 문제의 핵심이었다. 그녀는 끊임없이 두 시간을 말했다. 나는 아이가 자리에 앉아 눈만 깜빡거리는 것을 보았다. 엄마가 물었다.

"저 애는 왜 늘 어깨를 들썩거리고, 눈을 깜빡거리는지 모르겠어요."

나는 스트레스 때문이라고 말했다. 말이 오가는 사이에 아이가 저항하지 않고 가만히 앉아 듣는다는 것은 대단한 일이다. 아이는 자연스레 눈만 깜빡거리고 있을 수밖에 없었다.

내가 아이에게 물었다.

"엄마가 이렇게 끊임없이 너에게 말하는 것이 힘이 들지 않니?"

아이는 고개를 끄덕였다.

내가 말했다.

"선생님은 늘 너를 나무라고 엄마를 모셔오라고 하시니? 너는 이걸 어떻게 생각하니?"

아이가 말했다.

"저는 옆에 있는 친구와 이야기하는 것을 좋아해요."

내가 물었다.

"왜 친구와 이야기를 하니?"

아이가 말했다.

"두 가지 이유가 있어요. 하나는 쉬는 시간에 게임 이야기를 하다가 다 하지 못하고 수업을 할 때, 계속 말을 하고 싶어서 수업이 끝날 때까지 참을 수 없어요. 또 하나는 선생님의 수업 뒷부분은 쓸데없는 말이라고 생각해요, 듣고 싶지 않아요."

내가 물었다.

"엄마에게 이 사실을 말씀드렸니?"

아이가 말했다.

"우리 엄만 아예 말할 기회를 주지 않아요."

내가 아이의 엄마에게 물었다.

"어머님은 선생님이 왜 아이를 야단치는지 알고 집에서 아이를 교육하시는 건가요?"

"수업시간에 떠들어서 그렇잖아요."

"선생님은 까닭을 알고 싶어하지 않습니다. 선생님은 어머님처럼 아이를 야단쳐서 스트레스를 줄 뿐이지요. 선생님은 끊임없이 어머님을 다그쳐 스트레스를 주고, 어머님은 다시 아이를 야단칩니다. 모든 스트레스는 아이에게 가지요. 어른들은 조금도 책임을 지지 않고 모든 책임을 아이에게 돌리는 거예요."

내가 계속 말했다.

"생각해보셨어요? 선생님이 어머니에게 보이는 어투와 태도 중 어느 부분이 자신의 정서에서 온 것이고, 어느 부분이 아이의 참된 상황에서 온 것인지 말이죠."

나는 아이에게 이 두 가지 문제를 해결할 방법이 있는지 물었다. 아이가 잠깐 생각하더니 말했다.

"그럼 다음에는 시간을 봐가며 친구랑 할 얘기를 다 하도록 할게요. 점심 때라면 시간이 많아서 그렇게 할 수 있어요."

내가 말했다.

"그럼 두 번째 문제 말인데, 선생님의 수업이 재미가 없으면 어떻게 할 거니?"

아이가 말했다.

"방법이 없어요."

"숙제를 하거나 책을 볼 수 있잖아?"

"안 돼요, 그러면 선생님이 더 화를 내실 거예요. 선생님은 수업을 듣고 안 듣고는 간섭하지 않지만 눈은 자신을 봐야 선생님에 대한 존중을 나타내는 거라고 했어요."

아이의 설명은 아주 정확하고 분명했다.

선생님은 강제적인 것을 존중으로 이해한다. 선생님의 마음에는 나약한 '소아小我'가 있다. 이는 잔혹한 현실이다. 선생님이 아이의 이런 말을 들었다면 자신을 반성할까?

내가 말했다.

"엄마가 야단칠 때 너는 어떻게 스트레스를 푸니?"

아이가 말했다.

"두 가지 방법으로요. 하나는 푹신한 방석을 마구 때려 화풀이를 해요. 또 하나는 엄마가 안 계실 때 방 안에서 소리를 마구 질러요."

나는 아이의 말에 군더더기가 없어서 놀랐다. 아이는 자신과 다른 어른들과 함께 지낼 수밖에 없다. 그들은 이 아이를 놓아두지 않을 것이다. 아이 엄마는 그를 놓아주지 않고 매일 아이를 교육하려 할 것이고, 선생님도 마찬가지다. 이 모두가 그들 자신도 모르는 사이에 일어나고 있다.

아이의 목은 움츠러들었고 등은 약간 굽었다. 하지만 아이는 줄곧 차분하면서도 끈기 있게 듣고 있다.

지식인 가정의 어른인 아이 엄마가 계속해서 말했다.

"얘는 또 선생님의 말꼬투리를 잡아요. 선생님이 말씀하신 부분이 조금이라도 맞지 않으면 중간에 한마디 해서 반 전체를 한바탕 크게 웃긴다니까요."

이것은 지혜와 용기를 다투는 과정이다. 선생님이 얼마나 큰 스트레스와 분노를 느끼는지 알 수 있다. 이 세계는 이렇게 존재한다.

엄마가 말했다.

"선생님은 수업을 마친 후, 교무실로 달려가 제게 전화를 해서 화를 내세요. 전 집에서 아이를 혼내주고요."

엄마가 아이에게 말했다.

"너 잘 알거야. 어제 엄마가 너에게 세 시간이나 이야기 했잖니. 생각해보렴, 엄마가 널 얼마나 사랑하고 관심을 기울이는지 말이야."

아이는 세 시간 동안 엄마의 말을 들었다. 얼마나 무섭고도 긴 시간인가. 나는 이 아이가 엄마의 심리치료사이며, 엄마의 스트레스를 풀어주는 경청자라고 생각한다. 엄마는 끊임없이 말하고 아이는 듣고 또 듣는다.

엄마는 아직도 나에게 자신이 아이를 얼마나 사랑하는지를 말하고 있다. 도대체 사랑이란 무엇일까?

아이는 우리가 사랑의 의미를 깨닫게 도와줄 수 있다. 아이들은 우리가 기존의 생존상태를 바꿀 수 있도록 도와줄 수 있다.

이틀 전, 나는 어떤 선생님에게 물었다.

"이 유치원에서 3개월 있어보니, 어떠셨어요?"

선생님이 대답했다.

"아이들은 사랑을 알고, 나는 사랑을 모른다는 느낌이 들었어요."

그 선생님의 말은 진심에서 우러나온 것 같았다. 나는 감동했다.

내가 그 선생님에게 물었다.

"그걸 어떻게 느끼셨나요?"

"하루는 한 아이가 제 뒤로 달려와서 두 팔을 벌려 저를 안고는 '선생님께서는 저의 귀여운 아가에요. 제가 얼마나 선생님을 좋아하는데요'라고 말하지 뭐예요. 몸을 돌려 자세를 낮추고 아이를 쳐다봤지만 그때 아이에게 어떻게 말해야 좋을지 몰랐어요."

이 아이는 사랑한다고 솔직하게 말했지만 선생님은 어떻게 표현해야 하는지 몰랐다. 왜냐하면 그 선생님은 우리 유치원에 온 지 얼마 되지 않았기 때문이다. 그 선생님은 한참이나 있다가 어색하게 "선생님도 널 사랑해"라고 말했다. 아이는 아주 신이 나서 돌아갔다.

그 선생님은 그때 너무 감동했다고 말했고, 왜 대답을 하지 못했는지 생각했다. 나는 그녀가 훌륭한 선생님이 될 거라고 믿는다. 왜냐하면 내심의 변화를 헤아릴 줄 알기 때문이다.

내가 말하고 싶은 것은 왜 부모들은 아이를 나무랄 때는 세차게 몰아붙이면서도 사랑할 때는 사랑한다는 말을 죽어도 하지 않는 것인가에 대해서다. 도대체 왜 말이 나오지 않는 것일까? 성장과정이 잘못되었기 때문이다.

인류에게는 사랑이 없어서는 안 된다. 사람이 얼마나 큰 성취를 거두었든 얼마나 자신의 가치를 내보이고 싶든 인류의 가장 근본적인 염원은 사랑하고 사랑받는 것, 관심을 주고 관심을 받는 것, 인정받고 인정해주는 것, 자아의 존재가치, 존중, 안전감을 느끼는 것이다. 이런 것들이 인류에게 가장 필요하다. 아이, 영아, 힘이 센 어른, 노인 모두가 가장 근본적으로는 이러한 심리적 자질을 가지고 있다. 이 자질은 당신이 얼마나 큰 성취를 했는가에 따라 결정되지 않는다.

아이는 아동기에 부모의 관심과 사랑을 받고, 유치원과 학교에서 사람으로서 존중을 받아야 자신의 생명에 사랑과 가치관을 굳게 세울 수 있다. 아이는 자신에게 큰 가치가 있고, 사랑받을 자격이 있고, 자신은 중요한 사람이며, 많은 사람에게 즐거움을 주고, 이 세상에 내가 없다면 많은 사람이 고통스러워할 것임을 안다. 이런 상태는 아이가 어렸을 때, 외부의 가치가 아닌 아이 스스로의 가치로 세우는 것이다. 이것이 이 교육이 예전의 교육과 다른 점이다.

선생님이 너를 사랑하는 것은 어떤 다른 원인 때문이 아니고 네가 너이기 때문이야. 나는 네가 이야기를 잘 해서도 아니고, 네가 시험에서 100점을 받아서도 아니고, 네가 오늘 어떤 일을 해서도 아니고, 너 자신 때문에 너를 사랑해. 너 자신이 내가 너를 사랑하게 만드는 거야. 이게 바로 우리가 말하는 생명의 지존상태지. 생명은 고귀한 거야. 생명은 고귀하고, 그 생명이 자연스럽게 표현해내는 에너지가 바로 사랑이란다.

그래서 많은 사람이 "나는 아이를 사랑해줄 거야"라고 말한다. 내가 엄마들에게 물으면, 모든 엄마가 "우리 아이가 생명 깊은 곳에 있는 사랑을 일깨웠어요"라고 말할 것이다. 지구상의 어떤 곳에서 태어났든 아이는 이 세계와 혼연일체가 된다. 게다가 보통 사람은 물론이고 악한이라 해도 아기를 보면 자신도 모르게 아기에게 "아!" 하는 감탄사를 흘릴 것이다. 그에게 사랑이 있어서 일까? 그렇지 않다. 아기의 모습이 그가 일찌감치 잊고 포기했던 것을 자극했기 때문이다. 그것이 바로 사랑이다.

아이는 계속 우리들을 일깨워주고 있다. 그래서 아이의 탄생은 우리가 사는 지구를 끝없는 사랑으로 충만하게 하고, 당신이 잃어버린 사랑을 되찾도록 유도한다.

아이 사랑은 일상생활에서 표현된다

사랑은 절대 머리로 하는 것이 아니다. 당신이 아이를 사랑하고 싶다고 해서 사랑할 수 있는 것은 아니다. 사랑은 당신의 표정·동작·자세·생각·의식에서 표현된다. 당신의 사소한 생활에서 드러나는 것이다.

내가 말하고 싶은 것은 사랑이 일종의 관계라는 것이다. 사랑은 나의 마음에 저장하는 것이 아니다. 내가 볼 수 없기 때문이다. 당신의 마음에 완전히 저장되지 않을뿐더러, 볼 수도 없다. 그러나 우리가 연결될 때 서로의 관계 속에서 사랑을 본다.

"너 이 녀석, 왜 그래?" 이것은 사랑이 아니다. "왜 또 이렇게 망가뜨렸어?" 이것도 사랑이 아니다. 아이가 잘못했을 때 당신이 아이의 두 손을 잡고 "엄마는 널 사랑해, 하지만 이렇게 하면 안 돼"라고 한다면, 그건 사랑이다. 당신이 스트레스가 너무 심해 화를 내고 자신을 억제하지 못하는 상태에서 아이에게 "엄마가 지금 기분이 안 좋아. 엄마는 혼자 있고 싶어. 엄마는 기분을 좀 달래고 싶어. 그러나 엄마의 기분은 너와는 아무런 상관없어, 너의 잘못이 아니야. 엄마의 일 때문이야"라고 한다면, 이것은 사랑이다.

사랑은 생활 속에서 조금씩, 줄곧 표현된다. 사랑은 우리의 머리에 추상적으로 숨어 있는 것이 아니다. 당신이 아이에게 말한다.

"너 왜 이런 옷을 입니?"

아이가 말한다.

"이 옷이 좋아서요."

당신이 말한다.

"이 옷은 보기 좋지 않아. 입지 마! 불량소년 같잖아."

이는 아이에 대한 사랑이 아니다. 이는 당신 자신을 더 사랑하는 말에 가깝다. 아이를 당신의 목적에 맞추어서는 안 된다. 당신의 남편이 집에 일찍 오지 않을 때, 당신이 아이에게 "가서 아빠 빨리 들어오시라고 해"라고 하면, 이것은 사랑이 아니라 아이를 이용해 자신의 일을 하는 것이다.

생명은 사소한 곳에서 만들어진다. 당신의 아이가 커서 어떻게 될지는 당신과 아이가 생활하는 사소한 모습에 달려 있지, 당신의 머릿속에 있는 어떤 염원에 의해 결정되는 것이 아니다. 그래서 모든 염원은 당신이 아이와 교류하는 과정에서 어떻게 하느냐에 따라 결정된다.

우리는 사랑을 표현하는 법을 배워야 한다. 사랑하는 연인들은 손을 잡고 포옹하며 서로의 사랑을 표현한다. 그러나 우리는 아이에게 이렇게 하지 않는다. 우리도 아이와 손을 잡고 함께 걸어야지 아이의 뒤를 따라가서는 안 된다. 우리가 급히 가야 한다면 아이에게 '엄마에게 급한 일이 생겨서 너와 천천히 갈 수 없기 때문에 너를 안고 가야 한다'고 말해주어야 한다. 이것이 사랑이다.

매 순간마다 아이와 이런 방식으로 사랑을 나눌 줄 알아야 한다.

부모들은 아이와 어떻게 지낼지 공부해야 한다.

정서상 우리는 사랑을 표현하는 데 능숙하지 않다. 설사 능숙하다 하더라도 어른들은 포옹을 하거나 입을 맞추는 것으로 사랑을 표현한다. 어른들의 사랑은 왕왕 가식적이다. 하지만 아이를 대할 때는 이를 걱정할 필요가 없다. 아이는 아무것도 없는 순수한 마음을 가지고 있다. 당신은 아이에게 솔직하게 사랑을 표현해도 된다. 그럴 수 없다면 아이에게 어떻게 사랑을 표현하는지를 배우면 된다. 아이가 당신의 품 속에 뛰어드는 느낌을 생각해보라. 아이가 당신의 목에 머리를 묻는 느낌을 생각해보라. 아이들의 때 묻지 않은 순수한 사랑을 느껴보라.

아이의 사랑은 우리 자신에게 있는 것이 아니며, 아이 자신에게 있는 것도 아니다. 아이들에게 사랑은 사랑이며, 사랑으로 연결되면 아이들은 온 몸으로 느낀다.

한번은 아이들이 사랑에 대해 토론한 적이 있다. 한 아이가 말했다.

"귀여우니까 때리고, 사랑하니까 야단치는 거야."

나중에 부모들이 서글퍼하며 말했다.

"어느 집 아이가 그렇게 말했나요?"

자신의 아이가 이렇게 말한 것을 알고 부모님은 매우 괴로워했다.

"제가 아이에게 생활에서 준 정보들이 설마 이런 것이었을까요?"

오래 교육에 몸담으면서 느낀 점은 중국인들이 표현에 능숙하지 않다는 것이다. 우리는 사랑은 마음에 간직하고 드러내지 않는 것이라고 여긴다. 그러나 오늘날에는 사랑을 행동으로 표현할 줄 알아야 한다. 사랑은 포옹하고 표정 짓고 사랑을 느낄 때마다 표현되어야 한다. 이렇게 해야 아이가 사랑을 느낄 수 있다. 당신이 보낸 편지를 아이가 받지 못한다면 소용이 없다. 때문에 우리는 이런 것들을 사랑이라고 여기지 않는다. 그것은 당신의 견해이고 당신의 생각이지, 아이의 것이 아니다. 아이가 우리를 진정한 사랑의 길로 데리고 갈 것이다.

생명을 키우는 사랑

아이를 사랑한다는 것은 아이가 아이 자신이 되게 하는 것이다. 아이 자신이 되는 것과 아이 자신이 될 수 없는 것의 차이는 무엇일까? 큰 차이가 있다. 아이가 자신이 되었을 때 자아를 형성한 다음 자아를 실현하는 사람이 되고, 결국에는 자신의 자아 밖으로 나아갈 수 있다. 부모들은 현실에서 성공하길 간절히 바란다. 자아가 없다면 자아를 실현할 가능성이 없으니, 성공을 말할 수 없을 것이다.

아이가 사랑과 존중을 느낄 때 생명의 에너지 대부분을 자아를 만드는 데 사용한다. 이는 생명의 본능이자 법칙이다. 이 시기에 나타나는 생명현상은 모든 것이 생명 중에 있고, 자아중심이 된다는 것이 특징이다. 모든 에너지와 주의력이 자아 창조에 집중된다. 아이는 자아에서 나올 방법이 없다. 이것이 사람에게 가장 중요하다고 할 수 있는 6년 혹은 12년의 시간이다. 이 12년을 놓치고 다시 자신을 세우기는 몹시 어렵다. 이 12년을 놓치고 성인기에 와서 다시 자아를 중심으로 삼으려고 할 때 남는 것은 장애와 병든 심리뿐이다.

아이가 자신을 세울 때는 시간이 필요한데, 이 시간이 사춘기라고 하는 18세까지다. 아이는 이미 세운 자아로 현실의 외부세계와 교량을 놓고 자신과 외부세계를 연결한다.

현실로 통하는 이 다리를 다 놓은 후 아이는 자아가 창조한 과정을 넘어 사회로 나아간다. 아이는 사회인의 가치를 실현하려고 할 것이다. 사람이 자연스럽게 자아에서 나올 때 사회에서 자신을 실현할 수 있다. 이것은 자연적인 성장과정이어서 교육할 필요가 없다. 깨뜨리지만 않으면 된다.

지금은 상황이 변해서 아이가 자아를 만들려고 할 때 부모가 못하게 한다. 부모들은 아이에게 이건 틀렸고 저건 좋지 않다고 말한다. 아이는 엄마와 아빠의 바람대로 하며 자기 자신을 잃어간다. 아이는 엄마와 아빠가 '엄마, 아빠'가 되도록 도와야 한다. 이것이야말로 아이의 사명이다. 아이가 자라 18세가 되어도 자아를 벗어나지 못하고 여전히 자아중심인 채로 있다. 부모는 아이를 보고 치미는 화를 억누르지 못한다. 그러나 부모는 화를 낼 필요가 없다. 이것은 인과응보이기 때문이다. 어른들은 건망증이 너무 심하다. 시간이 너무 오래되어서일 것이다. 하지만 사실 분노해야 할 사람은 아이다. 아이에게는 돌이킬 방법이 없기 때문이다. 주위에서 끝내 자신의 입장에서만 문제를 생각하는 사람을 많이 보았을 것이다. 이는 그가 자아에서 벗어나지 못했기 때문이다. 그는 여전히 자아를 만들지 못한 5~6세 아이의 상태에 있다. 어린아이가 어떻게 자신을 책임지겠는가? 그러나 부모나 선생님은 당신이 어른이 되면 책임지지 않는다. 이것이 냉엄한 현실이며, 이때 당신은 스스로도 알지 못하는 원망과 적대감을 갖게 된다.

자아를 아예 세우지 못한 어른은 영원히 원망과 적대감을 가질 것이다. 원망은 아이의 상태이고, 적대감은 자아를 만들 수 없는 초초함에 대한 외적 반응이다. "내가 제대로 일을 못하는 것은 상사의 잘못이야." "내가 불행한 이유는 당신이 내게 잘하지 못하기 때문이야. 당신이 내 인생을 불행하게 만들었어. 다른 배우자를 찾는다면 나는 행복해질 거야." "당신 같은 상사는 정말 나빠, 모두가 당신 때문에 이렇게 되었어." 당신은 영원히 다른 사람을 원망한다. 당신은 언제부터 사람을 원망했을까? 여섯 살 이전부터다. 어린아이의 바람이 채워지지 않으면, 아이는 이렇게 말할 것이다.

"널 때려서 죽일 거야."

"나쁜 엄마!"

커서는 남을 때리면 문제 있는 사람이라고 간주하기 때문에 때리지 못하고 이렇게 말한다.

"너 때문에 나에게 이런 문제가 생긴 거야. 내가 이러는 건 너 때문이야."

이것은 여섯 살 아이의 상태 그대로 말과 행동만 바뀐 것이다. 이는 그가 자아중심에서 벗어나지 못했다는 증거가 되며, 그는 자아를 실현하고자 하는 생각이 없다.

인생에서 사람을 성장하지 못하게 하는 것은 큰 죄악이다. 사랑과 자유가 없는 환경에서 아이가 어렵사리 성년이 된다고 해서 그 아이가 다른 사람을 위해 봉사할 수 있을 것이라고 생각하는가? 절대 그렇지 않다. 그의 첫 번째 바람은 "내가 어떻게 나를 실현하고, 내가 어떻게 내가 바라는 모습을 만들 것인가"이다. 사회에서는 이를 이상이라고 한다. 당신은 왜 아이에게 꿈이 없어졌는지를 생각해보았는가? 아이의 심리가 나이에 맞게 자라지 못하고 정신연령이 아직도 여섯 살에 머물러 있기 때문일 것이다. 아이가 당신에게 이렇게 말한다.

"저는 놀고 싶은데, 엄마 아빠는 놀지 못하게 해요. 엄마 아빠는 나빠요."

당신은 아이를 야단친다. 당신은 강하게 압박하지만 아이는 여전히 저항하며 놀려고만 한다. 그 원인을 생각해본 적이 있는가? 원인은 하나, 아이가 아직도 네 살의 상태에 있기 때문이다. 지금에 와서 네 살 된 아이를 죽인다 해도 아이는 당신이 바라는 사람이 될 수 없다. 당신이 아이의 영혼을 계속 성장시켜주는 것만이 유일한 해법이다.

그래서 자아를 만드는 것은 매우 중요하다. 아이의 내재된 추진력을 깨뜨려서 어른의 뜻대로 부리고자 하는 것은 범죄행위다. 이런 교육은 많은 사회문제를 초래할 수 있다. 우리는 아이가 '나'의 바람대로 따라주기를 강요해서는 안 된다.

아이는 사춘기가 되면 외부세계에 대해 자신만의 생각을 갖는다. 성년이 되면, 아이는 이미 자신을 완전하게 세우고 꿈을 실현하기 시작한다. 서른이 되면 자아를 완성한다. 마흔이 되면 사람은 다시 고민하기 시작한다. 마흔에 이르면 사람은 생명의 가치와 의미를 생각할 것이다. 왜 이 문제를 고민할까? 원인은 한 가지다. 그는 이미 자신을 완성했으며, 자신이 세상에 와서 해야 할 일을 증명했기 때문이다. 이 시기가 바로 인생의 황금기다. 그는 살아 있는 의미가 무엇인지, 어떻게 살아야 더 가치가 있는지 생각한다. 이때가 되면 자아를 초월할 가능성이 있다.

심리학자와 교육자들은 나이 마흔에 성장이 완성되고 생명의 진정한 의미가 다시 시작된다고 말한다. 사람은 마침내 진정한 의미가 도대체 어디에 있는지 찾기 시작한다. 이렇게 인류는 성장해왔다.

생명은 자신의 뜻대로 사고하고 행동해야 한다. 사람은 자신을 더 발전시키기 위해 이 세상에 왔다. 지금 사람들은 왜 성장하기를 바라지 않는 것일까? 어렸을 때 일정 단계까지밖에 성장하지 못했기 때문이다. 어른들이 아이들의 성장을 가로막았다.

성장을 돕는 사랑

우리에게 사랑은 무엇일까? 동물도 자신의 새끼들을 사랑한다. 자기 새끼에 대한 동물의 사랑은 어떤 면에서는 인류보다 낫다. 사람과 동물의 차이는 무엇일까? 인류의 사랑은 아이의 성장에 관심을 기울이는 데 있다. 영원히 성장을 멈추지 않는 것은 인류의 특징으로, 동물에게는 존재하지 않는다.

당신은 아이의 성장에 관심을 기울이는가? 아이의 성장에 관심을 기울인다는 것은 어떤 것일까? 한 편의 영화가 생각난다. 열서너 살쯤 된 한 소녀가 하루는 남자아이를 집에 데리고 왔다. 두 사람이 소파에 앉아 이야기를 나누는 동안, 남자아이는 여자아이에게 뽀뽀를 하고 싶었다. 여자아이가 받아들이지 않자 둘은 싸우기 시작했다. 싸우는 과정에서 스탠드와 책상 위의 물건들이 바닥에 떨어졌다. 남자아이가 펄쩍 뛰며 여자아이를 욕했다.

"너네 엄마는 정신병자고 너도 정신병자야. 너는 정신이 돌아버린 애라고(여자아이의 엄마는 정신병력이 있었다)!"

이렇게 욕을 한 다음 문을 박차고 나가버렸다. 여자아이는 이 말을 감당할 수 없었다. 그녀도 집을 나가버렸다.

여자아이의 엄마가 집에 돌아와서 집이 엉망진창이 된 것을 봤다. 엄마는 잠깐 생각하더니 차를 몰고 딸을 찾으러 갔다.

여자아이는 어떤 곳에서 절망스러운 듯 몸을 웅크리고 있었다. 저녁 무렵 엄마가 아이를 찾아냈다. 모녀는 아무런 말도 없이 차에 올랐다. 한참 동안 침묵이 흐른 후, 엄마는 차를 운전하며 물었다.

"집에 친구 데리고 왔었니?"

아이는 입도 뻥긋하지 않았다. 엄마가 물었다.

"친구가 널 욕했니?"

아이는 아무런 말이 없었다. 엄마가 말했다.

"친구가 너네 엄마한테 문제가 있으니 너도 문제가 있다고, 너도 정신병이 있는 거라고 욕했니?"

아이가 의아해서 고개를 들고 말했다.

"어떻게 아셨어요?"

엄마가 말했다.

"좋은 사람을 만날 때도 있고, 나쁜 사람을 만날 때도 있는 법이지."

이 한마디로 아이의 심리문제가 해결되었다. 이 말은 아이의 성장을 도왔다. 그녀는 아이가 잘 성장하도록 돕는 것이 가장 우선이며 어떻게 아이를 도와야 할지를 알고 있었다.

우리의 문제는 무엇일까? 우리는 아이를 대할 때 종종 "너 골치 아픈 일 만들지 마." "너 이렇게 하면 안 돼, 왜 이렇게 했어?" 하고 말한다. 우리의 관심이 아이의 성장에 맞춰져 있지 않다는 것이 문제다.

아들이 타지에서 학교에 다니는 여학우를 만나러 간다는 것을 알고 엄마가 말한다.

"잘 차려입고 가렴."

아들이 잠깐 생각하더니 말한다.

"알겠어요."

그런 후 아들은 샤워를 하고 깨끗한 옷으로 갈아입는다.

엄마가 말한다.

"돈 가져가. 밥 사주려면 돈이 필요할거야."

아들은 준비를 다하고 나간다. 돌아온 후 엄마와 아들은 자연스럽게 이야기를 나눈다. 만나서 잘 놀았니? 함께 밥 먹었니? 이런 이야기들이 오갈 것이다. 아들은 매우 즐거워할 것이며 이것이 정상적인 사교활동이라고 생각할 것이다. 그는 일생 동안 계속 사람들과 교류해야 한다. 사람들과 어떻게 지낼 것인가는 가장 먼저 그의 정신이 추구하는 것에 의해 결정되며, 타인에 대한 선호는 정신의 추구에서 오는 것이지 사물화된 것에서 오는 것이 아니다. 이 과정에서 당신이 아이에게 어떻게 말하고, 어떻게 돕는지에 따라 그가 장래에 어떻게 이 세상을 대할 것인지가 결정된다. 이것이 아이의 성장을 돕는 방법이다. 아이에게 추궁하듯 "너는 왜 기준대로 하지 않니?" "너는 왜 내가 바라는 대로 하지 않니?" "왜 이렇게 잘못만 하니?"라고 해서는 안 된다. 우리는 아이에게 "네가 틀린 건 정상이야, 모든 사람이 이걸 처음 할 때 틀릴 확률이 성공할 확률보다 높거든!"이라고 해야 한다. 우리는 아이에게 이런 보편적인 현상을 알려주어야 한다.

사랑은 우리가 생존하고 성장하는 가장 기본적인 조건이다. 차로 말하자면 사랑은 기름과 같다. 당신은 어떻게 당신의 아이를 성장시킬 것인가? 먼저 아이를 사랑해야 한다.

이것이 이 책의 주제다. 사랑은 아이의 느낌을 일깨운다. 사랑은 아이를 더욱 숭고하게 하고 꿈을 갖게 한다. 사랑은 사람들과 함께 하려는 바람을 갖게 하고 건전한 생각을 갖게 한다.

자아를 만들어내는 자유

사람은 성장하려면 두 가지를 갖춰야 한다. 하나는 사랑이고, 다른 하나는 자유다.

자유는 자신의 주인이 되는 것이다. 나는 사람들에게 당신은 언제 자신의 주인이 되었는지를 자주 묻는다. 많은 사람이 대학졸업 후·결혼 후·은퇴한 후라고 말했다. 어떤 사람은 자신의 주인이 되려고 결혼했는데 결국 주인이 되지 못했다고 했고, 또 어떤 사람은 은퇴한 다음에 자신의 주인이 되길 희망했다고 말했다. 당신이 한평생 노예로 지냈는데도 때가 되면 주인이 될 수 있을 것이라 생각하는가? 잔혹한 일이지만 자신의 주인이 되지 못하면 다른 사람이 당신의 주인이 된다. 집에는 사람이 살아야 하듯이 말이다.

서커스단의 배우와 관련된 이야기가 있다. 그 배우는 공연할 때 늘 자신의 몸을 묶은 채 각종 고난도의 동작을 완성했다. 공연이 끝나면 그는 번거로움을 줄이기 위해 줄을 풀지 않고 잠을 자고 생활했다. 하루는 짐승이 그를 잡아먹으려고 해서 사람들이 줄을 풀어주었다. 그의 손발은 자유로워졌다. 그러나 그는 갑자기 아무것도 할 수 없게 되었다.

이 배우처럼, 당신은 자유로운 아이가 얼마나 영특한지 가늠하기 어려울 것이다. 자유로운 아이가 얼마나 자신을 잘 관리하고 지혜로운지, 이 세상을 얼마나 분명하게 인식하는지 생각하지 못할 것이다. 이는 교육의 두 가지 핵심이다.

우리가 말하는 자유는 아이의 행위·심리·의지·감정이 외부적인 힘의 간섭이나 압박을 받지 않은 것이다. 자유는 주어진 환경에서 아이의 독립성과 자주성 그리고 인격과 신체상의 존엄을 나타낸다. 자유는 곧 사람이 되는 지표다.

어떻게 해야 자신을 세울 수 있을까? 누구도 자신을 세우는 방법이 무엇인지 모른다. 자연은 당신에게 내재된 비밀번호를 주었다. 당신이 어떻게 그 비밀번호를 풀지, 어떻게 자신으로 하여금 당신 자신이 되게 할지 알기 위해서는 전적으로 자유가 있어야 한다. 당신이 자유로울 때에만 당신 자신이 될 수 있다. 그렇지 않으면 당신은 다른 사람의 대체품이다. 이때 당신은 당신의 엄마·아빠·국어 선생님·수학 선생님·대학교 선생님·상사·당신이 아는 모든 사람일 테지만, 당신 자신이 아니다.

'자신'은 이 세계와 연결되는 자아가 세운 체계로, 당신의 기분·몸·지혜·심리·정신을 관리하는 법을 배운다. 자아가 없다면 당신은 산송장처럼 아무것도 아니다. 당신의 마음을 아무도 살지 않는 빈집처럼 그대로 놔둘 것인가? 그럴 수는 없다. 그 집에 당신의 마음이 살지 않으면 다른 사람들이 들어가 살 것이다. 이 사람은 이렇게 말하고, 저 사람은 저렇게 말한다. 그들은 당신의 머릿속에서 싸울 것이다. 당신은 우세를 차지한 쪽이 하자는 대로 해야 한다. 우리는 일상생활에서 이런 사람들을 보게 된다. 당신이 이런 사람에게 아이는 이러이러하게 길러야 한다고 말하면, 그녀는 아주 일리 있다고 생각한다.

"쑨 선생님 말씀이 맞는 것 같아요. 저도 그렇게 해야겠어요."

그러나 다음날 집에 계시는 어른이 말한다.

"그러면 아이를 너무 버릇없이 키우게 되잖니? 이렇게 키우면 조만간 아이를 감옥에 보내게 될 거야."

그녀는 생각한다.

"어른 말씀에도 일리가 있어."

얼마의 시간이 지난 후 어떤 사람이 말한다.

"규칙이 없으면 안 돼요. 규칙이 있어야 인재가 될 수 있어요. 사람을 교육하지 않고 어떻게 인재가 되겠어요."

그녀는 말한다.

"그렇지! 자유와 사랑을 지나치게 주면 안 되겠어."

며칠 후 만난 친구가 또 말한다.

"지나치게 자유롭게 자라서 나쁜 짓을 일삼던 사람이 지금은 감옥에 있어."

그녀는 생각했다.

"이 말도 일리 있네."

이런 사람은 체호프의 소설에 나오는 인물처럼, 마음이 콩처럼 이리저리 데굴데굴 굴러다닌다.

왜 이럴까? 안과 밖을 연결하는 매개체인 자아가 없어서 그렇다. 이런 사람과 달리 아이는 생명의 비밀번호인 내재된 추진력으로 참되고 유용한 것을 모은다. 자아는 중추와 같아서 사람의 척추만큼 견고하고, 곧게 세우면 진정한 사람이 된다. 이는 자유가 없으면 할 수 없는 일이다.

규칙과 평등의 교육환경

이제까지 사랑과 자유를 말했다. 아이가 자유로움 속에서 사랑받고 성장하려면 어떻게 해야 할까? 권위와 간섭이 아닌 규칙을 따라야 한다.

규칙이란 무엇일까?

사람에게는 태어나면서부터 내재된 자연법칙이 있다. 그러나 우리는 사람이 정한 것이 하늘이 준 것보다 낫다고 여길뿐더러 자연의 법칙을 알지 못한다. 때문에 우리는 왕왕 사람의 역할을 과잉 평가하고 그러면서 자연법칙의 진리에서 이탈했다. 우리가 이 길에서 이탈했을 때 모든 가치 기준을 누군가가 장악하고 통제하는 문제가 나타난다. 규칙이 아닌 관계의 불평등이 나타나고 권력이 등장할 때, 교육은 더 이상 아이의 소질을 높여주지 못한다. 국민의 전체 소질에 문제가 나타나는 것이다.

어떻게 아이들을 자유롭고 사랑이 넘치는 환경에서 성장시킬 것인가? 그 답은 모든 사람이 이 규칙을 지키는 데에 있다. 규칙과 질서가 있어야 사람의 평등을 보장할 수 있다.

우리는 규칙을 세워 사람들이 그 안에서 자유롭게 활동할 수 있도록 보장해야 한다. 이는 평등의 시작이다. 누구나 규칙이 무엇인지 안다. 규칙은, 누군가가 권한과 판단을 독점하는 것이 아니라 모든 사람이 함께 지키고 공유하는 것이다. 공개적인 감시에 가깝다. 갑자기 지구의 모든 것이 없어지고 이 장소(강연장)만 남게 된다면 우리는 함께 살아야 한다. 누구도 나갈 수 없다. 우리는 이 장소의 모든 자원을 공정하게 공유해야 한다. 규칙이 없다면 약자와 저능아들은 불평등과 폭력의 대상이 될 것이고, 우리 사회는 약육강식의 상태에 빠지게 될 것이다. 어른·아이·노인·강자·약자·남자·여자·권력이 있는 사람·권력이 없는 사람들이 어떻게 평등하게 지낼 수 있을까? 오직 규칙을 통해서만 가능하다. 당신이 규칙을 어긴다면 사람들은 당신을 제지할 수 있다. 그러나 누군가가 권력을 잡고 옳고 그름을 판단한다면, 이 강연장에 어떤 일이 일어날까? 영국의 소설가 윌리엄 골딩(1911~1993)의 『파리대왕』(1954)을 읽어보았는가? 싸움은 잔혹함을 드러내게 한다. 이는 포유류의 특징 가운데 하나인 약육강식·적자생존의 상태다.

그러나 지금은 달라졌다. 인류는 가장 아름다운 정신을 가지고 있다. 우리는 규칙적인 상태에서 평등한 관계를 만들 수 있다. 사람 사이의 관계에 사랑이 있으면 평등하게 살 수 있으며, 이것이 바로 인권이다.

외부 사회와 생존 환경은 교육의 시작이다. 우리는 아이들이 사랑·평등·자유의 환경에서 생활하게 해야 한다. 우리의 아이들은 장래 사회에 나가서도 같은 방법으로 사람들을 대할 것이다. 사람이 더불어 산다는 것은 즐거운 일이다. 지구의 자원은 생존하기에 충분하다. 때문에 누구는 비싼 밥을 먹고 누구는 거리에서 굶어 죽게 해서는 안 된다. 인류는 사람을 사랑하는 잠재능력을 갖고 있다. 우리 모두는 사람을 존중하고 사랑하는 마음을 갖고 있다. 그러므로 우리는 포유류의 동물적 상태에서 인간의 상태로 진화해야 하며, 권력투쟁과 약육강식을 버리고 사랑의 모델을 선택해야 한다.

이렇게 되면 우리는 즐거워질 것이다. 세계 각지에 일어나는 전쟁을 막을 수 있고, 많은 질병에서도 벗어날 수 있다. 우리의 기아문제, 자원부족, 환경오염문제를 해결할 수 있다. 우리는 더 많은 학교를 짓고 더 좋은 교육을 실시할 수 있다. 이렇게 되어야 우리는 편안하고 즐겁게 생활할 수 있다. 이렇게 되어야 우리는 화목한 가정을 만들 수 있다. 이렇게 되어야 우리는 진정으로 조화로운 사회에 이를 수 있다. 이런 소망의 실현을 위해서는 아빠와 엄마가 아이를 사랑하는 것에서부터 시작해야 한다. 우리가 아이들을 사랑해나간다면 우리는 성공할 것이다. 전체 사회가 어떻게 되어야 하는 것이 아니다. 부모들이 자세를 낮추고 아이에게 말하는 법을 익히고, 아이가 학교 가기 전에 "사랑해"라고 말하자. 돌아와서는 아이를 안아주며 "엄마는 널 사랑해"라고 하고, 아이가 곤란한 일을 당했을 때 먼저 "왜 그랬는지 엄마에게 알려줄래?"라고 물어보며 아이의 말을 경청하자. 이렇게 하기만 해도 우리 다음 세대를 충분히 바꿀 수 있다. 그래서 교육은 동물상태에서 사람의 상태로 바꾸는 가장 빠른 지름길이다. 이 모든 것이 사랑·자유·규칙·평등에 달려 있다.

심리학에서는 무규칙이 폭력상태와 같다고 한다. 규칙이 없기 때문에 어른들이 권한을 갖는다. 당신은 당신의 기분과 생각에 따라 아이를 대할 것이다. 당신은 주위 사람들에게 묻는다.

"자녀분이 몇 살이세요?"

"네 살이에요. 당신의 아이는요?"

"우리 아이도 네 살이에요. 우리 애는 벌써 300개의 글자를 압니다. 당신의 아이는 어떤가요?"

"우리 아이는 한 글자도 모릅니다. 아이의 선생님께서 민감기가 아직 오지 않았다고 하더군요."

"이런, 당신은 뒤처지고 있어요. 우리는 아이를 출발부터 뒤처지게 해서는 안 됩니다. 우리 애는 300개의 글자를 알고, 읽을 수도 있어요."

집에 돌아오니 아이가 TV를 보고 있다. 부모가 어떻게 말할지 짐작이 갈 것이다.

"아직도 TV 봐? 다른 집 아이는 벌써 300개의 글자를 안다고 하는데, 너는 어떻게 한 글자도 모르니."

당신은 이렇게 기분에 따라 아이를 대한다.

당신이 6시에서 7시까지만 TV를 볼 수 있다고 규칙을 정하면, 아이는 TV를 볼 때 이 규칙을 지키려고 할 것이다. 당신도 아이가 TV를 보는 것을 허락할 것이다. 당신은 규칙으로 당신 자신과 당신의 아이 그리고 당신의 가정을 관리해야 한다. 당신은 아이와 약속해야 한다. 부부 두 사람도 약속해야 한다. 약속이 정한 범위를 벗어나서는 안 된다.

이 약속이란 무엇인가? 바로 자신과 타인을 존중하고 환경을 존중하는 것이다. 어쩌면 당신은 존중이 무엇인지 감이 오지 않을 것이다. 많은 사람이 존중이 무엇인지 모른다. 그것은 아이의 행위에 깃든 건강과 생명, 도덕을 해치지 않는 것이다. 이 범위 안에서 아이는 자신의 모든 권리를 행사할 수 있다. 특히 여섯 살 이전의 아이가 다른 사람을 해쳤다면 어떻게 해야 할까? 우리는 이때 아이를 야단칠 것이 아니라 아이를 안고 현장을 떠나야 한다. 매번 아이를 안고 떠나면 아이는 마음을 다시 정리할 것이다. 아이는 생각할 것이다.

"이렇게 하면 안 되는 것 같아. 이럴 때마다 엄마가 나를 안고 가시잖아."

그래서 다음번에는 어떻게 해야 할지를 알게 된다.

또 아이에게 규칙을 지키는 방법을 정확하게 알려주어야 한다.

한 엄마가 나에게 말했다.

"정말 제 딸에게 고마워해야 할 것 같아요."

나는 그녀에 까닭을 물었다. 그녀가 말했다.

"아이 아빠가 소고기육포를 가져다주었어요. 그런데 아이가 '아빠 저는 소의 힘줄을 원하지, 소고기는 필요 없어요'라고 하더군요. 아빠가 알아듣지 못하고 가서 아이에게 소고기 한 조각을 주자 아이는 아무런 말이 없었죠. 다음날, 아이가 똑같은 봉지 두 개를 가지고 와서,

'아빠, 잘 살펴보세요. 소의 힘줄은 붉은 색이고, 소고기는 오렌지색이에요. 확인하셨어요?'라고 하지 뭐예요. 아빠가 '확인했어, 어제 내가 잘못 가져왔다는 거지?'하니까, 아이가 '맞아요'라고 하고는 조용히 가더군요."

이 엄마는 또 말했다.

"저는 정말 아이에게 감격했어요. 아이가 이렇게 남편에게 정확하게 알려주었어요. 게다가 적절한 기회를 봐서 아빠에게 알려주었구요. 그런데 저는 어제 아이 아빠에게 '물건 가져오랬더니 잘못 가져왔네. 뭘 잘못 가져왔는지도 모르지?'라고 화를 냈지 뭐예요."

이 아이는 이제 겨우 네 살이 조금 넘었다.

우리 유치원에는 일곱 가지 규칙이 있다. 이 일곱 가지 규칙을 엄격하게 지킨다면, 나머지는 자유다. 그러나 아이들은 이미 부모를 돕는 방법을 잘 알고 있다.

이 일곱 가지 규칙은 다음과 같다.

(1) 예의 없고 거친 행동을 해서는 안 된다.

(2) 다른 사람의 물건을 가져가서는 안 된다. 자신의 물건은 아이 자신의 것이며, 아이는 자신의 물건을 지배할 권한이 있다(당신의 물건이 아니라면 다른 사람의 물건이다).

(3) 가져온 물건은 원래 자리에 갖다놓는다("제자리에 갖다놓으세요.").

(4) 먼저 가져간 사람이 사용하고, 뒤에 온 사람은 기다린다("기다리

세요.").

(5) 다른 친구를 방해하지 않는다.

(6) 잘못을 했으면 사과한다. 또한 타인에게 사과할 것을 요구할 권한이 있다. 아이는 자신의 권리를 가지고 있다. 어떤 사람이라도 타인을 해치거나 침범할 권한이 없다.

(7) "안 돼요!"라고 말할 줄 안다.

융통성 있게 규칙을 정하고 상황에 따라 시행한다. 규칙은 아이에게 심리적인 역량을 가지게 하고, 아이에게 안전감을 주며, 아이가 환경이나 타인과 잘 어울리게 해준다.

예를 하나 들어보자. 어린 남자아이가 있다. 그의 외할아버지는 매우 권위적이다. 아이의 엄마가 나에게 말했다.

"저희 집은 제 아버지가 가장이에요. 아빠는 누구도 두려워하지 않아요. 내가 이만큼 컸는데도 걸핏하면 절 야단치죠. 하루는 아빠가 제게 훈계하고 있었어요. 우리 아들이 일어나 아빠에게 '외할아버지, 엄마를 이렇게 야단치시면 안 돼요. 외할아버지는 엄마를 해치고 계세요. 그러니 엄마에게 사과하세요'라고 하더군요. 아빠는 노발대발하며 한참동안 소리를 질렀어요. 아들은 옆에서 한마디도 하지 않았고요. 할아버지가 화를 다 내자, 아들이 또 '엄마에게 사과하세요'라고 했어요. 아빠는 화가 치밀어 또 한바탕 저를 나무라지 뭐예요. 그런데 말을 다하자, 아들이 또 '엄마에게 사과하세요! 꼭 사과해야 해요'라고 말했어요. 아빠는 정말 방법이 없어 결국 제게 사과를 했어요. 이후로 아빠는 외손자 때문에 많이 바뀌셨어요. 아빠는 외손자의 용기에 치를 떨었어요. 아빠는 누구도 두려워하지 않았지만 외손자만은 두려워해요. 당연히 저는 아빠가 외손자를 사랑한다는 것을 알지요."

이 아이는 다섯 살인데도 당신이 어떻게 화를 내든 화를 다 냈으면 이제 사과하라고 한다. 당신이 다시 화를 내면, 다 냈습니까? 그래도 그녀에게 사과하세요, 라고 요구한다. 오늘 당신의 거칠고 난폭한 행동은 잘못된 것이니 당신은 반드시 그녀에게 사과해야 한다.

사람들은 규칙을 통해 하나의 비밀을 발견할 수 있다. 규칙은 아이를 옭아매는 것이 아니라 아이들이 생존환경에서 사랑과 자유를 얻고 존중받을 수 있도록 보장한다. 이렇게 해야 우리는 아이들의 성장을 보장한다고 말할 수 있다. 우리는 아이의 성장이 우연이 아닌 필연이 되게 해야 한다. 이런 필연성은 어떻게 완성되는가? 바로 질서와 규칙으로 만들어지는 것이다. 교장 선생님, 선생님, 아이 모두가 마찬가지다.

이것이 우리가 사랑·자유·규칙·평등을 숭상하는 이유다. 교육과 관리가 모두 이렇게 되어야 한다. 그렇지 않으면, 이 교육은 더 이상 이루어질 수 없다. 권위와 권력투쟁으로 경직되고 말 것이다.

권력투쟁은 사람을 억압한다. 교장이 선생님을 억압하고, 선생님이 아이를 억압한다. 교장이 선생님에게 화풀이하면, 선생님은 누구에게 화풀이할까? 누가 선생님들보다 약할까? 바로 아이들이다. 손쉽게 공격할 수 있는 대상이 아이이기 때문이다. 아이들은 스스로를 지킬 능력이 없다. 이때 해를 입는 것은 아이들이다. 아이들은 쉽게 해를 입는다. 게다가 아이들은 의사표시나 저항을 잘 하지 못한다. 이런 곳에서 무슨 사랑을 말할 수 있겠으며, 무슨 생명의 느낌이 있겠는가?

그래서 '사랑과 자유, 규칙과 평등'은 교학 이념·교육 방법·교사 양성·관리체계를 비롯한 우리 유치원의 모든 교육시스템과 밀접한 연관이 있다. 이렇게 되어야 이 교육의 질을 보장할 수 있다.

나는 사람들이 포유동물의 약육강식 상태에서 인류의 진정한 정신과 문명을 가지기를 희망한다. 바로 사랑과 자유, 규칙과 평등으로.

• 성장 중의 자유 •

당신이 아이를 그 자신이 되게 하고 싶다면 아이에게 자유를 주어야 한다.
아이에게 자유를 주어야 아이는 자신이 될 수 있다.
그렇지 않으면 아이는 스스로의 '자아'와 분리될 것이다.
이것이 심리학에서 늘 말하는 '당신의 일생 중 유일하게 할 수 있는 일은
당신 자신이 되는 것이다. 당신은 당신 자신이 되어야 한다.
당신이 당신 자신이 될 수 있는 유일한 방법은 자유를 갖는 것이다.

자유와 정상화의 연관성

새로운 교육에서 가장 핵심적인 개념이 바로 정상화다. 이를 제대로 이해하지 않고 교육 방침만을 받아들인다면 새로운 교육은 설 자리가 없다.

옛날의 교육은 아이가 아무것도 갖지 않은 채로 태어난다고 여긴다. 때문에 어른들은 아이에게 사람으로서 필요한 것들을 넣어주어야 한다고 믿었다. 그런데 이 넣어주는 것 때문에 문제가 생겼다.

당신이 나의 아이이고, 내가 당신은 아무것도 가지고 있지 않으므로

내가 모든 것을 주어야 한다고 생각한다면, 당신이 먹는 것은 물론 머리에 든 것까지, 모두 나에게 달려 있다. 사람이 누군가에게 전적으로 의지할 때, 두 사람의 관계는 종속하고 종속되는 관계, 강제하고 강제되는 관계가 될 것이다. 이런 문제는 자연적으로 발생한다. 당신이 이렇게 하고 싶어서가 아니라 자연스럽게 이렇게 변한다.

이 교육과 현대의 심리학은 '아이는 태어날 때 세상에 대해 아는 것이 없지만 한 가지만은 가지고 온다'고 말한다. 그 한 가지란 사람의 생명에서 필수불가결한 것, 바로 성장을 지향하는 힘이다. 부르는 명칭만 다를 뿐이다. 몬테소리는 이를 '정상화'라고 했고, 프로이트는 '생명의 에너지'라고 했으며 발도로프Waldorf 교육에서는 '영성靈性'이라고 했다. 심리학에서는 이를 '존재' 내지 '본체'라고 한다. 또 이를 '고아高我'라고 하는 설도 있고, '생명력'이라고 말하는 사람도 있다. 그밖에 또 다른 명칭으로 부르는 사람들도 있다. 무엇으로 명칭하든 대자연은 우리가 출생하는 그 순간 혹은 낳아 길러지는 그 순간에 우리의 마음에 이것을 주었다.

이것은 아이의 성장을 이끌 것이다. 생명 성장의 자연법칙에 따르면, 당신은 그것의 인도에 따라 이 세상을 탐색하고 그 내부에 담긴 성장의 비밀번호를 풀어야 한다. 그 모델이 제시하는 길을 따라야만 자아를 세울 수 있고, 이로써 당신은 점차 강대해지고 즐거워진다.

우리의 마음에는 많은 생각들이 있음을 아는가? 이런 생각들은 우리 마음에 거대한 갈등과 투쟁을 만든다. 왜냐하면 이런 생각들은 자신의 것이 아니라 후천적으로 다른 사람에 의해 강제로 들어간 것이기 때문이다. 당신이 본성에 따라 일할 때 당신은 당신이 즐거워하고 있음을 발견할 것이다.

아이는 태어났을 때 자신의 정상화와 함께 있다. 갓 태어난 영아는 자신이 무엇을 해야 할지를 모른다. 그러면 아이는 오늘 선택한 것이 자신을 기쁘게 하고 자신에 맞는지 어떻게 알 수 있을까? 이것이 바로 정상화의 역할이다. 정상화가 아이에게 자신의 생명에 유익한 것을 고르게 하고 다른 것은 배척하라고 알려준다. 어른들이 아이에게 수없이 "안 돼"라고 말할 때, "안 돼"라는 강제적 상황은 아이와 그의 정상화를 분리시킨다. 아이는 어른의 말을 들을 수밖에 없다. 그러나 아이는 정상화와 분리되면 될수록 자신을 심각하게 잃는다.

그래서 당신이 아이를 그 자신이 되게 하고 싶다면 이 정상화를 점차 키워서 그의 생명과 일체가 되게 해야 한다. 그러기 위해서는 한 가지 조건이 있다. 자유를 주는 것이다. 자유를 주어야 아이는 자신이 될 수 있다. 그렇지 않으면 그는 '자아'와 분리될 것이다. 심리학에서는 이를 '당신의 일생 중 유일하게 할 수 있는 일은 당신 자신이 되는 것이다'라고 말한다. 당신은 당신 자신이 되어야 한다. 당신 자신이 될 수 있는 유일한 방법은 자유를 갖는 것이다.

자유란 무엇인가?

사상가의 개념을 빌리자면, 자유는 사람이 다른 사람의 제약을 받지 않거나 독단적인 의지에 강제된 상태가 아닌 것을 말한다. 이는 개인의 자유 내지 인신의 자유다. 그런데 여기서 우리가 말하는 자유는 사람과 타인의 관계를 말한다.

아이의 성장에 필요한 것은 선생님의 지도일까? 물론 교육시스템이 받쳐주어야 한다. 교사는 아이들이 자신의 잠재적 재능을 발휘할 수 있도록 자유를 보장해야 한다. 아이는 자아를 만들 수 있다. 우리는 어른들이 이 비밀을 발견하기를 희망한다. 우리는 성장이 생명 안에서 일어나는 일임을 알아야 한다. 우리가 배우는 과정은 우리 생명 내부를 통해 깨달아가는 과정이다. 교사가 가르치는 것은 환경이지만 이것이 핵심은 아니다. 성장의 과정은 선생님이 세워줄 수 없다. 아이의 첫 6년은 더욱 그렇다. 선생님이 만든 환경에 따라 아이 스스로가 성장을 만들어가는 것이다. 이는 매우 중요하다. 이것이 바로 아이에게 자유를 주어야 하는 이유다.

몬테소리가 말하는 자유란 무엇일까? 몬테소리는 두 가지를 말했다. 첫째 "자유는 활동이다." 둘째 "자신의 주인이 되는 것이다."

영아는 태어나면 사람의 보살핌을 받아야 한다. 그렇지 않으면 살 수 없다. 이 때문에 어른들과 관계를 맺게 된다. 이런 관계는 자유롭고 평등한 관계이거나 아니면 강제적인 관계다. 다른 관계는 없다.

자유는 생명에 대한 존중, 생명의 성장법칙에 대한 존중, 사람에 대한 존중을 포함한다. 그러나 강제적 관계에서는 세력이 강한 사람이 모든 권력을 가진다. 우언 하나가 떠오른다. 늑대와 양이 강가에서 물을 마시고 있다. 늑대가 말했다.

"널 잡아먹을 거야."

양이 말했다.

"왜?"

늑대가 말했다.

"내가 마시는 물을 오염시켰으니까."

양이 말했다.

"너는 상류에 있고, 나는 하류에 있어. 어떻게 내가 네가 마시는 물을 더럽힐 수 있니?"

늑대는 그래도 양을 잡아먹어버렸다. 늑대에게 양을 잡아먹을 이유가 필요할까? 필요가 없다! 힘이 강한 사람, 반성할 능력이 없는 사람은 모르는 사이 늑대가 될 수 있다. 힘이 있기 때문이다. 모진 엄마가 아이를 때릴 때도 이유가 필요 없다. 그녀가 모든 진리를 쥐고 있기 때문이다.

"널 때리는 것은 널 사랑하기 때문이야. 너의 잘못을 알겠니?"

그러나 여기서 때리는 원인은 하나, '그녀가 아이의 엄마이기 때문'이다. 불행히도 이는 이렇게 습관이 되어간다.

아이에게 자유란 자신이 하고 싶은 대로 활동하는 것이다. 아이는 감각으로 학습해야 한다.

어른들의 말은 많은 개념을 추상화한다. '문^門'이라는 말을 보자. 우리는 왜 이것을 '문'이라고 부를까? 문명이 발전하면서, 사람들이 의사소통을 원활하게 하기 위해서는 이것에 추상화한 개념을 부여해야 했다. 이제 '문'이라고 말하면 사람들은 출입할 때의 문을 말한다는 것을 안다. 이렇게 간단한 것이다.

아이가 태어나면 이런 것들을 알까? 모른다. 그래서 아이는 몸으로 문을 느끼고 문을 사용한다. 아이에게 움직이지 말라고 하는 것은 아이에게 공부나 생각을 하지 말라는 것과 같다.

유치원에 온 지 얼마 되지 않은 아이들은 움직이는 것을 좋아하고 산만하다. 이 아이들은 분명히 집에서 활동의 자유가 없었던 아이들일 것이다. 이 아이들은 몇 개월 자유롭게 해주면 만족한다. 만족하면 차분해진다. 차분해지면 생명의 추진력이 드러난다. 당신이 만족하면 기분이 편안해지듯 말이다. 당신은 생각할 것이다.

"내 생명은 무엇을 필요로 할까?"

당신이 자신의 의지를 자유롭게 행사할 수 없을 때 당신은 그 제한을 어떻게 깨뜨릴 것인가에 매달릴 것이다. 그래서 성장에 대한 걱정은 다름 아닌 성장의 제약에서 온다.

활동은 아이에게 너무나 중요하다. 아이에게 활동을 하지 말라고 하는 것은 아이에게 사고를 하지 말라고 하는 것과 같다. 아이의 성장은 활동을 통해 이루어진다. 활동의 자유가 있어야 아이의 지능이 자라고 심리상태도 좋으며 정서도 안정된다.

자신이 자신의 주인이 된다는 것은 하고 싶은 일을 마음대로 한다는 뜻이 아니다. 당신의 의지에 따라 누구의 간섭을 받지 않고 자신의 계획을 실행하는 것을 말한다.

우리는 타인이 우리의 주인이 되는 것을 싫어한다. 흑인들은 희생을 감수하면서 자유를 얻기 위해 몇백 년을 투쟁했다. 지금 우리는 아이가 자신의 주인이 될 수 있도록 노력한다. 우리는 모두 자신의 주인이 되어야 한다. 어려서부터 이렇게 해야 한다.

자유는 아이의 행위·심리·의지·정서·정신이 외부의 지배나 압박을 받지 않는 것을 말한다. 어떻게 해야 아이의 자유가 침해받지 않을까? 지금까지 말한 '규칙'으로 가능하다. 자유의 권리를 어른들의 손에 둘 것이 아니라 제도로 보장해야 한다.

베이징에 있는 우리 유치원에는 이집트, 독일, 프랑스, 스위스, 캐나다, 미국에서 온 아이들이 있다. 이 아이들의 부모가 유치원을 고르는 기준은 무엇일까? 그들은 묻는다.

"이곳은 자유로운 곳인가요?"

"자유롭습니다."

그들이 말한다.

"한번 살펴볼게요. 정말 자유로운지 봐야겠어요."

그들은 살펴본 후 정말 자유롭다는 것을 깨닫는다. 그들에게 자유는 이처럼 중요한 것이다. 그러나 우리의 부모들은 다른 것을 본다.

어느 날의 새벽인 것으로 기억한다. 외국인 엄마 두 명이 벽에 기대고 앉아 토론하고 있었다.

"이곳은 사람은 그대로인데 교육시스템이 바뀌었어요."

중국의 어머니는 아이가 넘어지면 이렇게 말한다.

"왜 우리 애를 잘 돌봐주지 않았죠? 선생님께서는 아이가 넘어질 때 왜 잡아주지 않았습니까? 이것은 선생님의 잘못이에요."

그러나 독일의 어머니라면 아이가 넘어진 것을 보았을 때 선생님에게 아이를 안아주지 말라고 암시할 것이다. 선생님이 아이를 일으켜주려 한다면 이 엄마는 "안 돼요, 안 돼요, 아이를 안아주지 마세요!"라고 말한다. 양국의 문화와 심리상태, 가치관이 얼마나 다른가!

새로운 시대가 왔다. 아이의 비밀을 재발견하면서 우리 주위에는 변화가 일고 있다. 우리는 아이의 마음 속 공포를 해결해야 한다. 당신은 사랑으로 아이가 이 환경에서 더 이상 두려움을 느끼지 않도록 안전감을 주어야 한다. 우리는 사람으로서 생명의 특징을 이해하고 자아를 만들어야 한다. 자유가 있는 것과 없는 것, 자아가 있는 것과 없는 것은 하늘과 땅 차이다.

하루는 남자 아이 두 명이 원장실 책상 밑에 엎드려 있었다. 한 엄마가 아이를 데리고 등록하러 왔다. 책상 밑에 엎드려 있던 남자아이가 갑자기 기어 나와 말했다.

"돌아가. 난 널 좋아하지 않아."

그 엄마가 말했다.

"너 왜 꼬마 숙녀에게 이렇게 말하니?"

그 아이가 말했다.

"우리 둘이 이 아래에서 자고 있는데 얘가 발로 책상 아래 판자를 찼어요. 그래서 좋아하지 않아요."

그 엄마는 놀라서 말했다.

"아주 어린 것 같은데, 어떻게 이렇게 분명하게 말을 하니?"

표현이 정확한 것은 아이가 자신의 행위뿐만 아니라 자신의 심리를 잘 알고 있기 때문이다. 그래서 편안하고 자유로운 상태만이 사람을 전체적으로 좋게 만들 수 있다.

권위란 무엇인가?

에리히 프롬은 권위에는 두 가지가 있다고 했다. 첫째는 드러나는 권위이고, 둘째는 익명의 권위이다. 드러나는 권위는 권위를 가지고 있는 사람이 종속적 지위에 있는 사람에게 가차 없이 처벌성의 명령을 내리는 것을 말한다. 어떤 명령을 내리면 반드시 그 명령대로 해야 하고, 그렇지 않으면 처벌을 받는다. 익명의 권위는 드러나지 않는 것이다. 권위를 가지고 있는 사람은 권위가 없는 것처럼 가장하여 당신에게 스스로의 뜻대로 일을 하는 느낌을 주지만, 실제로는 심리적으로 통제하고 있다.

익명의 권위는 드러나지 않는 것이지만 없는 곳이 없다. 이를테면 다음과 같은 경우다.

"나는 당신이 이렇게 하는 것을 좋아할 것이라 믿어요. 그렇지요?"

"말을 듣지 않은 사람은 더 이상 처벌하지 않겠지만 '내 체면을 손상시키는 것'임을 말해둡니다."

"선생님은 네가 말을 잘 듣는다는 것을 알고 있어. 저쪽 의자에 가서 앉아."

"착한 꼬마친구! 이리 와, 이걸 갖고 싶지 않아? 자, 앉아."

"이 크고 붉은 꽃은 잘하는 친구에 줄 거예요, 알겠죠?"

유도·유혹·칭찬·상 등의 방법으로 타인의 생각을 우리의 방식에 맞게 바꾼다. 그런 후 타인의 심리를 통제한다. 이것이 익명의 권위다.

실제로 우리가 사람을 통제하는 방식은 이 두 가지를 벗어나지 않는다. 우리의 부모들이 이 두 종류의 권위를 가지고 있다는 것을 아는가? 심하면 한 대 때리고, 가벼우면 말로 구슬릴 것이다. 우리는 이렇게 자랐다. 그래서 우리는 자유로운 환경에 있는 아이가 어떨지를 생각하지 못한다. 자유를 누린 적이 없는 머리로 자유를 상상한다는 것은 있을 수 없는 일이다. 우리가 화성인들을 떠올릴 때 제 아무리 생각해도 지구인의 방식을 벗어날 수 없는 것과 같다.

부모로서 아이에게 권위를 부리면서 반성하지 않는다면 아이의 진정한 자유는 존재할 수 없다. 시비를 판단하는 기준이 늘 어른들의 손에 있기 때문이다. 아이는 당신에게만 복종하고 의지할 뿐 내재된 성장의 동력과 정신적 비밀번호에 따를 수 없게 된다.

생명의 탄생은 축복이다. 아이는 자신에게 속해 자신이 되는 것이지 자신보다 강한 어떤 사람이 되는 것은 아니다. 그렇게 된다면, 이 생명은 더 이상 의미가 없다. 이것은 가장 잔인한 일이다.

해방의 자유

이 개념도 몬테소리가 언급한 것이다. 몬테소리는 말했다.

"해방의 자유는 권위적인 통제를 거부하는 상태에서 표현되는 반응으로, 강압적인 구속이나 권위에 대한 복종에서 해방되는 것을 의미한다. 그래서 무질서가 나타나고 난폭하고 충동적인 결과가 나타날 수 있다. 이것은 진정한 의미의 자유가 아니다."

부자유스럽고 통제된 환경에서 자란 아이들이 갑자기 자유로운 환경에 오면 무질서해지고 사나워진다. 우리는 이런 상태를 자유라 부르지 않고, 해방이라고 부른다. 아이는 해방된 후 계속 파괴적인 행동을 할 것이다. 이런 아이를 정상적인의 궤도로 돌려놓으려면 아이를 한두 달, 아니 더 오랫동안 '해방'시켜야 한다. 해방이 아이의 억압을 풀어 어떤 정도에 왔을 때 아이는 정상적인 궤도로 돌아가는 걸음을 내딛는다.

우리는 자유롭지 못한 환경에서 자랐다. 그래서 우리 상상 속의 자유는 늘 무법천지다. 그러나 그것은 해방의 단계일 뿐이다. 해방의 목적은 자유다. 해방은 정상적인 사람의 상태도 진정한 자유의 상태도 아니다. 자유의 진정한 목적은 자아발전과 자아창조이지, 파괴가 아니다.

해방된 그 아이들을 상상할 수 있는가? 특히 큰 아이들은 파괴적이며 어른들을 불신하고 적대시한다. 그러나 두 달 후면 변화가 시작된다.

카이카이開開는 다섯 살 때 우리 유치원에 왔다. 두 달 후, 어느 날 아이는 정원의 난간을 붙들고 꽃을 밟았다. 선생님이 아이에게 말했다.

"그러면 안 돼요."

그래도 아이는 꽃을 밟았다. 선생님이 말했다.

"너와 같은 생명체야, 존중해주었으면 해."

카이카이가 말했다.

"계속 밟으면 어떡하실 건데요?"

선생님이 말했다.

"너를 어떻게 할 수는 없어, 선생님은 널 존중해. 그러나 계속 그러면 선생님은 강제로 널 안고 나갈 거야."

카이카이는 고개를 끄덕이며 다른 곳으로 갔다.

이것은 그 아이의 성장에서 큰 변화다. 아이는 어른들이 자신을 데리고 가거나 벌을 준다는 것을 경험으로 알고 있다. 그래서 아이가 선생님에게 "어떡하실 거냐"라고 물었던 것이다. 그 결과 아이는 선생님이 자신을 어떻게 하지 못한다는 것을 알고 안심했다. 이것은 아이가 늘 하던 경험과 그의 파괴성에 있어 작은 변화에 지나지 않는다. 그러나 아이가 부드럽고 민감하게 변화한 것은 아니라 해도, 사랑과 자유에서 이미 변화는 시작되었다.

이런 아이들이 정말 많다. 지나치게 약한 아이도 있고 지나치게 강한 아이도 있다. 첫 두 주 동안 약한 아이들은 유치원에서 잘 보이지 않는다. 강한 아이들은 도처를 헤집고 다닌다. 아이들에게 변화는 이렇게 빠르다. 두세 달 후, 아이가 조용해지기 시작하면 얼굴이 온화하게 변하고 당신과 연결되기 시작한다. 생명은 섬세하게 변하여 감지하기 시작한다.

우리의 아이들이 통제 속에서 성장한다면 부모는 분명히 이런 문제를 만날 것이다. 아이가 일단 해방되면 그동안 받은 억압을 부모에게 다시 돌려주기 때문이다. 부모는 마음의 준비를 하고 있어야 한다. 아이에게 진정한 자유를 주고 그 자유에 대한 규칙을 정해 이 시기를 넘겨야 한다. 이것은 꼭 지나쳐야 하는 과정이다. 우리 선생님들은 할 수 있다. 엄마들도 분명히 할 수 있다.

진정한 자유

진정한 자유란 무엇인가?

아이는 선천적으로 정신발전의 모델을 가지고 태어난다. 그것은 우리 생명 속의 비밀번호에 저장되어 있다. 이 비밀번호는 모든 사람들이 완전하게 풀 수 있는 것은 아니다. 이 비밀번호를 얼마나 풀 수 있느냐는 사랑과 자유에 달려 있다. 사랑과 자유는 우리의 최종적인 목표가 아니라 이 비밀번호를 푸는 데 필요한 조건이다. 이것만이 아이가 이 비밀번호를 풀도록 해줄 수 있다.

모든 사람은 세상에 둘도 없는 소중한 존재다. 진정한 자유는 내재된 비밀번호를 푸는 권한과 자유를 아이에게 주고 스스로 풀게 하는 것이다. 사람의 타고난 재능이 얼마나 뛰어난지 아는가? 왜 어떤 사람들은 그토록 위대한 업적을 남길 수 있었을까? 이는 어린 시절의 경험으로 결정된다. 이것이 사람의 천부적인 재능이다.

자유란 무엇인가? 몬테소리는 말했다.

"자유는 교육의 도움을 빌어 잠재된 능력을 이끌어내는 것이다."

간단히 말하면, 정상화를 푸는 것이다. 이것이 우리가 자유를 얻고자 하는 이유의 전부다.

성장하는 아이에게는 어떤 자유가 필요할까?

첫째, 아이는 환경에서 자신이 이끌리는 사물을 선택할 자유를 가져야 한다. 흥미 있는 물건을 자유롭게 선택할 수 있어야 한다.

둘째, 행동상의 자유와 교실에 들어갈 자유다. 자유로운 유치원인지를 어떻게 판단할까? 아이는 자신의 바람에 따라 교실에서 작업할 수도 있고 교실 밖에서 작업할 수도 있다. 아이는 교실에서 공부하고 교실 밖에서는 공부하지 않는다는 우리의 옛 사고방식들을 깨뜨린다. 몬테소리는 말했다.

"천장이 있는 곳도 교실이고, 천장이 없는 곳도 교실이다."

이것은 그야말로 아이의 습득에 따라 결정되는 것이지 선생님에 의해 결정되는 것은 아니다. 그래서 몬테소리는 말했다.

"첫 6년 동안 아이의 에너지는 자아를 창조하는 데 쓰인다."

이 자아 창조의 과정에는 자유가 필요하다.

셋째, 아이가 조용히 있을 때에는 간섭받지 않을 자유가 있어야 한다. 아이는 혼자 있을 자유와 공간을 선택할 자유가 필요하다. 예전에 우리는 수시로 아이를 감시했고 아이들에게 자신만의 공간이 있으면 위험하다고 생각했다. 그러나 사실 일정 연령에 이른 아이들의 경우 혼자 있을 때가 자아 창조의 시간이다. 아이가 혼자 있는 것은 아이의 생명에서 가장 중요한 특정 시간이다.

넷째, 아이에게는 스스로 문제를 찾고 이를 해결할 방법을 생각하며 스스로 답을 고를 자유가 있어야 한다.

이 말은 무슨 뜻일까? 과거의 교육에서는 선생님이 늘 우리에게 과정을 설명하고 즉석에서 만들어진 답안을 알려준다. 이는 주입하는 과정이다. 우리에게는 발견의 희열이 없고, 탐색의 즐거움이 없고, 답을 얻는 성취감이 없다. "내가 지금은 모르지만 조만간에 알 것이다!" 아이는 이런 권리를 가져야 한다. 지금은 신발을 거꾸로 신었지만 언젠가는 비밀을 발견해 기뻐할 날이 올 것이며, 그 비밀을 발견했을 때 성장의 희열을 맛볼 수 있을 것이다. 당신이 아이에게 "또 신발을 거꾸로 신었어"라고 한다면, 당신은 영원히 아이에게 "너는 안 돼" "너는 멍청해" "어린아이는 모두 멍청해" "어른만이 현명해"라고 말하는 격이다.

발견할 권리와 희열을 아이에게 돌려주어야 한다. 아이는 분명히 발견할 수 있기 때문이다. 아이의 발견은 우연적인 것이 아니다. 이것은 필연적이며, 그 자체로 하나의 과정이다. 그러므로 아이 스스로 발견하게 하고 생각하게 하고 해결하게 해야 한다.

다섯 번째, 아이에게는 자신의 의지로 깨달은 것을 다른 사람과 나눌 자유가 있어야 한다.

생명에서 가장 높은, 가장 마지막 단계의 자유가 바로 이것이다. 우리에게는 고통스럽거나 행복할 때 이를 사람들과 함께 나누고자 하는 염원이 있다. 연애할 때가 전형적인 예다. 진정으로 한 사람을 사랑하게 되었다면 당신은 분명히 다른 사람과 함께 이 기쁨을 나눌 것이다. 마찬가지로 고통스러울 때도 고통을 함께 나눌 사람을 찾는다. 함께 나누는 것은 매우 중요하다.

함께 나눈다는 것은 화풀이하는 것도 원망하는 것도 아니다. 우리는 성장하면서 함께 나누는 연습을 해야 한다. 이렇게 해야 우리는 사람들에게 화풀이를 하지 않는다.

며칠 전, 어떤 아이가 초콜릿을 가지고 왔다. 다른 아이들은 먹지 못하게 했다. 그 아이는 친구들에게 끊임없이 말했다.

"이건 우리 아빠가 사준 거야."

목적이 무엇일까? 우리 아빠가 자신을 사랑하는 것을 보라는 것이다. 이것은 사랑을 보이려는 행동이다.

이제 우리는 성인이 되었다. 우리가 이렇게 함께 나누지 않으면, 점점 고독해지고, 점점 냉담해지고, 사람들과의 거리가 점점 멀어지고, 사람에 대한 믿음이 점점 줄어들게 될 것이다. 그래서 우리는 연결되어야 한다. 연결되어야 우리는 고독하지 않다. 우리는 사람들과 일체화되었을 때 가장 높은 상태에 이를 수 있다. 육체적 일체화는 가장 원시적인 방법이다. 우리는 나눔을 통해 심리와 영혼의 일체화를 이룰 수 있다. 이렇게 되어야 사람의 관계가 즐거워지고 편안해진다.

교육도 마찬가지다. 아이에게 공간을 주어 함께 나눌 수 있도록 해야 한다. 그래서 우리는 아이가 아빠가 사준 손목시계를 들고 "선생님 보세요, 아빠가 손목시계 사주셨어요"라고 말하며 하루 종일 당신에게 시간을 알려주려고 하는 모습을 보게 된다.

이것이 이 유치원이 아이에게 제공하는 자유로운 상태다. 자유롭게 운영되는 반의 아이들은 효율적이고 이성적이면서 자발적으로 행동한다. 폭력을 쓰거나 비신사적인 행동을 하지 않고, 아이들이 한곳에 모여 있지 않고 흩어져서 논다. 대부분의 경우 한두 명의 아이들이 한곳에 있다. 유치원 전체가 이런 모습이다. 이것이, 우리가 말하는 자유다.

6년 교육

초판 인쇄	2014년 3월 10일
초판 발행	2014년 3월 17일

지은이	쑨루이쉐
옮긴이	권용호
펴낸이	강성민
편집	이은혜 박민수 이두루
편집보조	유지영 곽우정
마케팅	이연실 정현민 지문희
온라인 마케팅	김희숙 김상만 한수진 이천희

펴낸곳 (주)글항아리 | 출판등록 2009년 1월 19일 제406-2009-000002호

주소	413-120 경기도 파주시 회동길 210
전자우편	bookpot@hanmail.net
전화번호	031-955-8891(마케팅) 031-955-1934(편집부)
팩스	031-955-2557

ISBN	978-89-6735-098-7 03370

에쎄는 (주)글항아리의 브랜드입니다.

이 도서의 국립중앙도서관 출판시도서목록(CIP)은 e-CIP홈페이지(http://www.nl.go.kr/ecip)와 국가자료공동목록시스템(http://www.nl.go.kr/kolisnet)에서 이용하실 수 있습니다.(CIP제어번호: CIP2014005883)